Reise in die Sahara

# Reise in die Sahara

## Kulturkompass fürs Handgepäck

Herausgegeben von Lucien Leitess

Übersetzungen von Henrik Becker, Hartmut Fähndrich, Andreas J. Guth, Sigrid Köppen, Hans Leuenberger, Guido G. Meister, Stefanie Mierswa, Sandra Nalepka und Irene Steidle

Unionsverlag
Zürich

*Im Internet*
Aktuelle Informationen,
Dokumente, Materialien
*www.unionsverlag.com*

Unionsverlag Taschenbuch 471

Rieterstrasse 18, CH-8027 Zürich
Telefon 0041-44-283 20 00, Fax 0041-44-283 20 01
mail@unionsverlag.ch

Reihengestaltung: Heinz Unternährer, Zürich
Umschlaggestaltung: Peter Löffelholz, Zürich
Umschlagfoto: Alan Tobey
Druck und Bindung: CPI – Clausen & Bosse, Leck
ISBN 978-3-293-20471-3

Die äußeren Zahlen geben die aktuelle Auflage
und deren Erscheinungsjahr an:
1 2 3 4 5 – 12 11 10 09

# Inhalt

# Der Segen der Vögel und der Dämon der Flut

*Ibrahim al-Koni*

Zweimal im Jahr empfängt die Wüste die Vögel. Im Frühling kommen die Schwärme von Süden und verweilen für ein paar Tage in den Lagern. Dann erreicht sie der Ruf, die Reise Richtung Norden fortzusetzen. Im Herbst kommen sie von Norden und verweilen ebenfalls für ein paar Tage in den Lagern. Dann erreicht sie der Ruf, und sie ziehen weiter in die Länder des Südens. Früher einmal sollen die Schwärme die Oasen als Zwischenstation gewählt haben, doch die erschreckten Bewohner sahen in dem Einfall der dichten Schwärme eine Gefahr für ihre Saaten und begannen sie zu bekämpfen. Sie stellten Fallen auf, schossen mit Pfeilen nach ihnen und schlugen die Trommeln, um sie zu verscheuchen. Da flohen die Vögel aus den Oasen, die wandernden Schwärme überflogen nicht länger die Felder und wählten hinfort die Lager in der Wüste als Rastplatz. Die Menschen dort betrachten die Ankunft der Vögel als ein gutes Omen, die Verständigen sehen in ihrer Landung gar ein himmlisches Zeichen, während die Seher ihnen weite Strecken entgegengehen und es auch nicht versäumen, ihnen bei ihrer Abreise noch weite Distanzen zu folgen. Die Seher, so heißt es, lauern den Vögeln sogar auf, um Botschaften zu lesen, die die Unsichtbaren in ihrem Verhalten, ihren Stimmen und ihren Flugbahnen versteckt haben.

Nicht allein die Seher freuen sich über die Ankunft der Vögel. Die Bewohner der Wüste gehen allesamt hinaus in die kahle Weite, wenn sich am Horizont der erste Schwarm zeigt. Die Verständigen eilen voraus, um die reisende Schar zu begrüßen. Sie ziehen in einzelnen Gruppen hinaus, schreiten würdig wie die Ältesten, ihnen voran der Führer, allein, gehüllt in festliches Gewand. Hinter den Stammesältesten gehen die Reiter, auch sie in Gruppen. Den Männern folgen die Frauen in Scharen. Sie schleppen die Kinder und schwingen die Säuglinge in die Luft, sie singen frohe Lieder, stoßen Jubeltriller aus und rufen ihren Kindern die alten Geschichten zu: »Da sind sie wieder, die Vögel, die mir dich vor Jahresfrist schenkten. Da sind sie, die Abilbil, die dich mir brachten, sie sind gekommen, dich zu sehen. Die Vögel sind deine Mutter. Die Vögel sind dein Vater. Die Vögel sind dein Bruder. Die Vögel sind deine Familie. Die Vögel sind gekommen, das Unterpfand zu besuchen. Die Vögel sind gekommen, das hinterlegte Gut zurückzuholen. Wann wirst du groß genug sein, die Vögel zu begleiten? Wann werden dir Flügel wachsen, damit dich der Schwarm aufnimmt und du mit den Vögeln ins Vogelreich ziehst?« Aus ihren Augen quellen die Tränen der Sehnsucht, die Tränen der Wüstenmütter, die Tränen von Müttern, denen ihr Gefühl sagt, dass sich die Mutter eines Kindes, das in einer Heimat namens Wüste geboren ist, nicht lange ihres Mutterseins erfreuen darf, weil das Kind, das Vögel in die Wüste brachten, unweigerlich dem Vorbild der Vögel folgen und früh das Nest verlassen wird. Wenn die Zeit der Wanderung gekommen ist, wird die endlose Reise beginnen. Die Mutter weiß, dass sich das Kind entsprechend dem uralten Gesetz der Wüste in ihren Händen in einen Vogel verwandelt, wenn es eines Tages hinausgeht, ja, am ersten Tag, wenn es hinausgeht.

Dann wird sie es nicht mehr zurückholen können. Das Arme wird der Wüste gehören, es wird sich nicht mehr umdrehen, wird nicht mehr nach dem Zelt, dem Nest zurückschauen. Die Mutter wird es auf immer verlieren. Deshalb hält sie den Säugling am Tag, da die Vögel ankommen, in die Höhe, wirft ihn in die Luft, weint und singt kummervolle Lieder zum Lobe der Weglosigkeit. Denn ihr Gefühl sagt ihr, dass der Aufbruch des Wüstensohns nicht hinaus ins Leben führt, wie alle Mütter hoffen, sondern hinaus in die Weglosigkeit, eine Weglosigkeit, aus der niemand je zurückgekehrt ist.

Am Abend dann beginnt das Begrüßungsfest des Stammes für die ankommenden Vögel. Kurz vor Sonnenuntergang ziehen Scharen von Mädchen hinaus in die kahle Weite. Sie setzen sich im Kreis um die Festtrommel, stoßen Jubeltriller aus, und die Dichterinnen singen Verse, die die Stille der Weite töten und den Dämon der Leidenschaft in den Herzen der Bewohner des Unsichtbaren wecken. Dann verstecken sich die Dschinnenfrauen beschämt in den fernsten Höhlen, während ihre Männer, verzückt vor Freude, Wonne und Wehmut und gekleidet in menschliche Gewänder, sich der Runde nähern und den Kreis durchbrechen, um mit den Reitern des Stammes im Tanz zu wetteifern. Der Mond geht auf und schürt in den Herzen die Begeisterung, der Rhythmus wird intensiver, die Verse heißer, die Kehlen der Dichterinnen rauer. Und diese Rauheit macht ihre Stimmen noch reizvoller und süßer. Das ganze Lager gerät in Taumel, der Stamm wird von einem geheimnisvollen Irrsinn erfasst, den selbst die Seher nicht deuten können und für den selbst die Männer des Gesetzes keine Erklärung finden.

Im Morgengrauen verstummt der Gesang, aber der geheimnisvolle Irrsinn hält noch für Tage an, eine lange, eine unvergessliche Zeit.

Wenn sich die Vögel der Wüste nähern, um sich als Gäste in den Lagern niederzulassen, setzen sie sich nicht sofort auf die Dächer der Zelte, fallen nicht in die tiefen Wadis ein, um auf der Suche nach Würmern mit ihren Schnäbeln den Talgrund aufzupicken, sie landen auch nicht auf den kahlen Flächen zwischen den Lagern, um die Abfallhaufen zu durchwühlen und nach Körnern, Krümeln oder Speiseresten zu stöbern, wie es die Lagervögel tun, die nie in die Regionen des Unbekannten hinausblicken und nie das Paradies der Reise erleben. Die Zugvögel nähern sich den Lagern in vielen Stämmen, dicht nebeneinander, jeder angeführt von einem weisen Führer, der vorausfliegt und eine besondere, süße Hymne singt, die der ganze Stamm wie eine Parole wiederholt.

Daneben schlagen die Flügel eines anderen Stammes, anders in der Farbe, aber gleich im Ziel. Er steuert denselben unbekannten Ort an. Ein anderer Führer fliegt ihm voraus, der eine andere Melodie singt, die ihn vom folgenden Stamm unterscheidet. Jede Melodie klingt für sich allein prächtig. Doch die Stammesführer müssen dem Schwarm die Parole einprägen, dieser muss sie ständig wiederholen, um so kundzutun, dass er als Stamm zusammengehört und den Pfad des Stammes nicht verlassen hat, um damit zu zeigen, dass er weiter am Gesetz des Stammes festhält; denn wer keinem Stamm zugehört, ist isoliert, ist Einsiedler. Und der Einsiedler ist nach dem Gesetz der weiten Wüste, dem Gesetz der Vögel ein verlorenes, einsames, elendes Wesen. Die Angst vor dem Verlorensein, die Angst vor der Weglosigkeit ist es, die jeden Vogel im Stamm drängt, sich am Zeichen festzuhalten, an der Parole, der Melodie. Und so wiederholt er ständig hinter dem Leitvogel das Lied, wie der Wüstensohn seinen Namen wiederholt am Tag, da er zum ersten Mal hinauszieht, gewarnt von seiner Mutter, er werde auf immer verloren sein, wenn er seinen Namen vergisst.

So wiederholen sich die Melodien, gehen die Stimmen ineinander über, vervielfachen sich die Lieder, doch die Süße des Liedes geht verloren, und der Genuss der Melodien verflüchtigt sich. Denn auch wenn die Mädchen sich im Kreis zusammenfinden und jede ihr eigenes Lied singt, verdirbt die Melodie, und die prächtigen Weisen werden zu einem unschönen Durcheinander.

Lange kreisen die Schwärme am Himmel über den Lagern, bevor sie sich entschließen zu landen und sich auf die Wadis und die Weiden verteilen. Zuvor, in den Stunden, die der Landung auf der Erde vorausgingen, haben die Bewohner der Wüste bemerkt, wie ihr Eifer zunahm, wie ihre Hymnen aufstiegen und ihr Tanz in der Luft immer leichter und beschwingter wurde. Bei einigen Stämmen verwandelte sich der Gesang in krächzendes Kreischen, bei anderen der Tanz in fiebrigen Wahnsinn. Ist der Verzicht auf das Reich des Himmels zugunsten der Niederungen der Erde so brutal? Oder liegt das eigentliche Geheimnis im Unterwegssein selbst, von dem die Wanderer sagen, es gewähre, lange Zeit erlebt, einen Genuss, der an Süße und an Verlockung denjenigen der Musik noch übertrifft, und von dem sie wünschen, es möge, einmal begonnen, nie mehr enden?

Schließlich lässt sich der erste Vogel auf einem Zelt oder einem Baum im Wadi nieder.
Dann jauchzen die Jungen vor Freude, und es wetteifern die Zungen der Mädchen im Schmettern der Jubeltriller, und den Kehlen der Dichterinnen entströmen traurige Gesänge.

Die Seher schleichen wie Füchse heran. Sie murmeln Beschwörungsformeln und umkreisen den Vogel, und was sie sagen, möchten sie niemanden sonst hören lassen: »Nein, Vogel, du bist gar keiner. Ihr, Sippschaft der Vögel, seid wie wir. Euer Gesetz ist wie unseres das Reisen. Ihr schlagt mit den Flügeln am Himmel, wir schlurfen mit den Füßen über die Erde. Ihr zieht in die Länder des unbekannten Nordens, wir wandern umher auf der Suche nach Waw. Ihr kehrt zu anderer Zeit zurück aus den Regionen des Unbekannten, weil ihr die Heimat nicht gefunden habt dort in den Regionen des unbekannten Nordens, wir kehren zu anderer Zeit zurück von unserer Reise auf der Suche nach Waw, weil wir entdeckten, dass Waw in der Wüstenheimat nicht existiert. Doch ihr gebt die Reise nie auf, und auch wir geben die Suche nie auf. Denn ihr wisst, dass das Heldentum nicht in der Ankunft besteht, und wir wissen, dass das Heldentum in der Suche besteht. Wisst ihr, Volk der Vögel, warum wir eure Ankunft feiern? Weil wir wissen, dass ihr wir seid und dass wir ihr sind, auch wenn wir das niemandem erzählen.«

Aber kann jemand, gewohnt, das Firmament zu durchstreifen, bis ihm der Himmel zur Heimat wird, auf Dauer in der Niederung leben? Kann Geschöpfen, die zwischen Himmel und Erde geboren wurden und gelebt haben, die niedrige Existenz auf Erden zum Genuss gereichen?

Der Aufenthalt der Vögel in den Lagern währt nicht lange.

Nur wenige Tage, dann ertönt der Ruf.

Der Führer jedes Stammes übernimmt die Rolle des Herolds. Er durchstreift die Wadis und kreist über den Behausungen, er ruft die Parole und singt mit lauter Stimme das Lied des Aufbruchs. Die Glieder des Stammes nehmen die Parole auf, und freudig ertönt das Lied. Der Zeitpunkt naht, der Aufruf beginnt. Da verdichten sich die Melodien, die Lieder vervielfältigen sich, die Stimmen überlagern sich. Die Süße der Hymne geht verloren, und der Genuss verflüchtigt sich, denn das Reisefieber beeinträchtigt die Musik, und die Stunde der Abreise verschluckt den Geschmack des Liedes.

Der erste Flügel schlägt. Der Vogel verlässt den Boden der Wüste, erhebt sich in den Morgenhimmel, und sein bunt bemaltes Gefieder badet im Sonnenlicht. Ihm folgen dicht gedrängt Gefieder in denselben Farben. Der Schwarm taucht ins Licht ein, doch er zieht nicht los ins Unbekannte, ohne zum Abschied ein letztes Mal über den Wadis und den Zelten zu kreisen. Bei diesem traurigen Rundflug, bei diesem schmerzlichen Abschied geben ihnen die Menschenscharen das Geleit. Die Weisen schluchzen, die Mädchen würgen an ihren Tränen, die Kinder heulen, und die Seher rennen dem Schwarm hinterher, um aus seinem Flug das Schicksal zu lesen.

Die fortziehenden Schwärme folgen einander am Himmel, sie verschmelzen miteinander in der Leere, der harten, erbarmungslosen Leere, unerschütterlich und ewig. Die Lieder verlieren sich, das Melodiengewirr verebbt, aber die Seher halten nicht einmal inne, wenn die Vögel verschwinden, um Teil der schmerzvollen Leere zu werden, Teil der klaren Leere, ein Teil, der zum Nichts wird, der sich im Nichts auflöst.

Die Vögel sind fortgeflogen und haben den Lagern die alte Stille zurückgelassen, die tödliche Stille.

Am folgenden Tag kehren die Seher zurück und bringen die Prophezeiung mit ins Lager. Sie gehen ins Zelt des Stammesführers und bleiben eine ganze Nacht allein mit ihm. Wenn sie dann hinaustreten vor die Leute, befehlen sie, die Trommeln zum Angriff zu schlagen, oder sie lassen den Herold kommen, damit er durch die Lager wandere und den Stämmen den Aufbruch ankündige, weil die Dürre naht, oder sie schicken nach den Mädchen, damit sie mit Freudentrillern die Nachricht von der Flut kundtun, die sie im Verhalten der Vögel erkannten.

## Die Flut

Der Norden bläst taufrisch duftende Winde heran. Ein trüber Horizont umschließt die Berge im Norden mit einem edlen Gürtel, der nie die Farbe der Morgendämmerung verliert.

In weiter Ferne rücken die Wolken mit dem Eifer von Glaubenskämpfern zusammen. Unablässig zerreißen Blitze die majestätische Dunkelheit. Ihr Licht windet sich zungenartig mit Feuerpeitschengeschwindigkeit dahin, aufleuchtend und verschwindend wie die rätselhaften Offenbarungen der Propheten.

Lange dauert das Warten nicht.

Einem immensen Heer gleich beginnen die Wolken ihren Angriff auf die nackte, durstige Weite. Sich über sie herschiebend, werfen sie zunächst nur einzelne Tropfen ab, Tropfen von der Größe von Schaumflocken, wie sie edle Kamelhengste zur Zeit der Paarung aus dem Maul schleudern.

Dann bricht der Regen herab, bricht in Strömen herab, fällt Staub aufwirbelnd auf die überraschte, durstige Erde, die blubbert und gierig immer mehr verlangt, an dem, was sie hat, zu ersticken droht und ausspuckt, was sie geschluckt hat.

Zuerst löschen die mit Steinplatten bedeckten Flächen ihren Durst, dann tun es ihnen die mit Kieselteppichen bekleideten Areale gleich, schließlich ergießt sich die Flut über alles. Sie schleicht sich auf vielerlei Wegen in jene Einschnitte, die zu den mit harter, spröder Erde beschichteten Wadis führen.

Weiter unten greifen die sandigen Gründe mit der Leidenschaft von Liebenden nach ihr, und die tiefen Talrinnen löschen rasch ihren Durst. Die Wasser heben sich weiter und sammeln sich auf den ausgedehnten Flächen.

Doch die Ruhe währt nicht lange. Durch die Taleinschnitte schiebt sich ein neuer Quell heran, und die Erde empfängt vom Himmel unentwegt mehr. Von ganz oben in den Wadis strömen immer weitere Wasser herab. Der Dämon in der Flasche wird unruhig und macht sich auf die Reise, die gesittet beginnt, unterwegs aber immer irrsinniger wird. Der Irrsinn nährt sich aus den zahlreichen Einschnitten entlang den Ufern der Wadis. Und der Strom holt sich vom Himmel stets weitere Nahrung, die Gaben vereinigen sich, der Irrsinn wächst. Das Wasser gibt seinen Namen Wasser hin und wird zum Dämon »Flut«.

Die Flut schiebt sich weiter. Sie lässt die trägen Wolken hinter sich und erreicht die fernsten unteren Wüsten. Dort überrascht sie die Kreaturen in jener Weite, über der ein nackter Himmel liegt, gewaschen von den Strahlen einer erbarmungslosen Sonne.

Der Dämon wird wilder und wilder. Er streckt eine unsichtbare Hand aus und beginnt mit der Einforderung der Opfer. Er reißt die Nester der Vögel aus den Ginsterwurzeln. Die kleinen weißen Eier, geheimnisvoll dunkel gezeichnet, treiben dahin, und die gelbflaumigen Vogelküken erscheinen am Rand der gierigen Zunge, klagende Abschiedsrufe ausstoßend, während die Mütter über der wilden Flut flattern, entsetzt wie ein Beduinenstamm bei einem plötzlichen Überfall. Weiter unten, auf den weichen Flächen des Talgrunds, wo Tiere in großer Zahl hausen, streckt sich die dämonische Hand aus, um sich Opfer aus den tiefsten Löchern hervorzuholen: Mäuse, die angesichts der Schlangen fliehen, Schlangen, die sich vor den Angriffen der Igel flüchten, Igel, die der Niedertracht des Menschen zu entrinnen suchen. All diese Opfer stopft der Dämon in seinen Jagdbeutel und macht sich über die nächsten Erdspalten her, auf der Suche nach weiteren Kategorien möglicher Opfer: Hasen, Käfer, Warane, Eidechsen, Gazellenkitze.

Doch die gewichtigsten Opfer holt er sich erst in den weiten unteren Wadis, wo Herden von Schafen, Ziegen und Kamelen weiden und um die Feuer Hirten sitzen, die sich die Zeit mit Rätseln, Gedichten und wehmütigem Gesang vertreiben. Dann, aus dem Reich der Sehnsucht zurückgekehrt, unterhalten sie sich wiederum über die Plage der Dürre und die Wechselfälle der Zeit. Und plötzlich erscheint dort der Dämon, um seine größten Opfer einzufordern.

Er überrascht die Hirten bei Nacht. Er fällt über die Herden her, die Schafe, Ziegen und Zicklein, und verlangt einen schrecklichen Tribut. Dann attackiert er die Herren der Herden. Er umzingelt sie auf winzigen Eilanden, mitten in den weiten Wadis. Zunächst zieht er einen festen Belagerungsring um seine Opfer, in Erwartung der Unterstützung durch die Wassermassen aus den Taleinschnitten, den oberen Wasserläufen und den Seitenwadis. Im Norden wird der Regen heftiger und die Erde immer mehr vom Wasser beengt. So zollt sie den unteren Wadis reichlichen Tribut. Die Flut stürzt heran, höher als das Wasser in den Talgründen, und die gewaltigen Wellen schieben sich gar über die entferntesten Flächen. Die Strömung fegt die schmächtigen Eilande fort, der Dämon reißt seine umzingelten Opfer mit und schleudert sie hinaus in die furchtbare See. Die Hirten leisten tapfer Widerstand. Sie klammern sich an den Ginsterbäumen fest, halten sich verzweifelt an Palmfaserstricken, stemmen sich mit Baumstücken gegen die Flut. Doch auch der Dämon kämpft mit dem Mut der Verzweiflung und lässt erst ab, wenn er auch dem Stamm der Menschen einen Tribut entrissen hat.

Alle ihre Opfer schleift die Flut hinab in die Ebenen, tief unten in der Wüste des Südens, wo sich ihr Schwerter aus Sand entgegenstellen. Dort wird sie langsamer, ruhiger. Dann taucht sie ihre Zunge in die Tiefe, um die Opfer zu begraben, die sie aus den Wüsten des Nordens mitgebracht hat.

Ganz oben, auf der kahlen Hochfläche der Hammada, verlässt der Stamm die von den Wassermassen bedrohten Zelte. Die Menschen fliehen auf die Hügel und Erhebungen und an die Hänge der Berge. Kinder, Frauen und Alte drängen sich zusammen, gehüllt in so viele Decken, wie jeder tragen kann. Einige holen aus ihren Gewändern Schätze an Brennholz hervor, die sie mitgebracht haben, fürsorglich in Leinensäcke gewickelt, damit sie nicht feucht würden. Sie legen sich darauf, um sie mit ihren Körpern vor dem Regen zu schützen, und wenn die Kleinen zu weinen beginnen und die Klage über Kälte und Hunger anhebt, dann rücken sie im Kreis zusammen, ziehen ihre Decken über Kopf und Körper und machen sich daran, Feuer zu schlagen. Sie mühen sich lange, unermüdlich, bis ein Funke aufblitzt, mühen sich noch länger, bis er sich an den Leinenfetzen nährt und aus den Stoffresten scharfer Rauch aufsteigt. Und noch länger mühen sie sich, bis ein Scheit entzündet ist und die Flamme hochzüngelt, in die sie pusten, um das Feuer gierig auf die Äste zu machen, die alle Bemühungen nicht vor der Feuchtigkeit geschützt haben.

Die Hirten in den unteren Tälern, die schon beim ersten Angriff eilten, die Herden aus dem Talgrund hochzuholen, flüchten sich auf die höchsten Punkte am Ufer und seufzen über das verlorene Vieh oder helfen einander, all diejenigen zu retten, die auf den Eilanden von den Fluten umzingelt sind. Sie werfen ihnen Stricke oder Baumstämme zu, in der Hoffnung, sie könnten so gegen die Strömung ankommen, sollte die Flut fortdauern und der bedrohliche Wasserspiegel weitersteigen. Am Abend, wenn die Hirten feststellen, dass der todbringende Dämon sie auseinandergerissen und über die Höhen, die Hügel und die Ufer zerstreut hat, erkundigen sie sich mit lautem Zuruf nach den Verlusten. Danach werden sie ruhig, und für lange Zeit tost allein das Wasser und spricht an ihrer statt. Doch die Rede der Flut ängstigt sie und weckt das Gespenst der Einsamkeit in ihren Seelen. Und so heben sie an zu singen, und sie singen die ganze Nacht.

Im Grund des Tales singt die Flut.

Auf den Uferhöhen singen die Hirten.

Einen Tag oder zwei bleibt der Himmel bedeckt, manchmal auch drei, bevor, von unbekannter Hand gewirkt, das Zeichen am Horizont erscheint. Ein Regenbogen kündet den Abzug der Wolken an.

Am Abend durchdringt die Sonnenscheibe, bar ihrer feurigen Strahlen, die Hüllen aus Wolken und Dunst. In ihrer Nacktheit gleicht sie dem Mond der Wüste, wenn er voll ist. Und bis die Schleier verschwinden und der Dunst sich auflöst, betrachten die Götter des Himmels die Kreaturen in der leeren Weite mit erloschenem, nachsichtigem Auge, als hätten sie beschlossen, sich endgültig von ihrer bisherigen Tyrannei loszusagen. Aber die Feuchtigkeit verdunstet, sobald sich die Wolken zerstreuen. Dann trocknen die großen Felsplatten. Ihnen folgen die weiten Flächen, die mit Schotter und kleinen Steinen bedeckt sind. Schließlich löst sich die Feuchtigkeit auch aus dem kompakten Erdboden und aus dem Sand, bis in der oberen Wüste jede Spur des Regens getilgt ist. Nur in den tieferen Wadis sinkt die Flut erst allmählich, und im Talgrund rauscht und plätschert und plaudert noch immer der Fluss.

Die versprengten Teile des Stammes kehren von den Höhen zurück. Sie stellen die Stützen und die Zeltpfosten wieder auf und inspizieren die Schäden und die Verluste, die zu erleiden sie sich gewöhnt haben, wenn immer sie Wohltaten erfahren und das Unbekannte sie mit Regen segnet.

Die Überprüfung von Hab und Gut hält sie beschäftigt. Sie vergessen sich selbst, achten nicht auf die Wiedergeburt der Vögel am Himmel, der noch immer dunstverhüllt ist. Aber die Kinder gehen hinaus, um auf den nahe gelegenen Ebenen im Matsch zu spielen, und sie sind es, die als Erste die kleinen Pflänzchen entdecken, die sich zwischen den Steinen emporschieben. Dann rennen sie los, um zu Hause die frohe Botschaft zu verkündigen.

# Die unzähligen Wasser der Wüste

*Théodore Monod*

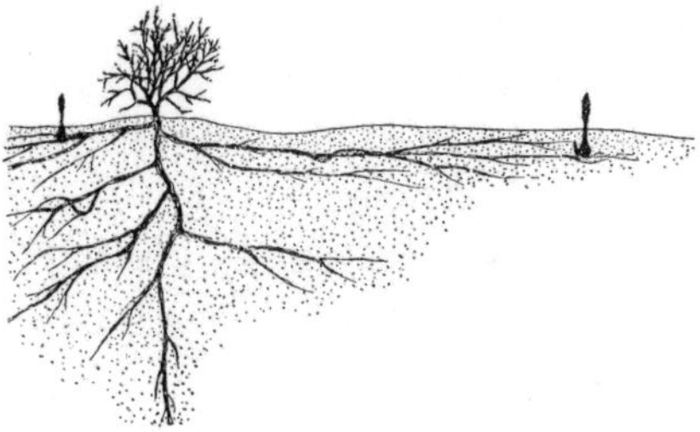

Fragen Sie also in der Sahara: »Was sollen wir trinken?«, und seien Sie unerschrocken genug, sich um den nächsten Tag zu sorgen; das kann Ihnen die Haut retten.

Zwischenfälle und das Unvorhergesehene sind an der Tagesordnung, diese zu erkennen, von vornherein in Kauf zu nehmen und sich dagegen zu wappnen, heißt, wenn auch nicht sie auszuschalten, so doch zumindest die Gefahr so weit wie möglich zu verringern.

Man verdurstet nur, wenn man unvorsichtig ist. Hat man alle Vorkehrungen getroffen, bleibt noch ein Unfall, der immer passieren kann: ein Führer, der sich verirrt, ein unauffindbarer Brunnen, ein Reittier, das seinen Dienst versagt, ein geplatzter Wasserschlauch. Doch so etwas nennt man Schiffbruch, für den zumeist nicht der Seemann, sondern das »Verhängnis« verantwortlich ist, dem man im Zweifelsfall alles in die Schuhe schieben kann.

Also ist es nicht weiter verwunderlich, dass die Wasserstelle und die Weide die zwei vorrangigen Interessen des Seefahrers in der Sahara darstellen – denn er kann nicht leben, ohne zu trinken, und sein Kamel nicht, ohne zu fressen.

Die Wasserstellen bestimmen die Karawanenwege, auf denen man von Brunnen zu Brunnen zieht und unveränderlichen Strecken folgt, ohne dass jemand daran denken würde, von ihnen abzuweichen. Ein schmaler Deich inmitten eines unüberwindlichen Sumpfes könnte keine zwingendere Wegstrecke bedeuten als die Pfade der Kameltreiber. Gleich den Maschen eines riesigen Netzes schließen sie vollkommen unberührte Gebiete ein. Man stelle sich eine Fläche voller nebeneinanderstehender Kisten vor – große Kleiderkisten –, von denen eine Ameise nur die Kanten kennt und doch voller Freude herausschreit, sie habe ihre Sahara »besiegt«.

Die Entfernung zwischen zwei Häfen reicht bis zu sechshundert Kilometern. Ab fünf Tagen ohne Wasser, bis dahin noch ein geruhsamer Spaziergang für den Anfänger, wird es ernst: Nach zehn Tagen artet das Ganze in Sport aus, in einen Langstreckenmarsch, der besonderer Vorbereitung bedarf.

Die Tuareg des Iforhas durchqueren jeden Winter die Tanezrouft zwischen Tisserlitine und Ouallen: Sie legen ungefähr vierhundert Kilometer in neun Tagen zurück und sind mit Schafen unterwegs. Vom 29. Dezember 1920 bis zum 15. Januar 1921 sind die Kamele eines Mehari-Trupps zwischen Aïoun Abd el Malek und Aouchiche sechzehn Tage gelaufen – sechshundertfünfzig Kilometer, ohne zu trinken. Ihre Reiter hatten bei Meleïzem ein wenig Wasser gefunden, nach ungefähr fünfhundert Kilometern. Unsere Strecke Tinioulig – Araouan (2. bis 14. März 1935), sechshundert Kilometer ohne Wasserstelle, ist ebenfalls zu den beachtlicheren Leistungen zu zählen.

Wenn der Proviant zur Neige geht, wenn der ersehnte Brunnen fehlt oder wenn man ihn ausgetrocknet oder bereits überfüllt vorfindet, wird die Lage ernst: Die Tuareg des Rezzou von Aziouel, anfangs neununddreißig Mann, kamen nur zu viert zurück – elf waren im Kampf gestorben, vierundzwanzig jedoch an Erschöpfung und Durst.

Also heißt es das Wasser transportieren und folglich auch Behälter dafür. »Ein schwerwiegendes technisches Problem«, wie die Journalisten sagen würden. Richtig, und noch schwerwiegender, als sie es sich vorstellen. Die beiden wichtigsten Faktoren des Lebens in der Wüste sind Fortbewegungsmittel und Behälter. Man hätte die Sahara – seitdem sie für Lastrinder und Pferde verboten ist – niemals ohne das Kamel überwunden, das mag sein, doch man hätte sie erst recht nicht ohne Kamele überwunden, die mit Gefäßen beladen waren. Durch diese Verbindung von Dromedar und Schlauch – der Guerba – wurde die Wüste besiegt, die von den Menschen mit Tontöpfen aufgegeben worden war.

Diese zerbrechlichen Gegenstände halten den Härten des Kameltransports nicht stand. Es bleiben Metall und Häute.

Wenden wir uns zunächst Letzteren zu. Ohne Guerba wäre die von den prähistorischen Menschen verlassene Sahara für ihre Nachfolger unzugänglich geblieben, ein verödetes Gebiet der Erdoberfläche, *no man's land* im wahrsten Sinne des Wortes, genauso weit weg wie der Mond und genauso unmöglich zu erreichen.

Der Ziegenbock hat das Rennen gemacht. Enthaart, umgestülpt, ausgeweidet und gegerbt verwandelt sich seine Haut in die Guerba. Der »ideale« Behälter – egal, ob für die Creme X, das Pulver Y oder den Strumpf Z – ist gefunden. Unzerbrechlich und elastisch enthält er frisches Wasser, leer und zusammengefaltet nimmt er nur ein Viertel seines Volumens ein. Der Verschluss – ein Stück Schnur um den Hals – schließt zugleich dicht und lässt sich »blitzschnell« öffnen, ohne dass das Kamel in die Hocke gehen und damit anhalten muss. Schließlich lässt sich die Guerba auch sehr einfach reparieren: Wie oft haben wir undichte Stellen mit einem Akaziendorn, einem Halm Morkeba oder einem ausgerissenen Stofffetzen abgedichtet, wofür allerdings am Rand befindliche, entbehrliche Teile unserer Kleidung herhalten mussten.

Zuerst wird das Leder gegerbt, dann imprägniert: mit Butter, Teer, ja manchmal sogar mit Honig – verschiedene Rohstoffe sind geeignet, ganz nach dem Wunsch des Kunden; hinzu kommt unausweichlich der ihm eigene Geschmack nach Ziegenbock und der des Inhaltes, den man manchmal deutlich herausschmecken kann.

Die Guerba gibt es in allen Größen und aus allen Häuten vom Zicklein bis hin zur Antilope, doch das gängigste Material liefert die ausgewachsene Ziege, und diese fasst zwanzig bis fünfundzwanzig Liter Wasser.

Es gibt gute und schlechte Guerbas, neue und alte: Die einen sind wunderbar wasserdicht, die anderen verlieren es Tropfen für Tropfen; manchmal zerbersten sie auch ganz plötzlich und geben einen großen Schwall Wasser frei; man muss bei der Wahl Vorsicht walten lassen.

Man bindet sie an den Füßen fest (die der Guerba oder des Bockes, was ein und dasselbe ist), paarweise oder einzeln; die übliche Ausrüstung (Südalgerien, Land der Tuareg, Azaouad usw.) umfasst zwei Guerbas, eine auf jeder Seite des Reittiers. Die Mauren aus dem Westen beschränken sich oft auf eine Guerba, die im Gleichgewicht auf den Hüften des Kamels quer hinter dem Sattel befestigt wird. Schließlich sieht man bei den Tuareg kleine Esel mit samtigem schwarz gestreiftem, perlmuttgrauem Fell, die eine Guerba unter dem Bauch tragen. In diesem Fall kein Snobismus, es handelt sich auch um keine neue Idee, dieser Brauch hat Tradition, denn schon Strabon berichtet von den Pharusiern, die »bei der Durchquerung der Wüste die Schläuche mit Wasser unter den Bäuchen ihrer Pferde hängen« ließen.

Doch der einzige absolut dichte und sichere Behälter, der einzige, der Ihnen zuverlässig nach fünfhundert Kilometern und auf den Zentiliter genau die fünfundvierzig Liter zurückgeben wird, die Sie ihm beim Abmarsch anvertraut haben, ist das Metallfass. Es gibt unzählige Modelle, deren jeweilige

Verdienste und Fehler ein sagenumwobenes Streitthema für die Offiziere der Wüstentruppen liefern, denn »was soll man sonst machen im Nachtlager«, wenn nicht seine Beredsamkeit zum Einsatz bringen?

Sobald sich die Entfernung zwischen zwei Brunnen vergrößert, muss der Wasserverbrauch überwacht werden. Beim Abmarsch wird angekündigt, dass man mit den Guerbas acht Tage auszukommen hat und dass erst am neunten Tag die Fässer geöffnet werden; außerdem muss jemand die undankbare Aufgabe übernehmen, die tägliche Wasserration auszugeben. Doch in jedem Fall sollten diese Rationen in den Berechnungen nicht unter vier Litern pro Mann und Tag liegen, Trinken und Nahrungszubereitung zusammengenommen, versteht sich. Das ist nicht zu viel, auch nicht im Winter; im März 1935 wurde es sogar etwas knapp; im Sommer ist mindestens das Doppelte erforderlich.

Die Sahara ist keine Gegend, in der es niemals regnet; auf der ganzen Welt gibt es keinen Ort, wo es niemals regnet. Doch es ist eine Gegend, in der es selten regnet, alle zehn Jahre in In Salah. Das ergibt eine Niederschlagsmenge, die aufs Jahr gerechnet sechsundsechzigmal niedriger liegt als in Paris, und außerdem geht alles in einem einzigen Wolkenbruch nieder.

Von Zeit zu Zeit ergießt sich eine wahre Sintflut über eine solche Oase, die Dämme bersten lässt, Niederungen überschwemmt und eine sandige Schlucht in einen weiß schäumenden Fluss verwandelt; Lehmmauern werden weggespült, Terrassen brechen weg. Am 21. Oktober 1904 fünfundzwanzig Opfer in Aïn Sefra; am 17. Januar 1922 werden zweiundzwanzig Menschen unter einer einstürzenden Mauer begraben: acht Tote. Ein historisches Ereignis, das in die lokale Chronik eingehen wird: das Jahr des Regens, genauso wie das Jahr der Heuschrecken oder das Jahr des Rezzou der Oulad Gheïlan.

Der Tod durch Ertrinken ist nicht die geringste der Gefahren in der Sahara, vor allem nicht in den Bergen, wo im vor einer Stunde noch trockenen Wadi plötzlich ein Strom schäumen kann, der oft mehrere Meter tief und gewaltig genug ist, um mühelos Herden und Hirten mit sich zu reißen. Die Räumung eines Lagers, das bei Nacht von der Flut überrascht wird, ist kein Zuckerschlecken; wenn auf den Wolkenbruch eine Springflut folgt, ist das Vergnügen vollkommen. Glauben Sie mir: Ich durfte es am eigenen Leibe erfahren.

Schon gut, schon gut: Ich weiß wohl, dass ein solcher Regenguss den Grundstein für die Weide von morgen legt. Doch warum sollte ich ihn deswegen weniger verabscheuen? Glauben Sie etwa, es ist angenehm zu sehen, wie Gepäck, Lebensmittel – Zucker und Mehl –, Satteltaschen, Decken durchnässt werden, wie die Packsättel unbrauchbar werden (sie werden mit Lederriemen geschnürt), wie das Leder der Sättel (besudelt mit Mist und Akazienstacheln) aufweicht? Meinen Sie, ich freue mich, in einem feuchten (und daher stinkenden) Burnus auf feuchtem Sand zu schlafen und klebend in einem schmierigen Universum aufzuwachen?

Natürlich regnet es in Europa und im Urwald auch, aber zumindest rechnet man damit; man ist gewarnt und gewappnet. Wenn der Regen dann kommt, ist das Teil der Spielregeln. Hier nicht: Nirgendwo steht, dass es erlaubt ist, uns in der offenen Sahara im Regen zu ertränken, wo uns vertraglich eine »Sonnengarantie« zugesichert ist. Das ist nicht fair: Man hat uns übers Ohr gehauen … Lassen Sie mich wenigstens darüber meckern.

Doch so ärgerlich diese Regengüsse auch sind und wie sehr die Karawane dabei auch durchnässt wird: Nur sie können die Wasserstellen füllen. Deswegen trotzdem: »Gesegnet sei unser Bruder, der Regen!«

Es gibt Wasserstellen ganz unterschiedlicher Art – alle Systeme, abgesehen natürlich vom Wasserhahn –, vom Teich voller Barben bis hin zum sechshundert Meter tiefen Brunnen.

Zunächst das oberirdische Wasser: das Wadi oder Oued, wenn es einmal Wasser führt, alle zehn Jahre, alle zwanzig Jahre oder niemals; der Felsentümpel oder Guelta, der flache See in der Ebene oder Daya.

Nach dem Regen ist nicht alles Wasser aus den Bergen abgeflossen, um den Sand zu tränken; überall bleiben Reste in Löchern zurück. Die kleinen Pfützen trocknen bis zum Abend oder nächsten Tag, die mittelgroßen halten eine Woche, andere einen Monat oder vier oder sechs oder länger, und die großen, das heißt die tiefen, warten die ganze Zeit, bis der nächste Wolkenbruch kommt – Jahre.

Hier entstehen dann dauerhafte natürliche Zisternen, manchmal wahre Seen mit Algen, Wasserpflanzen, Muscheln und sogar Fischen. Bezaubernde Schwimmbäder an den Hängen der Berge, in die man sich im kühlen Schatten der Felswände – man ist so erhitzt vom Klettern! – genüsslich hineinstürzt (nachdem oder bevor man seine Guerba gefüllt hat – was macht das schon für einen Unterschied?). Der Zugang erfordert manchmal akrobatische Höchstleistungen und ist oft für Kamele nicht gangbar (ihre Beine sind doch etwas zu steif für Felsenklettereien). Und selbst für Fußgänger oder Mufflons – und Sie können mir glauben, die kommen fast überall hinauf – sind nicht alle Wasserstellen zugänglich, bleiben einige den gefräßigen Küssen der Ringeltauben oder dem unverhüllten Blick der Sterne überlassen.

In den Ebenen liegen die Dayas, manchmal von gewaltigen Ausmaßen, aber nicht sehr tief und nie von langer Dauer. In ihnen wimmelt es von weichen, durchsichtigen Tieren, halb Garnelen, halb Wasserschnecken (ich beschreibe sie so, damit man sie sich vorstellen kann, weiß aber wohl, dass es sich einfach um rückenschalige Kiemenflusskrebse aus der Familie der Apodidae handelt).

Während sich die Gueltas an festen, bekannten Orten befinden, können die aus der Unberechenbarkeit der Regenfälle geborenen Dayas dort auftauchen, wo man sie am wenigsten erwartet. Man findet sie ganz zufällig. Anfang 1935 stieß ich in einer Gegend, in der Wasserstellen fast völlig fehlten und die demzufolge nur schwer zu bereisen war, in zwei Monaten auf sechzig Seen, einige so riesig, dass unsere Karawane sie umgehen musste. Einige Monate später, wenn das Wasser verdunstet ist, bleibt nur noch ausgetrockneter Schlamm, der sich schuppenartig über den Boden wellt und ein vieleckiges Schachbrettmuster aus rissigem Lehm zurücklässt.

Am Rande des Sudan, in der Sahelzone, die der jährlich wiederkehrenden Herrschaft der Sommerregenfälle ausgesetzt ist, tritt die Daya periodisch auf. In der Regenzeit entsteht ein See, oft mit bewaldeten Ufern, die manchmal dauerhaft bestehen, so wie die von Dendaré, wo ich am 15. Oktober 1934 einen Teich mit dem Kamel durchquerte, das auf dem schlammigen Boden ausrutschte, stürzte und mich auf lächerlichste Weise ins Wasser fallen ließ, wobei ich mich auch noch mit dem Fuß in der Maulschlinge verfing – was meinen Begleitern Anlass zu leiser, aber beträchtlicher Freude gab.

Der erste große Vorteil der Daya für den Kameltreiber: Die Tiere trinken direkt an der Wasserstelle; der zweite: Wie in den Gueltas handelt es sich um Süßwasser.

Das gilt im Allgemeinen auch für das Wasser der Quellen. Denn diese gibt es hier und da, halb geöffnete »Augen« unter den Lidern der Felsen, deren Tränen sich durch die haarfeinen Risse in die Mulden der Sandsteinbecken ergießen. Neben der »ehrlichen« Quelle, die als solche zu erkennen ist und fließt – sich vom Rinnsal zum Bächlein entwickelt –, gibt es noch eine

»trügerische«, die sich als Senkloch ausgibt und dann aber als Wasserloch mit stets gleichbleibendem Spiegel entpuppt.

Die Foggaras, aus denen sich die Oasen des »Archipel Touat« speisen, sind in gewisser Weise künstliche Quellen, ein starkes Netz unterirdischer Gänge, ähnlich den U-Bahn-Tunneln. Doch wurden sie ohne Bagger und nur von den drei Werkzeugen gegraben, die in der Sahara zur Verfügung stehen: Sklaven, Spitzhacken und Körbe. Das konkrete Vokabular ist ortsabhängig, dörflich, begrenzt und nicht ausbaufähig. Es reflektiert ein eng umrissenes Umfeld. Dem Franzosen genügt ein einziges Wort für »Brunnen«, denn alle Brunnen Europas sind gleich: Jeder hat einen Brunnenrand, eine Winde, einen Eimer; die Öffnung ist nie von Sand verstopft, und er führt immer Wasser!

In der Wüste liegen die Dinge anders, komplizierter, und der arabisch-berberische Wortschatz trägt dieser Vielfalt mit einer großen Anzahl verschiedener Ausdrücke Rechnung, deren Bedeutung manchmal schwer zu bestimmen ist, so fein sind die Unterschiede: *abankor, tilmas, neba, oglat, mengoub, mouï, massin, reïan, themed, hassi, bir, anou* usw.

Flamand hat den *Versuch eines Glossars der wichtigsten arabischen geo-hydrografischen Begriffe Nordafrikas* veröffentlicht. Zweiunddreißig Seiten. Wer käme auf die Idee, ein ähnliches Wörterbuch für Frankreich zusammenzustellen?

Manchmal genügt es, im Bett eines Oued ein Loch von nur einigen Metern Tiefe zu graben, manchmal nur von einigen Dezimetern, um die Wasseroberfläche zu erreichen; das ist der Oglat, schnell gegraben, ein vorübergehendes Senkloch, das direkt von den Regenfällen abhängig ist (mancher Oglat, sagt man, hält das Wasser allerdings viele Jahre). Durch den Sand oder einen Erdrutsch im Wadi kann er jederzeit verschwinden, sobald man ihm den Rücken zukehrt, und jeder Neuankömmling muss wieder selbst graben. Außerdem handelt es sich eher um eine Zone als um einen mathematisch zu bestimmenden Punkt: Die Oglats von Fontaine-les-Sarcelles befinden sich in einem Teilstück eines Wadis, auf einem flachen Abschnitt in der Mulde einer Düne, wo man nebeneinander so viele Wasserlöcher graben kann, wie man will.

»Und als sie sieben Tagereisen weit gezogen waren, hatte das Heer und das Vieh, das bei ihnen war, kein Wasser … Elisa … sprach: ›So spricht der Herr: Macht hier und da Gruben in diesem Tal.‹« (2. Könige, 3, 9,16) – Oglats.

Andere Brunnen entsprechen eher dem Bild, das dieses Wort in uns hervorruft. Ein Loch mit geringem Durchmesser direkt am Erdboden ist nicht immer leicht zu entdecken; doch gibt es etliche Hinweise: Tiermist, wenn der Brunnen vor Kurzem besucht wurde, wenn nicht sogar alte Pfade, sich kreuzende Mejbeds oder steinerne Hinweise wie aufgerichtete und in eine Richtung zeigende Platten, Pyramiden, Steinmännchen – ein Geschenk, nein, nicht von Michelin, sondern von Karawanen, die seit Jahrhunderten hier vorbeiziehen (trotzdem vielen Dank). Oder aber man sieht gar nichts. Und ist in Schwierigkeiten.

Der Brunnen kann vollkommen kahl oder mit rohen Steinen befestigt sein (in ganzer Höhe oder teilweise) – wenn man so sagen kann – oder nur mit Stroh oder Astwerk. Der echte Brunnen der Sahara ist nicht sehr tief, in den meisten Fällen nicht tief genug, sodass man den Délou, der an einem Leder- oder Wollseil hängt, direkt mit der Hand eintauchen kann.

Die »Grube hier in der Wüste« (1. Mose, 37, 22), in die Josef geworfen wurde, war ein ausgetrockneter Brunnen; es gibt davon sehr geräumige und gewölbte. Derjenige, an dem der verliebte Jakob die Schafe als Fronarbeit für die schönen Augen Rachels tränkte, war von ausgefeilter Art, ein Brunnen mit Deckel: »Und ein großer Stein lag vor dem Loch des Brunnens. Und sie pflegten die Herden alle dort zu versammeln und den

Stein von dem Brunnenloch zu wälzen und die Schafe zu tränken und taten alsdann den Stein wieder vor das Loch an seine Stelle« (1. Mose, 29, 3). Und das macht man heute noch, man kann den Deckel aus Stein sogar mit Lehm verkleiden, um die Öffnung besser zu schützen.

Aber Brunnen können nicht nur einstürzen, sich mit Sand füllen, buchstäblich vom Hochwasser weggespült werden, sofern sie sich in einem Wadi befinden, oder auf natürliche Weise austrocknen, sie können natürlich auch vom Feind besetzt werden. Der Besitz von Wasserstellen spielt eine große Rolle in der Wüstenstrategie. Indem man den Feind am Trinken hindert, schwächt man ihn mehr als in zehn siegreichen Kämpfen. Dafür muss man den Brunnen besetzt halten, an dem er vorbeikommt, vor allem, wenn es sich um eine einsame Wasserstelle handelt, auf die der Ankömmling nicht verzichten kann, denn das zwingt ihn zum Kampf unter widrigsten Bedingungen, wenn er sich das Wasser beschaffen will, oder zur Flucht mit leeren Guerbas, was kaum besser ist.

Wenn man sicher sein kann, nicht selbst unter dem Vorgehen zu leiden, kann man auch, wie ein Rezzou auf dem Rückzug etwa, die Verfolger aufhalten, indem man die Brunnen verstopft. Im Jahre 1909 ließen die Oulad Djerir in Achouat mit Tierkadavern gefüllte Brunnen zurück: »Sie verstopften alle Wasserbrunnen« (2. Könige, 3, 25). »Nun hatten sie aber alle Brunnen verstopft, die seines Vaters Knechte gegraben hatten zur Zeit Abrahams, seines Vaters, und hatten sie mit Erde gefüllt« (1. Mose, 26, 15).

Also heißt es von Neuem graben: »Isaak … ließ die Wasserbrunnen wieder aufgraben, die sie zur Zeit Abrahams, seines Vaters, gegraben hatten und die die Philister verstopft hatten nach Abrahams Tod, und nannte sie mit denselben Namen, mit denen sein Vater sie genannt hatte« (1. Mose, 26, 18).

Wenn man das Bohrloch fünfzig, achtzig, hundert Meter oder tiefer graben muss, wie es am südlichen Rand der Sahara, im Sahel, vorkommt, ist nicht mehr daran zu denken, das Wasser allein mit der Kraft der Arme heraufzuziehen, zumal auch die Rinder Durst haben und die Délous eine Füllmenge von fünfzig Litern erreichen können.

Eine oder mehrere stabile Holzgabeln werden am Rand des Brunnens eingegraben; das Seil – aus geflochtenen Rindslederriemen – läuft über eine große walzenförmige Rolle aus Akazienholz oder Balanites und wird dann an einem Gespann befestigt (Kamele, Rinder, kleine Esel), das sich vom Brunnen wegbewegt, um den Délou heraufzuziehen, und sich ihm wieder nähert, um das leere Gefäß herunterzulassen. Die Tiere laufen dabei im Kreis um das Loch in der Mitte und hinterlassen Pfade, die aussehen wie die Arme eines Schlangensterns. Diese sind genauso lang, wie der Brunnen tief ist, was bedeutet, dass man auf diese Weise sehr schnell seine Tiefe abmessen kann.

Um diese klaffenden Abgründe herum passieren, im Gedränge von Kälbern, Sklaven, Schafen und Hirten, nicht selten Unfälle: Es genügt eine in tausend Stücke zerspringende Rolle, eine nachgebende Holzgabel, ein außerhalb des Brunnens reißendes Seil, das den Mann am Rand zu Boden wirft, oder ein falscher Schritt auf den mit Schlamm oder Mist besudelten Steinen, und schon ist man tot. Weder Tiere noch Menschen sind hiervor gefeit.

Das Brunnenwasser ist nicht immer sehr sauber und sein Geschmack und Anblick oft nicht gerade appetitlich. Es gibt Wasser, das Mineralsalze enthält, Magnesium oder Bitterstoffe. Manche sind wahre Salzlaken, deren abführende Wirkung bei Gelegenheit sehr wohltuend sein kann. Und es wurde sogar schon von giftigem Wasser berichtet.

Dann gibt es noch Wasser, das mit organischen Stoffen

verschmutzt ist, modriges oder prickelndes Wasser (wenn zu viele Schmetterlinge in ihm gären), Wasser, in dem sich Stroh oder Rindenstücke der Brunnenverkleidung aufgelöst haben, in dem sich Ziegenkot oder ein längst verendeter Vogel zersetzt haben oder das mit Schakalurin gewürzt ist. Das Problem liegt oft darin, das am wenigsten dickflüssige oder auch nur das den geringsten Ekel erregende Wasser zu trinken. Nahe einem Oglat des Wadi Adrem beispielsweise spazierte der Feldwebel S. nach dem Trinken würdevoll und mit offenem Mund durch das Lager, um wieder Luft zu bekommen.

Zu alledem (»Gemischte Portion«, würde der Eisverkäufer sagen) gesellen sich im gegebenen Fall noch acht Tage Ziegenhaut mit ranziger Butter, um den Geschmack abzurunden.

Was nichts daran ändert, dass ich schmutziges Wasser überhaupt keinem Wasser vorziehe. Und da werden Sie mir wohl beipflichten.

## Flugzeugabsturz in der Wüste

*Antoine de Saint-Exupéry*

Dass wir lebten, ging gegen alle Vernunft. Ich verfolgte mit der Taschenlampe die Spuren unseres Flugzeugs auf dem Sand. Schon zweihundertfünfzig Meter vor dem endgültigen Stillstand fand ich verbogene Eisenteile und Bleche, mit denen es auf seinem rasenden Rutsch den Sand besät hatte. Bei Tagesanbruch konnten wir dann feststellen, dass wir einen sanften Abhang beinahe oben am Gipfel der wüsten Sandtafel tangential berührt hatten. An der Aufschlagstelle war ein tiefes Loch in den Sand gepflügt. Ohne sich zu überschlagen, hatte das Flugzeug seinen Weg auf dem Bauche gemacht, sich windend und mit dem Schwanze schlagend wie ein grimmiges Reptil. Mit zweihundertsiebzig Kilometer Geschwindigkeit war es dahingekrochen. Unser Leben verdankten wir zweifellos den runden schwarzen Steinen, die sich auf dem Sande leicht drehen und so eine Art Rollenbahn gebildet hatten.

Prévot unterbrach sofort alle Stromkreise der Akkumulatoren, da sonst durch Kurzschluss nachträglich noch ein Brand ausbrechen konnte. Ich aber lehnte mich an die Motorenhaube und dachte nach: Viereinviertel Stunden lang war ich in der Luft gewesen, und die ganze Zeit hatte der Wind geweht; denn ich war geschüttelt worden. Wenn er aber seit der Wettervoraussage die Richtung gewechselt hatte, musste ich ihn nach jeder Richtung einrechnen. Das bedeutete bei einer Windgeschwindigkeit von fünfzig Kilometern, dass wir irgendwo in einem Viereck von vierhundert Kilometern Seitenlänge saßen.

Prévot setzte sich neben mich und sagte: »Eigentlich ist es auch ein Erlebnis, nicht tot zu sein.« Ich antwortete nichts und empfand auch keine Freude. Denn langsam brach sich ein Gedanke in meinem Kopfe Bahn und fing an, mich zu beunruhigen.

Ich bat Prévot, seine Lampe anzuzünden, damit ich zurückfinden könnte, und begab mich mit der Taschenlampe auf eine Entdeckungsreise, die mir nötig schien. Ich ging langsam, zuerst geradeaus, dann in einem großen Halbkreis zurück. Ich leuchtete den Boden ab, als ob ich einen verlorenen Ring suchte. Mehrmals wechselte ich die Richtung, und wieder war es, als sollte ich unter der Asche einen Funken entdecken. Immer weiter ging es im Dunkeln; ängstlich beugte ich mich über den weißen Tisch, über den mich meine Füße trugen. Aber es stimmte, es stimmte nur allzu gut. Ich schlich nach dem Flugzeug zurück und versuchte, mir über unsere Lage klar zu werden. Ich gab mir alle Mühe, einen Vorwand zu finden, nicht zu verzweifeln. Aber ich hatte nach einem Zeichen von Leben ausgeschaut, und das Leben hatte mir kein Zeichen gegeben.

»Prévot, ich habe keinen einzigen Grashalm gefunden.« Prévot sagte nichts, und ich wusste nicht, ob er die Tragweite meiner Worte verstanden hatte. Am Morgen würde sich der Vorhang heben, und dann war immer noch Zeit, davon zu reden. Ich fühlte mich nur müde und zerschlagen, und mir gingen die Worte im Kopfe herum: In 160 000 Quadratkilometern Wüste!

Plötzlich sprang ich auf: »Unser Wasser!«

Die Benzin- und Öltanks sind gerissen, die Wasserspeicher auch. Der Sand hat alles getrunken. Wir fanden schließlich noch einen halben Liter Kaffee in einer zersplitterten Thermosflasche und einen Viertelliter Weißwein im Rest einer anderen. Wir filterten die Getränke durch, wobei wir sie mischten. Dann fanden wir noch einige Trauben und eine Apfelsine. Ich musste rechnen: »In fünf Stunden Marsch unter der Sonne braucht man das auf!«

Dann ließen wir uns in der Kabine häuslich nieder, um den Tag zu erwarten. Ich streckte mich aus und versuchte zu schlafen. Noch im Wegsacken aber zog ich die Summe aus unserem Erlebnis: Wir haben keine Ahnung, wo wir uns befinden, und wir haben keinen Liter Flüssigkeit. Wenn wir nicht gar zu weit von der vorgesehenen Rennstrecke sind, kann man uns in acht Tagen finden; mehr zu hoffen, wäre vermessen. Sind wir aber abgetrieben, findet man uns in einem halben Jahr. Auf Hilfe von Flugzeugen können wir also nicht rechnen. Sie werden uns auf der ganzen Strecke von dreitausend Kilometern suchen.

»Schade!«, meinte Prévot.

»Was denn?«

»Nun, es hätte so gut mit einem Schlage Schluss sein können.«

Nein! Man darf nicht aufs Leben verzichten. Wir fassen uns nach einer Weile. Man darf die Möglichkeit einer wunderbaren Rettung auf dem Luftwege nicht aus den Augen verlieren, Man darf auch nicht müßig am Platze bleiben und womöglich die nahe Oase nicht finden. Wir wollen den ganzen Tag marschieren und dann zu unserer Maschine zurückkehren. Vor dem Aufbruch wollen wir aber unsere Marschrichtung in Riesenbuchstaben auf den Sand schreiben.

Mit solchen Gedanken rollte ich mich ein und schlief bis zum Morgen. Das Einschlafen schenkte mir eine fühlbare Erleichterung. Allerlei Besucher bevölkerten meinen leichten Schlaf, was bei der großen Ermüdung leicht verständlich ist. Ich war nicht allein in der Wüste, sie war belebt von Stimmen, von Erinnerungen und geflüsterten Mitteilungen. Noch hatte ich keinen Durst, das fühlte ich deutlich. Ich vertraute mich dem Schlaf an wie einem Abenteuer. Die Wirklichkeit musste dem Traum Platz machen … Ach, bei Tagesanbruch verkehrte sich das grausam genug!

Ich habe die Sahara von jeher geliebt. Ich habe manche Nacht im Aufruhrgebiet zugebracht und war schon öfters in dieser blonden Weite erwacht, der der Wind ihre Dünung gegeben hat wie dem Meer. Ich hatte schon früher, unter dem Flügel meiner Maschine schlafend, auf Hilfe gewartet. Aber so war es noch nie gewesen.

Wir gingen an den Hängen geschlängelter Hügelreihen hin. Der Boden war völlig mit einer Schicht glänzender schwarzer Kiesel bedeckt, die wie Metallschuppen aussahen. Alle Hügelkuppen rundum blitzten wie Harnische. Wir waren nicht nur in eine steinerne Welt geraten; wir waren in einer eisernen Landschaft gefangen.

Kaum waren wir über die erste Kette hinaus, als sich schon eine zweite, ebensolche zeigte, glänzend und schwarz. Wir ließen im Gehen die Füße schleifen, um Spuren zu hinterlassen, die unserer Rückkehr zum Leitfaden dienen sollten. Wir gingen der Sonne entgegen. Gegen jede Vernunft hatte ich nämlich beschlossen, scharf nach Osten zu marschieren. Denn eigentlich hätte ich überzeugt sein müssen, dass wir jenseits des Nils waren. Wettervoraussage und Flugzeit sprachen dafür. Aber ich hatte in aller Morgenfrühe einen kleinen Vorstoß nach Westen gemacht und dabei einen völlig unerklärlichen Widerstand verspürt. Daraufhin ließ ich den Westen für den nächsten Tag. Den Marsch nach Norden hatte ich mir für den Augenblick ganz aus dem Kopfe geschlagen, obwohl er zum Meer geführt hätte. Und noch am dritten Tage, als wir in halbem Fieberwahn beschlossen, unser Flugzeug endgültig zu verlassen und bis zum Zusammenbrechen geradeaus weiterzugehen, wandten wir uns nach Osten, genauer nach Ostnordost. Wir handelten dabei gegen alle Vernunft und Berechnung. Aber nach unserer Rettung mussten wir entdecken, dass uns keine andere Richtung je zur Heimkehr verholfen hätte. Nach Norden zu würden wir bei unserer Erschöpfung das Meer niemals erreicht haben. Wenn es auch unsinnig erscheint, will es mir bis heute scheinen, dass ich diese Richtung bei dem völligen Mangel an Anhaltspunkten, die unsere Wahl bestimmen konnten, nur deshalb wählte, weil mein Freund Guillaumet in den Anden sich in dieser Richtung gerettet hatte, während wir ihn so sehr suchten. Für mich war sie dadurch halb unbewusst die Richtung des Heils geworden.

Nach fünfstündigem Marsch veränderte die Landschaft ihr Gesicht. Ein Sandstrom schien in einem Tale dahinzufließen, und dieses Flussbett nahmen wir zum Wege. Wir schritten kräftig aus, denn vor der Nacht mussten wir so weit kommen wie möglich und wieder zurückkehren, wenn wir nichts entdeckten.

Plötzlich durchfuhr es mich siedend, dass ich jäh stehen blieb: »Prévot! Unsere Spuren!«

Wie lange mochte es wohl sein, dass wir vergessen hatten, Furchenspuren zu ziehen? Wenn wir unsere Fährten nicht wiederfanden, bedeutete das den sicheren Tod. Wir machten kehrt, wichen aber ein wenig nach rechts ab, um nach angemessener Zeit senkrecht zu unserer Marschrichtung links abzubiegen. Da mussten wir unsere Spuren an einer Stelle schneiden, an der wir sie noch gezeichnet hatten.

Nachdem es uns so gelungen war, den Faden wieder anzuknüpfen, ging es weiter. Die Hitze stieg, und mit ihr begannen die Luftspiegelungen. Zunächst waren sie noch ganz harmlos. Große Seen bildeten sich und verschwanden, wenn wir uns ihnen näherten. Wir beschlossen, das Sandtal zu queren und die höchste Kuppe zu ersteigen, um recht weit ausschauen zu können. Wir waren schon sechs Stunden unterwegs und dabei aller Voraussicht nach mit unseren langen Schritten an die fünfunddreißig Kilometer vorwärtsgekommen. Es war Zeit zur Umkehr. Wir setzten uns auf den Gipfel des schwarzen Rückens und schwiegen. Zu unseren Füßen mündete unser Sandtal in eine Sandwüste ohne Steine, deren blendende Helle uns in den Augen brannte. So weit man sehen konnte, breitete sich hoffnungslose Leere. Nur an der Grenze des Himmels führte uns das Spiel des Lichts seine Spiegelungen vor. Die waren jetzt ernsthafter, nahmen die Gestalt von Festungen an, von Minaretten in streng geformten Massen mit senkrechter Linienführung. Ich bemerkte sogar einen großen schwarzen Flecken, der Pflanzenwuchs zu sein schien. Aber über ihm lagerte die letzte der Wolken aus der vergangenen Nacht. Der schwarze Fleck in der Landschaft war also nur der Schatten einer Haufenwolke.

Ein Weitergehen war zwecklos. Unser Versuch musste als für diesen Tag gescheitert gelten. Es galt nur noch, zum Flugzeug zurückzukehren, zu dieser weißroten Bake, die vielleicht von den suchenden Kameraden bemerkt worden war. Obwohl ich gar keine Hoffnung in diese Nachforschungen setzte, schienen sie mir doch die einzige kleine Aussicht auf Rettung zu enthalten. Vor allem aber hatten wir unsere letzten Tropfen Flüssigkeit im Flugzeug gelassen. Und wir mussten unbedingt trinken. Wenn wir leben wollten, mussten wir zurück. Wir waren gefangen in dem knappen Bannkreis unseres Durstes. Ach, wie schwer ist es, auf einem Wege umzukehren, der vielleicht doch zum Leben führen könnte! Jenseits der Luftspiegelungen ist die Gegend vielleicht reich an wirklichen Städten, an Wasser und Wiesen. Ich war ganz sicher, dass wir nicht anders konnten, als umzukehren. Und doch hatte ich in dem Augenblicke, in dem ich diesen furchtbaren Entschluss fasste, das Empfinden eines Schiffbruchs.

Und dann lagen wir wieder bei unserer Maschine. Mehr als siebzig Kilometer Marsch hatten wir hinter uns, und unser Vorrat an Flüssigkeit war aufgebraucht. Im Osten war nichts zu entdecken, und kein Kamerad hatte die Gegend überflogen. Wie lange würden wir es aushalten? Wir waren schon so durstig!

Wir bauten einen großen Scheiterhaufen, wozu wir die Trümmer des zersplitterten Flügels verwendeten. Wir gossen die Reste von Benzin darüber und warfen Magnesiumbleche darauf; die einen harten, weißen Schein werfen. Dann warteten wir nur noch, bis die Nacht völlig schwarz über uns hing, um unsere Brandfackel zu entzünden. Aber wo waren die Menschen, die sie rufen sollte?

Kerzengerade stieg die Flamme empor. Ehrfurchtsvoll betrachteten wir unsere lodernde Feuersäule, unseren stummen und leuchtenden Boten. Er trug nicht nur einen Hilferuf hinaus, sondern auch ein inniges Liebesgeständnis. Gewiss verlangten wir zu trinken, wir riefen aber nicht minder nach Anschluss. Ein anderes Feuer sollte in der Nacht antworten. Nur Menschen haben ja das Feuer in ihrer Gewalt, ein Feuer ist Menschenrede. Ich erblickte im Geiste die Augen meiner Frau. Sie sahen mich fragend an, sodass ich nur noch diese Augen sehen konnte. Und es kamen die Augen aller derer, denen vielleicht an mir gelegen war. Alle sahen mich fragend an. Eine Versammlung von Augen warf mir mein Schweigen vor. Und ich antwortete doch! Hört ihr denn nicht? Ich antworte, ich antworte, so laut ich kann. Ich kann doch keine hellere Flamme in die Nacht hinaussenden!

Ich habe getan, was ich konnte. Wir haben getan, was wir konnten. Siebzig Kilometer sind wir gegangen, fast ohne zu trinken, und jetzt werden wir nie wieder trinken. Können wir denn etwas dafür, dass wir nicht lange genug ausharren? Wie gern wären wir ruhig und geduldig dageblieben und hätten aus vollen Feldflaschen in uns hineingetankt. Aber wir durften nicht. Von dem Augenblick an, wo ich den Grund meines Zinnbechers gesehen habe, hat eine Uhr zu laufen begonnen, die nicht wieder aufgezogen wird. Mit der Sekunde, in der ich den letzten Tropfen geschluckt habe, begann der Abstieg. Nun trug uns die Zeit wie ein Fluss, und wir konnten nichts dazu tun.

Prévot weinte. Ich schlug ihm auf die Schulter und sagte, um ihn zu trösten: »Futsch ist futsch, mein Lieber!«

Und er antwortete: »Glauben Sie doch nicht, dass ich meinetwegen heule!«

Nichts, was einem selbst geschieht, ist unerträglich. Das hatte ich schon früher entdeckt, und wieder und wieder sollte ich es in jenen Tagen erfahren: Nichts, was einem selbst geschieht, ist unerträglich. Ich glaube nur halb an die Wirklichkeit des Leidens. Eines Tages war ich in der Kabine eines im Wasser versinkenden Flugzeugs eingeschlossen und meinte zu ertrinken. Viel gelitten habe ich nicht dabei. Manches liebe Mal war ich überzeugt, dass es mit mir gleich aus sein würde. Aber nie erschien mir das als ein bedeutendes Ereignis. Auch in dem gegenwärtigen Abenteuer lernte ich keine Angstqualen kennen. Ja, ich sollte noch viel merkwürdigere Erkenntnisse mitnehmen.

»Glauben Sie doch nicht, dass ich meinetwegen heule!« Ja, das war es. Etwas ganz anderes als unser Schicksal war unerträglich. Jedes Mal, wenn ich die wartenden Augen sah, brannte es mir im Herzen, packte mich der rasende Wunsch, aufzustehen und geradewegs loszustürzen. Dort drüben schreien sie ja um Hilfe, dort drüben leiden sie Schiffbruch!

So eigenartig kehrten sich die Rollen um! Ich erlebte es, nachdem ich es schon immer geahnt hatte, und Prévot musste es mir bestätigen. Auch ihm blieb die Todesfurcht fremd, von der man so viel redet. Aber dieses andere war unerträglich, für ihn wie für mich. Ich kann mich gut damit abfinden, einzuschlafen, für eine Nacht wie für Jahrhunderte. Wer einschläft, merkt den Unterschied gar nicht. Auf alle Fälle ist es nachher so still und friedlich. Aber die Schreie von dort drüben, diese entsetzlichen Ausbrüche der Verzweiflung, die kann ich nicht ertragen. Vor solchem Unglück kann ich nicht mit verschränkten Armen stehen. Jede Sekunde, die ich ruhig verharre, ist Mord an denen, die mir die Liebsten sind. Mich fasst die Wut: Was bindet mich denn? Welche Ketten hindern mich, zur rechten Zeit anzukommen und den Scheiternden Hilfe zu bringen? Warum meldet denn unser Feuer nicht bis ans Ende der Welt die Botschaft: Wir kommen! Wir kommen! Die Retter sind da!

Das Magnesium ist verzehrt, und unser Feuer wird rot. Es ist nur noch ein Gluthaufen, an dem wir uns wärmen. Unsere große, leuchtende Botschaft ist verstummt. Was hat sie ausgerichtet? Ach, wir wissen nur zu gut, dass sie nichts ausgerichtet hat. Sie war ein Gebet, das nicht erhört werden konnte. Gut. Jetzt lege ich mich schlafen.

Am frühen Morgen konnten wir auf den Flügeln unserer Maschine ein wenig Wasser mit Lappen zusammenwischen. Es stand nicht hoch im Glase und war mit Farbe und Öl widerlich gemischt. Wir haben es aber doch getrunken. Zumindest die Lippen waren feucht.

Nach diesem Gelage sagte Prévot: »Zum Glück haben wir noch den Revolver.«

Diese Äußerung brachte mich sofort in Harnisch, und ich wandte mich mit bösartiger Feindseligkeit nach ihm um. Nichts wäre mir ekelhafter gewesen als eine Gefühlsduselei in diesem Augenblick. Jetzt musste unbedingt alles einfach sein, das verlangte ich. Geborenwerden ist einfach, Wachsen ist einfach; auch Verdursten ist einfach.

Ich schielte lauernd auf Prévot, innerlich bereit, ihm nötigenfalls kränkende Worte an den Kopf zu werfen, die ihm den Mund stopften. Aber er hatte ganz ruhig gesprochen, wie man von einer harmlosen alltäglichen Sache spricht, fast wie wenn er gesagt hätte: »Wir wollen uns die Hände waschen.« Da waren wir wieder einig. Denn ich hatte tags zuvor denselben Gedanken gehabt, als ich die Lederhülle sah. Aber meine Gedanken waren kalt vernünftig gewesen und nicht feierlich tragisch. Groß und tragisch ist überhaupt nur die menschliche Tatsache, dass wir die nicht beruhigen können, für die wir verantwortlich sind – aber nicht der Revolver.

Noch immer suchte uns niemand oder besser gesagt, man suchte uns zweifellos anderswo, wohl in Arabien. An diesem Tage bekamen wir auch später kein Motorengeräusch zu hören. Das geschah erst, als wir unser Flugzeug längst verlassen hatten, und da ließ uns dieser einmalige Vorbeiflug gleichgültig. Wir waren ja nur winzige schwarze Punkte in der Wüste und hatten gar keinen Anspruch darauf, gesehen zu werden. Nichts von allen den Gefühlen kam in uns hoch, von denen man meinen sollte, dass sie bei solchen Gelegenheiten aufstiegen. Ich litt nicht einmal; es war wirklich, als ob die Retter in einer anderen Welt schwebten.

Man muss mindestens zwei Wochen rechnen, um ein Flugzeug, dessen Standort unbekannt ist, in der Wüste aufzufinden. Wir durften annehmen, dass man zwischen Tripolis und Persien auf der Suche nach uns war, und die ungeheure Ausdehnung dieses Raumes verschlechterte die Rettungsaussichten noch mehr. Trotzdem wollte ich dieser schwachen Hoffnung noch einen Tag opfern. Ich änderte unser Verfahren: Ich ging allein auf Erkundung, Prévot sollte bei der Maschine bleiben, Brennstoffe schichten und sie anzünden, wenn gegen alle Wahrscheinlichkeit sich ein Flugzeug näherte.

Ich brach auf, ohne zu wissen, ob die Kräfte zur Rückkehr ausreichen würden. Alles, was ich von der Libyschen Wüste gehört hatte, ging mir durch den Kopf. Sie hat nur achtzehn Prozent Luftfeuchtigkeit, wo in der Sahara noch vierzig Prozent gemessen werden. Das Leben verdunstet hier wie Dampf. Die Beduinen, die Reisenden und die Kolonialoffiziere sind sich darüber einig, dass man neunzehn Stunden ohne zu trinken auskommen kann. Von der zwanzigsten Stunde an sehen die Augen ein flammendes Leuchten, und das bedeutet das Ende. Der Durst leistet rasche Vernichtungsarbeit.

Aber der Nordostwind, dieser gänzlich programmwidrige Nordostwind, der uns allen Wettervoraussagen zum Trotz getäuscht hat, der uns in die Tiefe der Libyschen Wüste gesetzt hat, verlängerte unser Leben. Welchen Aufschub mochte er wohl gewähren, ehe das flammende Leuchten auch unsere Augen blendete?

Ich ging, aber mit dem Gefühl, mich in einem Kanu auf den Ozean zu wagen.

Und doch schien mir die Umwelt im Morgenlicht weniger bedrückend. Zuerst hatte ich auch eine angenehme Aufgabe als Trapper, zu der ich mich mit den Händen in den Hosentaschen hinbegab. Wir hatten am Abend zuvor an den Ausläufen einiger rätselhafter Löcher Schlingen gelegt. Der Jäger in mir war wach, und ich ging vor allem andern, die Fallen nachzusehen.

Sie waren alle leer. Ich würde also kein Blut zu trinken bekommen. Ich hatte es auch eigentlich nicht erwartet.

Ich war nicht enttäuscht, wohl aber regte sich die Neugier. Wovon leben diese Tiere in der Wüste? Zweifellos handelte es sich um den Fenek, dieses hasengroße fuchsartige Raubtier mit den Riesenohren. Ich konnte meinem Wissensdurst nicht widerstehen und folgte den Spuren von einem dieser Tiere. Sie führten mich in ein enges Sandtal, in dem jeder Schritt deutlich abgedrückt war. Ich bewunderte das hübsche Palmenmuster, das drei fächerförmige Zehen hinterlassen hatten. Ich stellte mir meinen vierbeinigen Freund lebhaft vor, wie er im ersten Dämmerlicht lostrabte und Tau von den Steinen leckte. Jetzt wurden die Abstände zwischen den Fußtapfen größer, mein Fenek war also gerannt. Und jetzt war gar ein Gefährte zu ihm gestoßen, und sie waren nebeneinander hergelaufen. Mit völlig unangebrachter Freude begleitete ich die beiden Füchslein auf ihrem Morgenspaziergang. Die Lebenszeichen taten mir wohl, und ich vergaß den Durst ein wenig.

Schließlich kam ich sogar an den Vorratsspeicher dieser Wüstenfüchse. Kaum über den Sand heraus erhoben sich alle hundert Schritte kleine, dürre Bäumchen von der Größe einer Suppenschüssel, deren Zweige mit kleinen goldgelben Schnecken besetzt waren. Der Fenek war dort einholen gegangen, und ich stieß auf eines der geheimnisvollen Wunder der Natur.

Mein Fenek blieb nicht etwa vor jedem Baume stehen. Manche ließ er links liegen, obwohl sie von Schnecken wimmelten. Andere umging er scheu. An andere wiederum machte er sich heran, aber ohne sie leer zu fressen. Zwei bis drei Schnecken entnahm er ihnen und zog dann ein Wirtshaus weiter.

Warum handeln die Feneks so? Macht es ihnen Freude, ihren Hunger nicht auf einmal zu befriedigen, sondern sich lang währenden Genuss auf ihrem Morgenbummel zu verschaffen? Schwerlich; denn dazu fügt sich dieses Spiel zu deutlich einer lebensnotwendigen Vorsicht. Wenn der Wüstenfuchs sich am ersten Baum satt fräße, wäre in zwei oder drei Mahlzeiten die ganze lebende Last heruntergeholt. So wäre schnell von Bäumchen zu Bäumchen der Viehbestand vernichtet. Aber der Fenek hütet sich, den Nachwuchs zu stören. Er holt sich jede seiner Mahlzeiten von hundert solcher brauner Stauden. Ja, er tut noch mehr: er nimmt nie zwei benachbarte Schnecken vom gleichen Zweig. Er handelt wie in vollem Bewusstsein der Gefahr. Fräße er nach seinem Hunger, stürben die Schnecken aus, und wenn die Schnecken verschwunden wären, hätte es auch mit den Feneks ein Ende.

Die Spuren führten mich zum Lager. Da unten saß also mein Fenek und hörte mich und zitterte vor meinen Schritten. Ich sagte ihm: »Mein Füchschen, ich bin zwar verloren, aber so komisch es ist, dein Lebenswandel interessiert mich doch!«

Einen kleinen Augenblick blieb ich stehen und träumte vor mich hin. Es ist wundersam, wie man sich jeder Lage anpasst. Niemand hat Angst, weil er dreißig Jahre später doch sterben muss. Dreißig Jahre oder drei Tage – es kommt nur darauf an, von wo man es betrachtet. Nur muss man gewisse Bilder vergessen.

Wieder ging es weiter, und mit der Müdigkeit kam etwas Neues in mir auf. Wenn keine Luftspiegelungen kamen, so schuf ich sie mir selbst.

»Ahoi!«

Ich hob die Arme, ich rief laut. Aber der winkende Mann war nur ein schwarzer Steinblock. Die Wüste begann zu leben. Ich wollte den schlafenden Beduinen wecken, und er wurde zum Baumstamm. Ein Baumstamm? Das überraschte mich, und ich bückte mich danach, um mich selbst davon zu überzeugen. Ich griff nach einem der Äste, um ihn aufzuheben. Er war von Stein! Ich richtete mich auf und sah mich um: Überall erblickte ich schwarze Steinbäume. Ein vorsintflutlicher Wald bedeckte den Boden mit seinen geknickten Schäften. Vor hunderttausend Jahren war sein gewölbter Dom unter einem Orkan des Weltwerdens niedergestürzt. Tausend Jahrhunderte hatten diese Säulenstümpfe bis zu mir gewälzt, riesig, geglättet wie Stahl, versteinert, verglast und tintenschwarz. Noch erkannte ich die Astknoten und konnte die Jahresringe zählen. Einst war dieser Wald von Vögeln und Tönen erfüllt gewesen. Aber ein Fluch hatte ihn getroffen und zu Salzsäulen erstarren lassen. Mich durchschauerte die Feindseligkeit dieser Landschaft. All dies Trümmerzeug wollte nichts von mir wissen. Es war noch schwärzer als die eisernen Hügel vom Tage zuvor. Hier hatte ich nichts zu suchen, ein Lebender unter Steinen; mein Körper sollte sich auflösen, diese Bäume aber gehörten der Ewigkeit.

Seit dem Morgen des vorhergehenden Tages hatte ich über achtzig Kilometer hinter mich gebracht. Meine Schwindelgefühle stammten davon, und vom Durst, und von der Sonne, die auf die Gerippe einer toten Welt niederbrennt, dass sie aussehen wie gefrorenes Öl. Jetzt zählen Sand und Füchse nicht mehr. Diese Welt ist ein riesiger Amboss, auf dem ich hinschreiten muss, während der Hammer der Sonne dröhnend auf ihn niederfällt.

Was ist das dort? Ahoi! Ahoi! –

»Nichts ist dort. Reg dich nicht auf. Durstfieber ist es«, antwortete ich mir selbst. Denn nun musste ich meine Vernunft an der Kandare halten. Es ist so schwer, abzulehnen, was man sieht. So schwer, nicht auf die hinziehende Karawane loszustürzen. Ihr seht sie doch, da drüben?

»Dummkopf, du weißt ganz genau, dass du sie selbst erfindest!«

Ja, aber ist denn nichts mehr auf der Welt wirklich? Nichts ist wirklich als das Kreuz dort auf dem Hügel in zwanzig Kilometer Entfernung, das Kreuz oder der Leuchtturm.

Es liegt nicht in der Richtung auf das Meer, da muss es also ein Kreuz sein. Ich hatte die ganze Nacht den Plan studiert, völlig unnötigerweise, da ich keine Ahnung hatte, wo wir uns befanden. Aber ich klammerte mich an alles, was mir die Gegenwart von Menschen vortäuschte. Da hatte ich irgendwo einen kleinen Kreis gesehen, über dem ein solches Kreuz ragte. Auf der Zeichenerklärung der Karte, auf die ich blickte, war zu lesen: Geistliche Anstalt. Neben dem Kreuz aber hatte ein schwarzer Punkt gestanden, und der war erklärt als: Dauernd benutzbarer Brunnen. Das hatte mich ins Innerste getroffen, und ich hatte ganz laut immer und immer wieder lesen müssen: Dauernd benutzbarer Brunnen, dauernd benutzbarer Brunnen. Die Schätze des Ali Baba sind nichts neben einem dauernd benutzbaren Brunnen. Etwas weiter waren zwei weiße Kreise gewesen, deren Erklärung lautete: Zeitweilig benutzbarer Brunnen. Das war schon weniger schön. Rundum war nichts gewesen. Gar nichts.

Aber nun hatte ich meine geistliche Anstalt gefunden. Die Mönche hatten ein großes Kreuz auf dem Hügel aufgerichtet, um die Verirrten zu rufen. Ich brauchte nur hinzugehen zu den fleißigen Dominikanern …

»Aber in Libyen gibt es nur koptische Klöster!« … zu den fleißigen Dominikanern. Dort gibt es eine kühle, rot gekachelte Küche, und im Hofe steht ein wunderbares rostiges Schöpfrad. Unter dem Schöpfrad aber ist ein dauernd benutzbarer Brunnen. Oh, wird das ein Fest, wenn ich die große Glocke läuten werde …

»Dummkopf, du beschreibst ja ein Haus in der Provence, in dem es übrigens gar keine Glocke gibt!«

… wenn ich die große Glocke läuten werde. Der Bruder Pförtner wird die Arme erheben und wird rufen: »Der Herr hat dich gesandt!«, und er wird alle Mönche herbeirufen. Sie werden kommen und mich lieb empfangen wie ein armes Kind. Sie werden mich zur Küche geleiten und sagen: »Nur ein Augenblickchen, ein kleines Augenblickchen, mein Sohn, wir laufen ja schon zum dauernd benutzbaren Brunnen!« Wie werde ich da vor Wonne zittern!

Ach nein, nur nicht weinen. Es ist ja gar kein Kreuz auf dem Hügel.

Der Westen gaukelt mir nur Lügen vor. Ich habe mich nordwärts gewandt. Den Norden erfüllt zumindest der Sang des Meeres.

Wenn ich erst auf der Hügelkette dort bin, weitet sich der Blick und umfasst die Aussicht auf die schönste Stadt der Welt.

»Du weißt doch, es sind nur Luftspiegelungen!« Natürlich weiß ich das, lästiger Mahner. Mich täuscht man nicht so leicht. Aber wenn es mir nun einmal gefällt, mich Trugbildern hinzugeben? Ich will hoffen! Ich will mich in diese Stadt mit ihren Zinnen und ihrem Festkleid aus Sonnenstrahlen verlieben! Ich will geraden Weges vor mich hingehen, leichten Schrittes, weil ich keine Müdigkeit mehr fühle und einfach glücklich bin. Prévot und sein Revolver machen mich lachen. Ich bin trunken und will an Durst sterben!

Die Dämmerung hat mich ernüchtert. Da hält keine Täuschung vor, und plötzlich stehe ich entsetzt da, weil ich so weit gegangen bin. Die Aussicht hat allen Zauber eingebüßt, die Schlösser sind verschwunden, die Feierkleider abgeworfen. So weit man sehen und ahnen kann, erfüllt die Wüste die ganze Welt.

»Das hast du gut gemacht! Die Nacht wird dich überraschen. Dann kannst du irgendwo auf den Morgen warten, und morgen sind womöglich deine Spuren verwischt und dann ade!«

Da gehe ich lieber weiter, immer geradeaus weiter. Wozu umkehren? Ich will nicht umlenken, wo ich vielleicht kurz vor der Freiheit stehe, wo ich vielleicht gleich die Arme nach dem Meer ausstrecken kann …

»Wo hast du denn das Meer gesehen? Du kommst nicht bis hin! Dreihundert Kilometer trennen dich davon, und Prévot wartet am Simoun! Vielleicht hat ihn eine Karawane gefunden!«

Gut, ich will umkehren. Aber erst möchte ich noch einmal die Menschen rufen:

Ahoi!

Gott, die Erde ist doch bewohnt!

Ahoi! Menschen!

Die Stimme will nicht mehr und ist rau und heiser. Es ist ja lächerlich, hier so zu schreien. Aber noch einmal will ich rufen:

Menschen!!

Wie anmaßend, wie gestelzt es klingt. Und ich mache kehrt.

Nach zwei Stunden Marsch sah ich die Flammen, die Prévot zum Himmel steigen ließ, da ihn mein Ausbleiben in Sorge versetzte. Ach, und mir war es so gleichgültig!

Noch eine Stunde, dann war es noch ein halber Kilometer. Und nun noch hundert Meter und jetzt noch zwanzig.

Und da stand ich starr mit einem Ausruf freudiger Überraschung. Freude strömte mir zum Herzen, und ich hielt mich mühsam vor einem lauten Ausbruch zurück. Dort stand Prévot, vom Glutschein des Feuers erhellt, und sprach mit zwei Arabern, die sich an die Motorenhaube lehnten. Noch hatte er mich nicht gesehen. Seine Freude nahm ihn zu sehr in Beschlag. Wenn ich mit ihm zusammen gewartet hätte, dann wäre ich schon längst befreit! Fröhlich rief ich: »Hallo!«

Die beiden Beduinen fuhren auf und sahen zu mir hin. Prévot löste sich von der Gruppe und kam mir entgegen. Ich streckte ihm die Arme entgegen, und er fing mich auf. Wollte ich etwa zusammensinken? Erlöst sagte ich: »Nun hat es doch geklappt!«

»Was hat geklappt?«, fragte Prévot.

»Die Araber!«

»Welche Araber?«

»Die hier, bei Ihnen!«

Prévot warf mir einen sonderbaren Blick zu und sagte dann, als ob er mir widerwillig ein schmerzliches Geheimnis anvertraute: »Aber es sind doch gar keine Araber hier.«
Da musste ich doch noch weinen.

Neunzehn Stunden lebt man hier ohne Wasser. Und was haben wir seit gestern Abend gehabt? Einige Tropfen Tau bei Morgengrauen. Aber der gütige Nordostwind weht immer noch und verzögert die Verdunstung ein wenig. Er lässt die hohen Wolkenbauten am Himmel erstehen. Wenn die nur zu uns kämen, wenn es nur regnen wollte. Aber in der Wüste regnet es nie.

»Prévot, trennen wir doch einen Fallschirm auf. Wir breiten die Dreiecksbahnen auf die Erde und belasten sie mit Steinen. Wenn der Wind nicht umschlägt, können wir am Morgen die Tücher auswinden und Tau in einem Benzintank sammeln.« Und bald lagen sechs weiße Tücher unter den Sternen, und Prévot hatte einen Tank abmontiert. Nun brauchten wir nur noch auf den Morgen zu warten.

Prévot hatte unter den Trümmern noch eine Apfelsine entdeckt, und dieses unverhoffte Wunder teilten wir uns jetzt. Ich war völlig aus der Fassung, so wenig es für Leute war, die zwanzig Liter Wasser brauchten. Ich ruhte neben dem Lagerfeuer und sah mir die leuchtende Frucht an. Die Menschen wissen nicht, was eine Apfelsine ist! Weiter und weiter flogen die Gedanken: Wir sitzen hier, zum Tode verurteilt, und doch verdirbt mir diese Gewissheit nicht den Genuss. Diese halbe Apfelsine in meiner Hand ist eine der größten Freuden meines Lebens. Ich lege mich auf den Rücken, ich lutsche meine Frucht aus und zähle die Meteore. Für diese Minute bin ich restlos glücklich. Man kann die Welt nur nach dem verstehen, was man erlebt. Jetzt erst begreife ich die Zigarette und den Kognak des zum Tode Verurteilten. Vorher wollte es mir nicht in den Kopf, dass er diese Lappalien annimmt und sichtlich mit Genuss verzehrt. Man sieht gewöhnlich ein Zeichen von Mut darin, dass er lächelt. Dabei hat er nur gelernt, die Welt anders anzusehen, und macht sich aus seiner letzten Stunde noch ein Stückchen Menschenleben.

Wir haben Riesenmengen Wasser gesammelt, an zwei Liter! Es gibt keinen Durst mehr! Wir sind gerettet, wir bekommen zu trinken!

Mit tiefem Jubel schöpfte ich einen Becher aus meinem Tank. Aber das Wasser war gelbgrün und schmeckte schon beim ersten Schluck so entsetzlich, dass ich trotz des quälenden Durstes erst Atem holen musste, ehe ich ihn fertig herunterschluckte. Ich hätte Schlamm getrunken; aber dieser giftige Metallgeschmack war stärker als mein Durst.

Ich sah mich nach Prévot um. Er ließ die Augen rundum gehen, als ob er etwas suchte. Plötzlich bückte er sich und erbrach sich, ohne aufzuhören, sich im Kreise zu drehen. Eine halbe Minute später war ich dran. Ich wurde von solchen Krämpfen gepackt, dass ich in die Knie sank und mit in den Sand gekrallten Fingern weiterspuckte. Keiner brachte ein Wort heraus, und eine Viertelstunde blieben wir so an den Boden genagelt, obgleich nur noch ein bisschen Galle kam.

Endlich hatten wir wieder Frieden, und ich fühlte nur noch ein unbestimmtes Übelsein. Aber unsere letzte Hoffnung war dahin. Ich weiß nicht, ob dieser Fehlschlag einer Tränkung des Fallschirms oder einem Niederschlag von Tetrachlormethan im Tank zuzuschreiben war. Wir hätten einen anderen Speicher oder andere Tücher gebraucht.

Aber nun hieß es eilen, es war schon heller Tag. Wir wollten diesem verwünschten Hochland entrinnen und kräftigen Schrittes bis zum Zusammenbrechen marschieren. Ich folgte dem Beispiel Guillaumets in den Anden. Ich musste seit dem Tage zuvor viel an ihn denken. So brach ich denn die Vorschrift, die lautet, beim Wrack des Flugzeuges zu bleiben. Hier suchte uns doch niemand mehr.

Wieder wurde uns klar, dass gar nicht wir die Schiffbrüchigen waren. Das waren vielmehr die Wartenden, die unser Schweigen bedrohte, die ein grässlicher Irrtum in Verzweiflung stürzte. Wir mussten einfach zu ihnen, um sie aufzuklären. Auch Guillaumet erzählte mir nach seiner Rettung, dass er die ganze Zeit Schiffbrüchigen zu Hilfe eilte. Es gilt also wohl für alle.

»Wenn ich niemanden auf der Welt hätte«, sagte mir Prévot, »dann würde ich mich einfach hinlegen.«

Wir gingen nach Ostnordost. Falls wir den Nil überflogen gehabt hätten, wären wir mit jedem Schritte tiefer in die arabische Wüste geraten. Von dem ersten Marschtage weiß ich nichts mehr, nur noch von unserer Hast, mit der wir auf irgendetwas, und sei es der Zusammenbruch, losgingen. Ich marschierte mit gesenkten Augen, denn von Luftspiegelungen hatte ich genug. Von Zeit zu Zeit berichtigten wir nach dem Kompass unsere Richtung. Gelegentlich legten wir uns einen Augenblick zum Verschnaufen nieder. Den Gummimantel, den ich für die Nacht mitgenommen hatte, warf ich weg. Mehr weiß ich nicht. Die ersten Erinnerungen knüpfen sich an die Abendkühle. Vorher war ich wie der Sand, der keine Spuren hält.

Bei Sonnenuntergang beschlossen wir zu lagern. Zwar war ich mir wohl bewusst, dass wir hätten weitermarschieren müssen. Denn eine Nacht, ohne zu trinken, würde uns den Rest geben. Aber wir hatten die Bahnen des Fallschirms mitgenommen; wenn also das Gift nicht in der Tränkung des Stoffes lag, konnten wir am anderen Morgen trinken.

Nochmals stellten wir unter den Sternen dem Tau unsere Falle.

Aber an jenem Abend war der Himmel wolkenlos, und der Wind zeigte ein ganz anderes Wesen. Er kam auch nicht mehr aus der gleichen Richtung. Schon streifte uns der heiße Hauch der Wüste. Das Raubtier erwachte und leckte uns Hände und Gesicht.

Wenn ich aber noch weitergemusst hätte, wäre ich noch vor dem zehnten Kilometer zusammengebrochen. In den letzten drei Tagen hatte ich, fast ohne zu trinken, hundertachtzig Kilometer zurückgelegt.

Im Augenblick, da wir uns niederließen, sagte Prévot: »Ich nehme Gift drauf, dass es ein See ist.«

Ich fuhr auf: »Sie sind verrückt!«

Er aber beharrte: »Zu dieser Zeit in der Dämmerung kann es doch keine Luftspiegelung sein.«

Ich antwortete nichts mehr. Seit Langem hatte ich es aufgegeben, meinen Augen zu trauen. Mag schon sein, dass es keine Luftspiegelung ist. Dann ist es eben eine Einbildung unseres Wahnsinns. Wie konnte Prévot noch daran glauben!

Aber er war eigensinnig: »Es sind nur zwanzig Minuten bis hin. Ich möchte doch einmal nachsehen!«

Diese Verbohrtheit ärgerte mich: »Gehen Sie nachsehen. Immer schnappen Sie etwas Luft. Es ist ja gut für die Gesundheit. Aber eines sage ich Ihnen: Wenn es Ihren See gibt, ist er Salzwasser. Salzig oder nicht, er ist des Teufels. Vor allen Dingen aber: Es gibt ihn gar nicht!« Doch Prévot ging bereits stieren Blickes in die Ferne. Ich kannte diese entsetzliche Anziehungskraft und murmelte nur vor mich hin: »Und manche Nachtwandler werfen sich vor den Zug!«

Ich wusste, dass Prévot nie wiederkommen würde. Sein Wahn würde ihn immer stärker packen, und dann gab es kein Umkehren mehr. Er würde noch eine Weile dem Zusammenbruch entgegengehen. Er würde dort sterben und ich hier. Es war aber so nebensächlich!

Die Gleichgültigkeit, die über mich gekommen war, schien mir ein böses Zeichen. Als ich einmal halb ertrunken war, hatte ich denselben Seelenfrieden gefühlt wie jetzt. Ich benutzte die Stimmung, um auf dem Bauche liegend in den Wüstenboden einen nachgelassenen Brief zu schreiben. Ach, war der Brief schön! So würdig, und so voll guter Ratschläge! Ich war beglückt und selbstzufrieden, als ich ihn nochmals durchlas. Da musste man doch sagen, dass es ein wundervoller nachgelassener Brief war, und sehr bedauern, dass ich nicht mehr am Leben sei.

Nun wollte ich auch wissen, wie weit es mit mir war. Ich versuchte, Speichel zu bilden. Wie lange hatte ich schon nicht mehr gespuckt? Nun war überhaupt kein Speichel mehr da. Wenn ich den Mund geschlossen hielt, verklebte eine kleisterige Masse meine Lippen. Sie trocknete rasch ein und bildete außen einen harten Verschluss. Noch gelang es mir aber, ihn zu lösen. Auch stiegen die Lichtempfindungen noch nicht in die Augen, die anzeigen, dass man nur noch zwei Stunden zu leben hat.

Dann war es völlig Nacht. Der Mond war seit gestern gewachsen. Prévot kam nicht wieder. Ich lag auf dem Rücken und sammelte alle diese Erkenntnisse. Mir kam es vor, als ob es schon einmal so gewesen wäre. Ich grübelte nach, und dann fiel es mir ein. Es war schon einmal so ... ich lag ... ich lag im Schiff! Ja, ich lag im Schiff und fuhr nach Südamerika, auf dem obersten Verdeck ausgestreckt. Über mir pendelte die Mastspitze ganz langsam zwischen den Sternen einher. Hier fehlt ja ein Mast, aber eingeschifft bin ich doch, unterwegs zu einem ungewissen Schicksal, das von meinen Kräften nicht mehr abhängt. Rohe Sklavenhändler haben mich gefesselt auf ein Schiff geworfen.

Ich dachte an Prévot, der nicht zurückgekehrt war. Keine Klage hatte ich von seinen Lippen gehört, und das war gut. Es wäre unerträglich gewesen, jemanden stöhnen zu hören. Prévot war doch ein Mann.

Ah – dort! Keinen halben Kilometer von mir entfernt

schwenkt er seine Lampe! Er hat die Fährte verloren. Und ich habe keine Lampe! Ich kann nicht antworten!

Ich sprang auf, ich rief, aber er hörte nicht. Da leuchtete eine zweite Lampe nur zweihundert Meter von der seinen entfernt auf, dann eine dritte. Lieber Gott, sie suchen die Gegend ab, sie suchen mich! Ich rief – aber niemand hörte. Die drei Lampen gaben ihre Winkerzeichen weiter.

Ich bin doch nicht verrückt? Gewiss nicht; ich fühle mich in Ordnung, ganz ausgeglichen; ich beobachte genau. Es sind drei Lampen in fünfhundert Meter Entfernung.

»Ahoi!«

Und immer noch hörte niemand!

Da fasste mich für einen Augenblick die Panik, das einzige Mal auf diesem Abenteuer. Ich konnte doch noch laufen!

»Wartet! Wartet!«

Oh, gleich machen sie kehrt, gehen weg, suchen anderswo. Und ich werde stürzen, hinfallen an der Schwelle des Lebens, wo hilfreiche Arme so nahe waren.

»Ahoi, ahoi!«

Und schwach klang es aus der Ferne: »Ahoi!«

Sie haben mich gehört!

Ich keuchte, ich bekam keine Luft mehr, aber ich lief immer weiter, der Stimme zu: »Ahoi!« – und dann sah ich Prévot und fiel hin.

»Ach, wie ich alle die Lampen gesehen habe!«

»Welche Lampen denn?«

Es stimmte; Prévot war allein.

Diesmal aber spürte ich keine Enttäuschung, nur dumpfe Wut: »Na, und was macht Ihr See?«

»Der war immer entfernter, je mehr ich auf ihn zukam. Ich bin eine halbe Stunde auf ihn losgegangen. Dann war er mir denn doch zu weit, und ich bin umgekehrt. Wenigstens weiß ich jetzt, dass es ein See ist.«

»Sie sind verrückt, total verrückt! Warum haben Sie das nur gemacht? Sagen Sie doch!«

Was hat er eigentlich gemacht? Warum denn? Ich könnte vor Empörung weinen und weiß doch nicht, worüber ich empört bin. Prévot erklärte mir mit erstickter Stimme: »Ich hätte so gerne Wasser gefunden. Ihre Lippen sind so weiß.«

Meine Empörung brach in sich zusammen. Ich griff mir an die Stirn, als ob ich eben erwachte, und fühlte mich unendlich traurig. Ganz leise berichtete ich: »Ich habe drei Lichter gesehen, so wie ich Sie hier sehe; Irrtum ist ausgeschlossen. Ich habe sie gesehen, sage ich Ihnen, Prévot!«

Prévot sagte erst nichts, dann nickte er: »Ja, ja, es steht schlimm.«

Die Erde strahlt ihre Wärme schnell aus in dunstfreier Luft. Es war recht kalt. Ich erhob mich und ging umher, aber bald erfasste mich ein unerträgliches Zittern. Mein eingedicktes Blut lief langsam durch die Adern, eisige Kälte durchdrang mich, die mehr war als die Kälte der Nacht. Meine Kiefer klapperten, und mein ganzer Körper wurde von Zuckungen heimgesucht. Ich konnte die elektrische Lampe nicht mehr gebrauchen, so sehr schütterte sie mir in der Hand. Ich fror sonst durchaus nicht leicht, und nun sollte ich hier frieren; welche Wirkungen des Durstes!

Meinen Gummimantel hatte ich irgendwo weggeworfen, weil er mir in der Hitze nur lästig war. Nun wurde der Wind immer schlimmer, und die Wüste bietet keine Deckung. Tags schenkte sie keinen Schatten, nachts lieferte sie einen nackt dem Winde aus. Kein Baum, keine Hecke, kein Stein bot mir Schutz. Der Wind griff mich an wie Reiterei im freien Gelände. Ich sah mich überallhin nach Fluchtgelegenheiten um, ich legte mich hin und stand wieder auf. Liegend wie stehend empfing ich die Schläge der eisigen Peitsche. Laufen konnte ich nicht mehr, die Kräfte versagten. Ich konnte den

Mördern nicht mehr entrinnen und warf mich auf die Knie, das Gesicht in den Händen vergraben, des Todesstreiches gewärtig.

Dann riss ich mich zusammen, stand auf und ging kältebebend immer geradenwegs vor mich hin. Wo war ich denn? Ich war ja weggegangen! Hinten rief Prévot. Seine Rufe haben mich zur Besinnung gebracht.

Ich ging zurück zu ihm, noch immer vom Zittern geschüttelt, das den ganzen Körper herumwarf. Ich musste mir sagen: »Das ist nicht die Kälte, das ist schon etwas anderes; es ist das Ende.« Ich war eben schon zu ausgetrocknet, und ich war zu weit gegangen, vorgestern, gestern allein, und heute!

Es ging mir aber gegen den Strich, an Kälte draufzugehen. Die Wahngebilde waren mir lieber gewesen, das Kreuz auf dem Hügel, die beiden Araber, die drei Lampen. Das war schließlich irgendwie reizvoll und spannend. Aber gepeitscht zu werden wie ein Sklave ist nicht schön.

Da lag ich denn wieder auf den Knien.

Wir hatten etwas Medizin mitgenommen, hundert Gramm reinen Äther, hundert Gramm neunzigprozentigen Alkohol und ein Fläschchen Jod. Ich versuchte, einige Schlucke reinen Äther zu trinken; es war, als ob ich Messer schluckte. Dann wagte ich mich an den neunzigprozentigen Alkohol; aber er verlegte mir die Kehle.

Ich grub mir ein Loch in den Sand, legte mich hinein und bedeckte mich mit Sand. Nur das Gesicht sah heraus. Prévot hatte einige Reiser entdeckt und ein recht kurzlebiges Feuer entzündet. Er wollte sich nicht in den Sand eingraben und trat lieber von einem Fuß auf den anderen. Ich fand, dass er unrecht hatte. Meine Kehle war noch immer beengt, und das bedeutete nichts Gutes. Trotzdem fühlte ich mich besser, denn ich war ganz ruhig, viel ruhiger, als ich je zu hoffen gewagt hatte. Unfreiwillig ging ich auf die Reise, festgebunden auf meinem Sklavenschiff unter den Sternen. Aber ich war kaum noch unglücklich. Wenn ich kein Glied rührte, spürte ich die Kälte gar nicht. So ließ ich denn meinen schlafenden Leib dort unterm Sande. Sich nie mehr bewegen, nie mehr leiden! Übrigens litt ich tatsächlich kaum. Allen Schmerz übertönte die Musik der Erschöpfung und des Fieberwahns. Alles wurde zu einem Bilderbuch, zu einem grausigen Märchen. Eben noch hatte mich der Wind gejagt, und ich war wie ein gehetztes Tier umhergesprungen, um ihm zu entgehen. Dann hatte ich Mühe gehabt zu atmen. Jemand hatte auf meiner Kehle gekniet, und ich hatte mit dem Würgengel gerungen. Allein war ich in der Wüste keinen Augenblick gewesen. Jetzt aber glaubte ich an nichts mehr, was ich um mich sah. Ich zog mich in mich selbst zurück, schloss die Augen und rührte kein Glied. Der Wirbelwind der Bilder riss mich mit. Aber er führte mich ruhigen Träumen zu. Der reißende Strom fand Frieden im Meer.

Lebt wohl, ihr Lieben! Ich kann nichts dafür, dass der Mensch nicht mehr als drei Tage ohne zu trinken auskommen kann. Ich ahnte es nicht, dass ich so an die Brunnen gebunden war, dass unsere Freiheit an einem so kurzen Faden hängt. Ich meinte immer, so vor mich hinstürmen zu dürfen. Ich wähnte frei zu sein, und da hängt man an der Erde durch ihre Wasseradern wie die Frucht an der Mutter durch die Nabelschnur. Ein Schritt zu weit ab heißt Tod.

Mir tut nichts leid, als dass ihr nun traurig sein müsst. Genau genommen habe ich es besser gehabt. Wenn ich diesmal davonkäme, ich finge mein Fliegerleben nochmals an. Ich muss leben, und in den Städten gibt es kein menschenwürdiges Dasein. Mir geht es nicht um die Sache der Fliegerei. Für mich ist das Flugzeug kein Zweck, es ist ein Mittel. Mein Leben schlage ich nicht für die Fliegerei in die Schanze, so wenig wie der Bauer für den Pflug arbeitet. Aber mit dem Flugzeug verlässt man die Städte und ihre seelenlose Rechnerei und findet auf anderem Wege die bäuerliche Wahrheit wieder. Man lebt mit Winden, Sternen, Nacht und Sand, arbeitet als Mensch und sorgt sich als Mensch. Man misst sich mit den Kräften der Natur und wartet auf den neuen Tag wie der Gärtner aufs Frühjahr. Man ersehnt den Flughafen wie ein gelobtes Land und sucht seine Wahrheit in den Sternen.

Ich will nicht klagen. Seit drei Tagen bin ich viel gegangen, habe Durst gelitten, bin Fährten im Sande gefolgt und habe aus dem Morgentau Hoffnung gezogen. Ich habe andere Wesen meiner Art gesucht, von deren Wohnstätten auf der Erde ich mich verirrt hatte …

Doch das sind Sorgen für Lebende. Jetzt kommt mir all das kaum wichtiger vor als die Frage, ob man den Abend im Casino de Paris, im Moulin Rouge oder in den Folies Bergères verbringt.

Ich verstehe die Leute in den Pariser Vorortzügen nicht mehr, die glauben, Menschen zu sein. Ameisen sind sie, von einem ihnen unbewussten Zwang zum Werkzeug herabgewürdigt. Was mögen sie mit ihren kleinen Sonntagen anfangen, wenn sie freihaben?

Auf einer weiten Reise hörte ich einmal, wie bei einer Betriebsfeier in einer Fabrik Mozart gespielt wurde. Ich habe darüber berichtet und zahlreiche empörte Zuschriften bekommen. Ich bin denen nicht böse, die das Tingeltangel vorziehen; sie kennen keine höheren Klänge. Aber auf den Tingeltangelwirt werfe ich meinen Groll; er lockt die Menschen von sich selber weg! Ich bin glücklich in meinem Beruf. Der Vorortzug bedeutet mir zehnmal mehr Tod als das Sterben hier. Eigentlich haben wir doch ein prächtiges Leben.

Ich bereue nichts. Ich habe gespielt und verloren. Aber ich habe den Wind auf freier See atmen dürfen. Das vergisst niemand, dem es einmal vergönnt war. Nicht wahr, Kameraden?

Wir suchen ja nicht die Gefahr. Das ist Wichtigtuerei; mit den Stierkämpfern habe ich nichts gemein. Nein, ich suche nicht die Gefahr; ich weiß, was ich suche: Ich suche das Leben.

Mir wollte scheinen, als zeigte sich eine erste Helle am Himmel. So zog ich einen Arm aus dem Sand und befühlte eine der Bahnen, die in Reichweite lag. Aber sie war trocken. Es hieß Geduld haben. Der Tau fällt ja erst im Morgengrauen.

Aber der Morgen graute, ohne unsere Tücher zu befeuchten. Da begannen meine Gedanken zu tanzen, und ich hörte mich sagen: »Hier ist ein ausgepumptes Herz – ausgepumptes Herz, das keine Tränen mehr hat.«

»Auf, Prévot! Noch sind unsere Kehlen nicht verklebt. Da heißt es marschieren!«

Der Westwind weht, der den Menschen in neunzehn Stunden ausdörrt. Noch ist mein Schlund offen, aber schon hart und schmerzhaft. Ein leises Rasseln kann ich auch schon vernehmen. Bald kommt der Husten, den man mir beschrieben hat und auf den ich schon lange warte. Meine Zunge ist mir im Wege. Das Schlimmste aber ist, dass ich leuchtende Flecken sehe. Wenn diese zu Flammen werden, stürze ich zusammen.

Wir gehen schnell, um die Kühle des jungen Tages auszunützen. Wir wissen wohl, dass wir in der hellen Sonne nachher nicht mehr weiterkönnen. In der hellen Sonne …

Wir dürfen nicht mehr schwitzen, wir dürfen keine Zeit verlieren. Denn selbst diese Kühle hat nur achtzehn Prozent Luftfeuchtigkeit; der Wind mit seiner verlogenen Liebkosung kommt aus der Wüste. Unser Blut verdunstet!

Ich fühle keinen Hunger, nur Durst. Dabei hatte ich so gut wie nichts zu essen gehabt, am ersten Tage einige Trauben, seitdem eine halbe Apfelsine und etwas Kuchen. Für mehr Nahrung hatten wir keinen Speichel gehabt. Der Durst aber ist allmächtig, eher noch die Folgen des Durstes: die harte Kehle, die Zunge aus Gips, das Rasseln im Schlund und ein ekliger Geschmack im Munde. Das sind mir neue Empfindungen, und zunächst bringe ich sie in keine Verbindung mit dem Wasser, das sie heilen könnte. Der Durst wird immer mehr zu einer Krankheit, und immer weniger ist er ein natürliches Verlangen.

Schon will es mir scheinen, dass der Gedanke an Früchte und Quellen weniger herzzerreißend ist. Ich habe schon fast vergessen, wie freundlich die Apfelsine leuchtete. Ich habe alle Sehnsucht vergessen. Ich vergesse vielleicht alles.

Einen Augenblick haben wir gerastet, nun geht es weiter. Wir verzichten auf große Marschabschnitte und sinken alle halben Kilometer erschöpft nieder. Ich genieße es jedes Mal, mich auszustrecken. Aber wir müssen weiter.

Die Landschaft verändert sich, die Steine werden seltener, und wir gehen auf Sand. Zwei Kilometer vor uns beginnen die Dünen mit einigen Anzeichen kleinen Pflanzenwuchses. Der Sand ist doch besser als dieser stählerne Panzer. Er ist die blonde Wüste, meine Sahara, die ich kenne und liebe.

Jetzt müssen wir schon alle zweihundert Meter rasten. Aber wir wollen weiter, zumindest bis zu den Büschen.

Die sollten die letzte Grenze sein, machten wir aus. Später, als wir im Kraftwagen unseren Spuren entlangfuhren, um den Simoun zu bergen, konnten wir feststellen, dass dieser letzte Ausmarsch achtzig Kilometer betragen hat. Ich war also an die zweihundert gegangen. Wie konnte ich da weiter?

Gestern ging ich ohne Hoffnung; heute hat dieses Wort seinen Sinn verloren. Wir gehen, weil wir gehen, wie die Ochsen im Pflugjoch.

Gestern träumte ich von paradiesischen Apfelsinenwäldern, heute kenne ich kein Paradies mehr. Ich glaube nicht mehr an Apfelsinen.

Nichts mehr fühle ich in mir als Dürre des Herzens. Ich werde fallen und keine Verzweiflung spüren, nicht einmal Kummer. Das kränkt mich, denn die Fähigkeit, Kummer zu fühlen, wäre mir eine Wohltat wie Wasser. Ich bemitleide mich und bedaure mich wie ein Freund. Aber ich habe keinen Freund mehr auf der Welt.

Wenn mich die Leute mit meinen entzündeten Augen finden, dann werden sie sich einbilden, dass ich laut gerufen und viel gelitten habe. Aber jeder Aufschwung, jeder Schmerz, alles bewusste Leiden wären Reichtümer für meine vertrocknete Seele. Ich habe ja gar nichts mehr. Wenn einem Mädchen seine erste Liebe stirbt, dann hat sie doch noch ihren Schmerz und ihre Tränen, einen zuckenden Ausdruck von Leben. Ich, ich habe keinen Schmerz mehr.

Ich bin schon eins mit der Wüste. Ich bringe keinen Speichel mehr hervor und auch keine Bilder, nach denen ich mich sehnen könnte. Die Sonne hat den Quell der Tränen ausgetrocknet.

Doch was sehe ich? Ein Hoffnungshauch geht über mich wie ein Windstoß über das Meer. Etwas hat mein triebhaftes Erkennen getroffen, noch ehe es mir bewusst geworden ist. Nichts hat sich verändert, und doch ist alles anders. Das Bahrtuch des Sandes, diese flachen Hügel mit Ahnungen von Pflanzenwuchs sind nicht mehr eine tote Landschaft. Sie sind eine Bühne, zwar noch leer, aber für das Schauspiel bereit. Ich sehe Prévot an; auch er hat staunend den gleichen Schlag erhalten, ohne ihn deutlich zu verstehen.

Gleich muss etwas geschehen, sage ich euch.

Die Wüste lebt, sage ich euch. Diese Leere, dies Schweigen sind bewegter als ein Volksgedränge auf offenem Markt.

Rettung – Spuren im Sand!

Eben noch waren wir abgeschnitten vom Menschengeschlecht, mit unserer Art zerfallen, allein auf der Welt, vergessen bei einer allgemeinen Abwanderung. Und da finden wir im Sande abgedrückt die wunderbaren Füße von Menschen.

»Prévot, hier haben zwei sich verabschiedet.«

»Hier hat ein Kamel gekniet.«

»Hier …«

Wir sind noch gar nicht gerettet. Wir können ja nicht einfach warten, denn schon in wenigen Stunden kommt jede Hilfe zu spät. Der Durst wirkt zu verheerend, sobald der Husten beginnt. Und unsere Kehlen …

Nein, ich glaube an diese Karawane, die irgendwo durch die Wüste schwankt.

Wir haben uns zum Gehen gezwungen, und plötzlich höre ich den Hahn krähen. Guillaumet hatte mir seinerzeit auch erzählt: »Gegen Ende hörte ich in meinen Anden die Hähne. Ich hörte auch die Eisenbahn.« Das fällt mir im Augenblick ein, und ich sage mir: »Erst täuschen einen die Augen. Das macht der Durst. Die Ohren haben länger gehalten.«

Aber Prévot fasst mich am Arm: »Hören Sie!«

»Was denn?«

»Den Hahn!«

Ja aber – ja aber …

Ja aber, das hieße Leben – du Dummkopf!

Noch eine Täuschung sucht mich heim. Ich sehe drei Hunde herumjagen. Prévot sieht hin und kann nichts wahrnehmen. Aber nun strecken wir beide die Arme dem Beduinen entgegen, beide holen wir den letzten Atem aus unserer Brust, und beide lachen wir vor Glück. Aber unsere Stimmen tragen keine dreißig Meter mehr. Die Stimmbänder sind vertrocknet. Wir hatten miteinander nur noch geflüstert und das nicht einmal bemerkt.

Der Beduine und sein Kamel, die hinter dem Hügel hervorgekommen sind, wollen sich entfernen. Langsam, langsam ziehen sie weiter. Vielleicht ist er allein! Vielleicht hat ein grausamer Teufel uns diesen Menschen gezeigt, um ihn uns wieder zu nehmen.

Und wir können nicht mehr rennen!

Da erscheint ein anderer Araber auf der Düne, mit der linken Seite uns zugewandt. Wir schreien – aber ganz leise. Wir schwenken die Arme und erfüllen nach unserer Meinung den Himmel mit riesigen Signalen. Aber der Beduine sieht immer nach rechts.

Jetzt aber, ganz langsam, macht er eine Viertelwendung nach links. Sobald er das Gesicht uns zugewendet hat, ist es auch schon geschehen: Durst, Tod und Luftspiegelungen sind verwischt in dem Augenblick, in dem er uns erblickt. Eine kleine Viertelwendung verwandelt unsere Welt. Eine Bewegung des Körpers, ein rascher Blick schaffen Leben, und er scheint mir nicht von dieser Welt.

Ein Wunder! Ein Wunder! Er kommt auf uns zu wie ein Gott über das Meer!

Er hat uns ins Gesicht gesehen, hat uns die Hände auf die Schultern gelegt, und wir haben ihm gehorcht und uns hingelegt. Hier gibt es keine Rasse, keine Sprache, keine Partei. Ein armer Wanderhirte hat Engelshände auf unsere Schultern gelegt. Wir haben auf seine Rückkehr gewartet, die Stirn in den Sand gepresst. Und nun trinken wir, auf dem Bauche liegend, den Kopf im Becken wie die Kälber. Der Beduine erschrickt und zwingt uns alle Augenblicke einzuhalten. Aber kaum lässt er uns frei, so tauchen wir auch schon das ganze Gesicht ins Wasser.

Wasser!

Wasser, du hast weder Geschmack noch Farbe noch Aroma. Man kann dich nicht beschreiben. Man schmeckt dich, ohne dich zu kennen. Es ist nicht so, dass man dich zum Leben braucht: Du selber bist das Leben! Du durchdringst uns als Labsal, dessen Köstlichkeit keiner unserer Sinne auszudrücken fähig ist. Durch dich kehren uns alle Kräfte zurück; die wir schon verloren gaben. Dank deiner Segnung fließen in uns wieder alle bereits versiegten Quellen der Seele. Du bist der köstlichste Besitz dieser Erde. Du bist auch der empfindsamste, der rein dem Leib der Erde entquillt. Vor einer Quelle magnesiumhaltigen Wassers kann man verdursten. An einem Salzsee kann man verschmachten. Und trotz zweier Liter Tauwasser kann man zugrunde gehen, wenn sie bestimmte Salze enthalten.

Du nimmst nicht jede Mischung an, duldest nicht jede Veränderung. Du bist eine leicht gekränkte Gottheit!

Aber du schenkst uns ein unbeschreiblich einfaches und großes Glück.

Du aber, unser Retter, Beduine aus Libyen, du wirst mir aus dem Gedächtnis schwinden! Deines Gesichtes kann ich mich nicht entsinnen. Du bist der Mensch und erschienst mir mit dem Antlitz aller Menschen! Du hattest uns nie zuvor gesehen und hast uns doch erkannt!

Du bist mein geliebter Bruder, und ich werde dich in allen Menschen wiedererkennen!

Du erscheinst mir voll Adel und Leutseligkeit, ein großmächtiger Herr, in dessen Macht es stand, Wasser zu reichen. Alle meine Freunde, alle meine Feinde kommen mir in deiner Person entgegen, und ich habe keinen einzigen Feind mehr auf der Welt.

# Strategien des Überlebens – Kamel, Akazie, Springmaus, Distelfalter

*Rainer-K. Langner*

»Oben eine Seele, unten eine Seele, dazwischen ein totes Holz – was ist das?« Jeder Tuareg weiß die Antwort: »Der Kamelreiter auf seinem Sattel.«

Kamel ist nicht gleich Kamel. Das Kamel der nördlichen Sahara, das Araberkamel, wirkt plump und gedrungen, hat einen dicken Hals und einen eher schwerfälligen Körper mit starkem Haarwuchs. Sein Artgenosse der südlichen Sahara, das Tubukamel, trabt auf schmächtigeren Beinen, hat einen dünneren lang gestreckten Hals und wird weit größer. Südlich von Kauar kommt das Araberkamel nicht mehr vor, vom Norden nach Bornu oder Sudan gebrachte Kamele sterben dort nach kurzer Zeit, sei es infolge der veränderten Nahrung oder aus anderen Ursachen; umgekehrt kann das afrikanische Kamel ein nördlicheres Klima nicht vertragen. Das in der eigentlichen *Zentralsahara lebende Tebu-Kamel hat sich den natürlichen Bedingungen der dortigen Gegend angepasst und zu einer ganz anderen Rasse umgebildet.*

Das einhöckerige Dromedar, vor fünftausend Jahren in Vorderasien domestiziert und den Arabern rund zweieinhalb Jahrtausende vertraut, betrat die Sahara zur Römerzeit in seinem typisch wiegenden Passschritt. Mit ihm begannen die Erschließung der nordafrikanischen Wüste und die Lebensform der Kamelnomaden. Wird das einhöckerige Kamel heute als Haustier oder als Renntier gehalten, leben in der Wüste Gobi, in Teilen der Mongolei und Chinas noch kleinere Herden wilder zweihöckeriger Dromedare.

»Der junge Mann, der kein Kamel hat, dem sein Vater keines gibt, der kein Geld hat, eines zu kaufen, ist beklagenswert …«, singen die Tuaregfrauen im Aïr. Für die Nomaden ist das Kamel ein Gefährte, ein beseeltes Lebewesen, »das beste aller Tiere«, von dessen erstaunlichen Fähigkeiten ihr eigenes Überleben abhängt.

Kamele sind warmblütige, endotherme Säugetiere und erliegen wie andere Säugetiere einem Hitzschlag, wenn sie die eigene Körperwärme nicht abgeben können. Die Mehrzahl der Wüstentiere sind nachtaktiv und verschlafen die Sonne in unterirdischen Verstecken, Vögel suchen den Schatten und stellen ihre Aktivitäten weitestgehend ein, andere strahlen ihre Wärme über eine vergrößerte Körperoberfläche ab, über große Ohren oder Seitenflächen. Das Kamel hat weder große Ohren, noch kann es der Sonnenglut entfliehen, und ist doch dem ariden Lebensraum physiologisch perfekt angepasst, der Inbegriff des Überlebens in der Wüste, ein erstaunliches natürliches Hightechsystem.

Lange Beine halten den Körper rund eineinhalb Meter über der oft achtzig Grad heißen Luftschicht am Boden; unter dem Bauch des Kamels ist die Luft schon auf etwa fünfundvierzig Grad Hitze heruntergekühlt. Knie, Ellenbogen und Brustbein der Tiere sind knorpelig verdickt und schützen es vor der Bodenhitze, wenn es sich niederlässt. Mit seinen großen, tellerförmigen und spreizbaren Füßen läuft das Kamel selbst über weichen Sand, ohne einzusinken, eine dicke hornhautverschwielte Sohle schützt vor jedem Hamadabelag und der Bodenhitze; manche Kamelarten sind trittsichere Kletterer, die

»Felsenkamele« im Hoggar, Tibesti oder Aïr. Ihren aufrecht stehenden linsenförmig abgeflachten Rumpf halten die Tiere, wenn es nur irgendwie geht, parallel zu den einfallenden Sonnenstrahlen. So profitieren sie von einer Art »Wärmeschlüpfrigkeit« ihres Körperbaus.

Zur Zeit der Römer und noch lange nach ihnen dachte man, das Kamel habe im Höcker seinen Wasserkanister, Plinius erzählt davon, und manch abenteuerlicher Bericht kolportiert die erstaunliche Geschichte, dass Reisende sich vor dem Verdursten nur dadurch hätten retten können, dass sie den Höcker des Kamels anstachen, um aus der herausschießenden Wasserquelle zu trinken. Kamelhöcker sind Vorratskammern, in die erstaunliche Mengen Fett als Nahrungsreserve eingelagert werden, und ein isolierendes Polster, das die Strahlen der Sonne abschwächt. Flanken und Bauch der Tiere sind dagegen nicht isoliert, sodass die Körperwärme abgestrahlt werden kann. Wird das Fettpolster verzehrt, wird zugleich das im Fett chemisch gebundene Wasser freigesetzt.

Ein Saharakamel kann mehr als zwei Wochen ohne feste oder flüssige Nahrung leben und Hunderte Kilometer zurücklegen, von einer Oase zur anderen. Es kann innerhalb von fünfzehn Minuten bis zu zweihundert Liter Wasser aufnehmen. Die Flüssigkeit gelangt in drei Vormägen und wird hier wie die Nahrung in spezielle Speicherzellen eingelagert, um im Bedarfsfall während langer Durst- oder Hungerzeiten abgerufen zu werden. Darauf sind selbst die roten Blutkörperchen des Kamels vorbereitet, die sich ballonartig auf das über Zweihundertfache ihrer Normalgröße aufblähen und das im Blut gelöste Wasser schnell und effektiv in jede Ecke des Tieres transportieren können. Auch die Nieren sind auf ein Wüstendasein spezialisiert, resorbieren brauchbares Wasser aus dem Harn und führen es dem Organismus wieder zu. Durch diese Urinverdickung kann das Kamel ebenso Salzwasser saufen, wie es salzhaltige Pflanzen fressen kann. Selbst der Enddarm besitzt spezialisierte Zellen, die dem Kot die Feuchtigkeit entziehen, um sie dem Flüssigkeitssystem wieder zuzuführen. Arbeiten Niere und Enddarm gleichsam als effiziente Wiederaufbereitungsanlage, funktioniert die Blase als eine Art Kühlaggregat, in perfekter Zusammenarbeit mit der Schwanzquaste. Während des verzögerten Urinierens schlägt der Schwanz hin und her und verwirbelt den Harn zur Kühlung des Hinterteils. Und wenn solche Techniken nicht mehr helfen, wenn die Lufttemperaturen dem Überlebenswunder Kamel zu extrem sein sollten und das Tier dürstet, erhöht es die Körpertemperatur bis auf neun Grad über Normalwert. Indem das Kamel kontrolliert fiebert, nicht mehr schwitzt, verhindert es einen weiteren Wasserverlust.

Durch ihre Atmung verlieren Mensch und Tier bei hohen Temperaturen bis zu einem Drittel ihrer Körperflüssigkeit; doch das Kamel weiß auch dieses Leck im Wasserhaushalt zu stopfen. Schlitzförmige Nüstern, die sich bei Sandsturm schließen, schützen eine kleine, aber effektive Klimaanlage, die Nasenhöhle, in deren Verästelungen aller Wasserdampf der ausgeatmeten Luft absorbiert und zur Kühlung des Kopfes dem Körper wieder zugeführt wird. So wundert es schließlich nicht, dass auch ein ewig sabberndes Maul noch einen Vorteil hat. Die fleischigen Lippen des Kamels reißen dornige Akazienzweige ab, die durch den Speichelfluss ohne Verletzungsgefahr zermalmt werden können.

Es braucht Gelassenheit und Zeit, Überlebensstrategien in den Wüsten zu entdecken, dazu hatte Rohlfs weder Ruhe noch Ehrgeiz, die Abenteuer eines Zoologen oder Botanikers interessierten ihn nur peripher.

Versteckt, auf bizarre Weise ihrer Umwelt angepasst, existieren in den Trockengebieten der Erde die unterschiedlichen Lebensformen, von einfachen Mikroorganismen, die ihr Dasein im Schutze von Gesteinsspalten fristen, bis zu hoch entwickelten Säugetieren. Doch alle Existenz, tierische und pflanzliche, musste sich arteigene Überlebensstrategien erst »antrainieren«, um dem Wassermangel, dem kargen Nahrungsangebot, der Hitze und der Kälte erfolgreich entgegenzutreten, der unaufhörlichen Verwitterung ihres Lebensraums. Nichts in der Wüste bleibt, wie es ist, Steine zerspringen in scharfkantige Bruchstücke, zerfallen zu Sand und Staub, alles in ihr ist in Bewegung und bietet den Pflanzen wenig Möglichkeiten, sich auf Dauer anzusiedeln, den Tieren zur Fortbewegung einen stets fließenden Boden.

Pflanzen stehen am Beginn der Nahrungskette, sie empfangen genug Sonnenlicht, um aus Kohlendioxid und Wasser ihre organische Nahrung aufzubauen. Davon ernähren sich die Pflanzenfresser, die wiederum Nahrung der Fleischfresser sind. Die Mehrzahl der Wüstentiere nimmt Wasser mit der Nahrung auf.

Um im Meer ohne Wasser an dieses Lebenselixier zu kommen, lassen Pflanzen sich manchen Trick einfallen. Eine der wohl erstaunlichsten Pflanzen der Wüste, die es gelernt haben, längeren Trockenzeiten zu trotzen, sind die auf beiden amerikanischen Kontinenten heimischen Kakteen, die Kolumbus' Nachfahren nach Südeuropa und Afrika mitbrachten.

Bis zu zwanzig Meter wächst in der nordamerikanischen Sonora-Wüste die Saguarokaktee in die Höhe. Vor Millionen Jahren wuchs diese Kakteenart noch als Baum, bis das Küstengebirge aufgefaltet wurde und alles Land in deren Windschatten austrocknete. Andere Baumarten starben aus, diese überlebte die Klimakatastrophe. Die Blätter des urzeitlichen Saguarobaumes wurden kleiner, bis er ganz auf das hitzeempfindliche, schnell austrocknende Blattwerk verzichtete und die Produktion des für die Nahrung notwendigen grünen Chlorophylls in den Stamm verlagerte. Auf der Suche nach den seltener werdenden Niederschlägen wuchs sein Wurzelgeflecht verzweigter und reichte doch nicht mehr aus. Also veränderte der Saguarobaum die Zellstruktur des Stammes zu einem wasserspeichernden Gewebe und mutierte zum Kaktus. Achttausend Liter Wasser speichert eine ausgewachsene Saguarokaktee, das reicht, zwei Jahre Trockenheit zu überdauern.

Unter den Wüstenpflanzen ist dieser Kaktus, was unter den Wüstentieren das Kamel ist: brillanter Überlebenskünstler, den unwirtlichen Bedingungen in den Trockenzonen effektiv angepasst. Ein dichtes Stachelspalier überzieht seinen geriffelten Stamm und die Äste, das einerseits einen großen Teil des Sonnenlichtes reflektiert und andererseits den Pflanzenhautpartien Schatten spendet. Zwischen den zu kleinen Büscheln gruppierten, hellsilbern gefärbten Stacheln liegen Drüsen, die das in der Pflanze gespeicherte Wasser wie durch eine Düse versprühen können. Droht dem Kaktus der Hitzekollaps, versprüht er Wasser aus seinem Innern, und die entstehende Verdunstungskälte kühlt die Pflanze herunter. Neben der eigenen Klimaanlage besitzt die Saguarokaktee ein ebenso perfektes Recyclingsystem.

Pflanzen benötigen zur Photosynthese Wasser, Sonnenlicht und Kohlendioxid, das sie durch winzige Blattporen aufnehmen. Im Sonnenlicht synthetisiert die Pflanze aus Wasser und Kohlendioxid die notwendigen Nahrungsmoleküle, Zucker, das dabei entstehende Abfallprodukt »Sauerstoff« atmet sie aus. In der Dunkelheit kehrt sich der Vorgang um, die Pflanze »atmet« Sauerstoff ein, um die Nahrung zu verbrennen. Der nächtliche Verbrennungsvorgang setzt wiederum Wasser und Kohlendioxid frei, die Ausgangsstoffe der Photosynthese, die die Pflanze ausatmet. Die Photosynthese ist ein Wechselspiel zwischen Licht und Dunkelheit, ein steter Kreislauf.

Die Kaktee würde im grellen Tageslicht Hasard auf Leben

und Sterben spielen, öffnete sie ihre Poren, um die Wasser aufsaugende, aufgeheizte Wüstenluft einzuatmen, alle Feuchtigkeit würde aus ihr herausgezogen werden, sie würde austrocknen. Die Saguarokaktee hält sich nicht an das vorgegebene Regelwerk der Photosynthese, sie hat ein Recyclingverfahren entwickelt, das Kohlendioxid nicht mehr ausatmet, sondern in einem geschlossenen Kreislauf immer wieder benutzt. Würde diesem Kreislauf kein Kohlendioxid hinzugefügt werden, würde der Kaktus nicht wachsen, denn auch er braucht den Nachschub aus der Luft. Aber durch die Rückführung des für die Photosynthese notwendigen Gases kann die Kaktee ihre Poren am Tage geschlossen halten und sie erst nachts öffnen, wenn die Verdunstung wesentlich geringer ist. Millionen Jahre mussten vergehen, ehe der Saguarokaktus derart komplexe Überlebenstechniken beherrschte.

Die Bäume tropischer Regenwälder streben kraftvoll in die Höhe, hin zum Licht, die Bäume der Wüste wachsen ebenso kraftvoll in die entgegengesetzte Richtung. Die Wurzeln des Mesquitebaums reichen in tiefe Gesteinsschichten, die aus dem die Sonora-Wüste abgrenzenden Gebirge reichlich Grundwasser heranführen, und so überdauert der Baum Trockenperioden, die selbst den Saguarokakteen zum Verhängnis werden.

In der Sahara hat die Akazie den Drang in die Tiefe zur Meisterschaft entwickelt; ihre achtzig Meter langen Wurzeln erreichen fossiles Grundwasser tief unter der Oberfläche. Die Akazie trinkt Regen, der vor Jahrtausenden aus den Wolken fiel. Eine junge Akazie kauert sich auf dem Boden fest, wächst erst zu den wasserführenden Bodenschichten hinunter, ehe sie sich aufrichtet. Ihre Wurzeln sind achtmal länger, als die Akazie hoch ist. Die Akazie kennt ihre Grenzen, das Gebiet ausgedehnter Sandmeere, die Ergs. Wanderdünen würden sie zuschütten, der Wind würde ihre Wurzeln freilegen, sie würde ersticken oder umstürzen. Es braucht besondere Techniken, den Dünen zu widerstehen, Techniken, die sogenannte »wandernde« Bäume exzellent beherrschen. Die verkrüppelten, niedrigen Bäume, mehr Busch als Baum, vollziehen den Wanderweg der Düne mit. Sie wachsen auf dem Dünnkamm, und der Wind verhindert, dass sie sich über Buschhöhe hinaus entwickeln. Auf der dem Wind zugewandten Dünenseite werden die Wurzeln dieser Buschbäume vom Sand freigelegt und verdorren, während sich auf der windabgewandten neue bilden, aus denen ein neuer Stamm wächst, während der alte abstirbt. Der Baum gibt seinen Standort auf, als würde er mit der Düne vorwärtskriechen, immer wieder bildet er auf der Suche nach Feuchtigkeit im Düneninneren neue Wurzeln in den Windschatten des Sandbergs aus, während die alten austrocknen und abfallen.

Andere Pflanzenarten versuchen erst gar nicht, sich den Trockenzeiten zu widersetzen; als wären sie scheintot, reduzieren sie ihren Stoffwechsel auf Jahre hinaus, während sie von den in ihren Knollen oder Wurzeln gespeicherten Vorräten ihr Dasein fristen. Mit dem ersten Regen erwachen sie zu neuem Leben, treiben Blätter und Stängel aus, setzen die Photosynthese in Gang, um für schlechte Zeiten neue Reserven anzulegen. Das Blattwerk des Fettblattbaums stirbt mit Beginn der Dürrezeit, hängt wie ein dichter Schirm jahrelang an den Ästen und spendet dem Boden Schatten. Der Bodenschatten ist ein wirksamer Schutzpanzer, der verhindert, dass die in den Wurzeln gespeicherte Feuchtigkeit zu schnell verdunstet. Irgendwann, wenn es regnet, wirft der Fettblattbaum seinen Sonnenschirm aus toten Blättern ab und treibt neue aus.

Entlädt sich ein Tiefdrucksystem über der Wüste, verwandelt sie sich auf kurze Zeit in einen leuchtenden Blütenteppich, der schnell wieder zu Staub zerfällt. Diesen ephemeren Blumen reichen wenige Tage, sie schütten ihren Samen aus und sorgen so für die Arterhaltung. Myriaden Samenkörner werden vom Wind verstreut, liegen zwischen den Steinen einer Hamada oder im harschen Sand begraben, jahrzehntelang, ohne ihre Keimfähigkeit zu verlieren. Irgendwann wird ein erneuter Regen aus diesen Keimlingen in Lauerstellung eine neue Pflanzengeneration reifen lassen. Viele Sämlinge besitzen keimungshemmende Stoffe, die verhindern, dass sie beim erstbesten Niederschlag in die Höhe schießen, denn nicht jeder Regen bringt die für einen Lebenszyklus ausreichende Feuchtigkeitsmenge. Erst wenn sie vorhanden ist, beginnen die Samenkörner zu keimen.

Das Überleben in der Wüste setzt die unterschiedlichsten Strategien der Arterhaltung voraus, auch eine Art Geburtenkontrolle. Einige Ephemeren halten einen Teil ihrer keimfähigen Samenkörner während einer Regenperiode als Reserve zurück, als eine Art Überlebensgarantie. Selbst wenn alle jungen Pflanzen der ersten Keimlingsgeneration von einer Hitzewelle überrascht oder in einem Sandsturm vernichtet werden sollten, harren im Wüstenboden noch genügend Samenkörner des nächsten Regens, um ihre Art am Leben zu erhalten.

Den Pflanzen gleich haben auch die Tiere der Wüste lernen müssen, das Leben spendende Wasser zu rationieren.

Die fünfzig bis siebzig Gramm leichte Wüstenspringmaus gehört zu den kleinsten Säugetieren, die sich den Wüstenbedingungen angepasst haben. Ortsgebunden lebt sie tief im Bau, wo selbst an den heißesten Tagen die Temperatur nie über dreißig Grad steigt. Eifrig sammelt sie sich einen Nahrungsvorrat von Samenkörnern zusammen, den sie in ihrem Bau hortet. Diese Samen ephemerer Wüstenpflanzen decken zugleich den gesamten Flüssigkeitsbedarf des Winzlings, der darüber hinaus nichts trinken muss. Ihr Stoffwechsel setzt aus hundert Gramm gefressener Nahrung etwa fünfzig Gramm

Wasser frei, damit kommt die Springmaus zurecht. Die nachtaktiven Tiere filtern zudem aus ihrem Urin und Kot alle Feuchtigkeit heraus und schlafen mit der Schnauze im Vorratshaufen, sodass die Feuchtigkeit des Atems in den Vorräten gespeichert und beim Fressen wieder zurückgewonnen wird. Um in ihrer Erdkammer ein feuchtes Mikroklima zu stabilisieren, verschließt die Wüstenmaus den Eingang des Baus mit einem schützenden Erdklumpen.

Als schnelle und ausdauernde Flieger sind in der Sahara Flughühner ständig auf der Suche nach einem vielleicht vom Regen oder vom Grundwasser aufgefüllten Wasserloch. Ihre Eier legt das Senegalflughuhnweibchen in einer Nistmulde, einer natürlichen Vertiefung poröser Oberflächensteine ab, die als schlechte Wärmeleiter die Bodentemperatur bei maximal fünfundvierzig Grad Celsius stabil halten. Die luftgefüllten Hohlräume der Steine saugen den Morgentau auf, der im Laufe des Tages verdunstet und die Nistmulde zusätzlich kühlt. Der Hahn erweist sich als geschickter Wasserträger, da die Nistplätze von den Wasserstellen oft mehrere Kilometer entfernt liegen und die geschlüpften, durstigen Jungvögel nicht in der Lage sind, das überlebenswichtige Nass zu erreichen. Brust- und Bauchgefieder mit Feuchtigkeit vollgepumpt, fliegt er zurück zum Nachwuchs, stellt sich schwanzgestützt groß auf, und die Küken saugen das Wasser aus seinem Gefieder wie aus einem Schwamm. In Jahren lang anhaltender Trockenzeiten, wenn ephemere Pflanzensamen nicht austreiben, lassen die Flughühner eine oder mehrere Ernten ausfallen. In feuchteren Jahren erholt sich dann die Population.

Zu den regenärmsten Gebieten der Erde gehört die Namib-Wüste an der Südwestküste Afrikas. Hier regnet es durchschnittlich nur alle zehn Jahre, eine dauerhafte Vegetation kann in der Namib nicht existieren. Die Überlebenschance für Fauna und Flora ist gleich null, die Nahrungskette zerrissen. Und doch existieren im Sandmeer der Namib die unterschiedlichsten Tierarten, ein Heer von Insekten, insbesondere verschiedene Käferarten. Nahrung treibt ihnen der Wind zu, das Wasser trinken sie aus der Luft.

Ein heißer Ostwind weht der Namib aus dem Innern des Kontinents abgestorbene, zerstaubte Pflanzenpartikel und Samenfetzen zu, die sich im Windschatten der Dünen ablagern. Unablässig durchwühlen auf dürren Beinchen Tausende Käfer die steilen Leeseiten der Dünen nach organischen Nahrungspartikeln. Wasser finden sie dabei nicht. Schlägt der Wind um, kommt er aus Westen, vom Atlantik her, ziehen Nebelschwaden die Dünenhänge hinauf, stehen die Käfer auf den Graten der Dünen und neigen sich dem heranziehenden Nebel entgegen, den Körper hoch aufgerichtet. Feuchtigkeit kondensiert auf dem Rückenpanzer der Tiere, verschmilzt zu kleinen Tropfen, die über Rücken und Nackenschild dem Käfer in den geöffneten Mund laufen. Die Käfer der Namib trinken den Nebel.

Andere Arten betreiben eine eigene Trinkanlage. Morgens, wenn der Sand noch kühl ist, graben sie quer zur Windrichtung lange Rinnen in den Dünenhang, in denen sich dann der aufsteigende Nebel verfängt und dreimal mehr Feuchtigkeit zurücklässt als auf der glatten Sandfläche. Der Baumeister des Drainagesystems muss nur die Rinne entlanglaufen, um die in ihr gesammelte Feuchtigkeit aufzusaugen. Schlangen, Eidechsen oder Geckos reicht es, die Feuchtigkeit des morgendlichen Nebels, der sich auf den noch nachtkühlen Körpern niederschlägt, von ihrer schuppigen Haut zu lecken.

Der Sand der Wüste ist in steter Bewegung, er fließt, vom Wind bewegt; um sich auf ihm fortzubewegen, braucht es spezielle Techniken. Dünengrillen besitzen vergrößerte, schneeschuhartige Füße; Sandechsen bevorzugen einen eigenartigen Wechselschritt, um sich Bauch und Füße nicht auf dem heißen Boden zu verbrennen; die sich schlängelnde Viper hebt in stets wechselnder Abfolge eine Körperwindung vom Boden hoch und zur Seite, während sie sich mit der noch aufliegenden vom Sand abstemmt.

Die meisten Reptilien und Insekten der Wüste sind nachtaktive Tiere, die, sobald die Sonne über den Horizont steigt, in den schützenden Sand abtauchen, andere wiederum tauchen nur kurzzeitig aus ihm auf, sind Schwimmer im Sandmeer. Die Sandskinke der Sahara sieht einem Fisch nicht unähnlich und benimmt sich auch so. Ihr Körper ist von glatten Schuppen bedeckt, ihre Schnauze keilförmig zugespitzt, Arme und Beine dieser Echsenart sind extrem zurückgebildet und ähneln Fischflossen. Wie Aale im Wasser schlängeln sich die Skinke durch den Sand, dreißig Zentimeter unter der Oberfläche. Um die Atmung muss sich dieser Sandfisch nicht sorgen, der lockere Sand lässt genügend Luft durch. Im Sand der Namib lebt auch ein Verwandter der Maulwürfe und Igel, der blinde Goldmull. Auf der Suche nach Nahrung gräbt er sich mit kräftigen, flossengleich abgeplatteten Pfoten durch den Sand; sehen muss er dabei nichts, seine Augen sind extrem zurückgebildet, dafür ist sein Gehör umso ausgeprägter.

Zu den Strategien des Überlebens gehört die Reduktion aller Lebensfunktionen. In mittleren und hohen, nördlichen Breiten bestimmt der Winterschlaf den jährlichen Rhythmus vieler Tierarten, in der Wüste ist solcher »Kälteschlaf« eine stete Gratwanderung zwischen Leben und Tod. Der Stoffwechsel wird auf einen minimalen Rest heruntergefahren, die Atmung fast eingestellt, die Körpertemperatur extrem reduziert. Die übliche Körpertemperatur einer Wüstenspringmaus liegt bei neununddreißig Grad, während des Trockenschlafes fällt sie auf fünfzehn Grad.

Jedes Jahr im Oktober machen sich in Europa Schmetterlingswolken auf, der kommenden Winterkälte südwärts zu entfliehen, die hellziegelrot und dunkelbraun, schwarz und weiß getupften Distelfalter, Cynthia cardui. Es sind schnelle, ebenso ausdauernde wie wendige Flieger, doch ehe sie das tropische Afrika erreichen, müssen sie zweitausend Kilometer Wüste durchqueren. Mit Sonnenuntergang stürzen die Falter zu Boden, leblose Körper, die Flügel zusammengeklappt, todesstarr, doch beim ersten Sonnenlicht falten sie ihre Flügel auseinander, flattern mit der einsetzenden Morgenbrise weiter, südwärts ihrem Ziel entgegen. Die nächtliche todesähnliche Kältestarre spart die angelegten Fettreserven für den Flug auf.

Für Gerhard Rohlfs war die Wüste, was sie vielen ist, Inbegriff der Lebensfeindlichkeit, daher erwartete er auch nicht, in dieser Landschaft Strategien des Überlebens zu finden. Von der Schlange im libyschen Sandmeer war er gewiss überrascht, seine Ansichten über die Wüste konnte sie jedoch nicht erschüttern. Sand ist Sand, Kies ist Kies, und Fels ist Fels; viel mehr war ihm die Sahara nicht. Die Lebensformen in der Sahara existieren unauffällig, dem Durchreisenden verborgen, und oft nur für kurze Zeit, wenn ihre Lebensbedingungen günstig ausfallen. Sie zu finden braucht Zeit und Geduld; Rohlfs hatte beides nicht.

# Die Gazelle und der Mufflon

*Ibrahim al-Koni*

Er beendete sein Gebet, warf den Kopf nach hinten und folgte mit den Augen der Wand, die vor ihm aufragte. Der Große Dschinn segnete ihn, sein geheimnisvoller Blick drückte, durch den Schleier hindurch, Zufriedenheit und Ruhe aus. Der majestätische Mufflon, gekrönt von zwei gewundenen Hörnern, pflichtete seinem Gott bei und gab zu verstehen, dass das Gebet angenommen war und er die Gnade des Herrn des Heiligtums gefunden hatte.

Assuf wusste nicht, dass er die falsche Richtung gewählt und seine Niederwerfungen nicht zur Kaaba, zum Heiligtum Gottes in Mekka, hin vollzogen hatte, sondern nur gegen die über seinem Kopf aufragende steinerne Gestalt.

Das Dröhnen des Autos kam näher. Er erhob sich, um die Ziegen zusammenzutreiben, bevor die Touristen ankamen und der Abend hereinbrach. Die Tiere waren weggelaufen, einige ins benachbarte Wadi, andere hoch auf die Berge hinauf, wo sie zwischen den Felsen nach Gras suchten und die Böcke mit unermüdlichem Eifer den kecken Ziegen hinterherjagten.

Er würde die Ziegenherde schon noch zusammenbringen, bevor die Gäste da waren. Wenn in der Wüste ein Motor nahe klingt, bedeutet das nicht, dass das Auto auch wirklich schon nahe ist. Geräusche in der Wüste sind trügerisch. Am frühen

Morgen und am späten Nachmittag trägt die Stille den fernsten Ruf heran und verwandelt ihn in einen lauten Schrei.

Er erinnerte sich. Vor vielen Jahren waren die Männer der Altertümerverwaltung mit einer ganzen Autokarawane gekommen und hatten die Nacht im Wadi Matchandusch verbracht. Ein alter hellhaariger Italiener war bei ihnen, den sie ihm als berühmten Archäologen vorstellten. Groß war er, hager und weißhaarig, schützte seine Augen mit einer riesigen schwarzen Brille vor dem Sonnenlicht und machte Notizen in ein Heft, das er nie aus der Hand gab. Dazu sprang er den ganzen Tag über leichtfüßig und flink wie die unartigen Böcke zwischen den Felsen herum und erklomm die Berge mit einer Behändigkeit, die nicht zu seinem Alter passte.

Am Abend verspeisten sie eine Gazelle, die sie von Massak Mallat mitgebracht hatten, und am nächsten Morgen schenkten sie ihm Sardinen, Thunfisch, Dosenmilch und einen Fladen weißes Brot. Der Beamte von der Altertümerverwaltung erklärte ihm: »Von heute an bist du der Wächter des Wadi Matchandusch. Du bist unser Auge hier. Viele Leute verschiedener Nationalität und Religion werden kommen, um die Zeugnisse der Vergangenheit zu besichtigen. Du wirst sie begleiten, damit sie keine Steine stehlen und die Felsen nicht kaputt machen. Diese Felsen sind nämlich ein großer Reichtum, und die Zeichnungen sind der ganze Stolz unseres Landes. Halt die Augen offen. Sie sind raffgierig. Sie klauen unsere Steine und verkaufen sie bei sich zu Hause für Riesensummen. Lass sie nie aus den Augen! Du bist der Wächter.« Dann winkte er müde mit der Hand und holte aus seiner Tasche zehn Pfund. Er steckte sie ihm in die Tasche seines weiten Gewandes und erklärte: »Das ist ein Vorschuss. Wir werden dir monatlich etwas bezahlen. Ja, du wirst ab jetzt von der Altertümerverwaltung einen Monatslohn beziehen. Weißt du, was das heißt, von der Regierung einen Lohn zu beziehen?« Er winkte nochmals mit der Hand. Sein Blick wurde noch gequälter.

Assuf gab ihm die zehn Pfund zurück. Dafür hätte er keine Verwendung, meinte er. »Ich bewache das Wadi. Ich bewache alle Wadis von Massak Satfat, auch ohne Geld. Was soll ich hier mit Geld?«

Der Mann lachte nervös und versuchte, ihn zu überzeugen: »Aber das ist nicht zulässig«, sagte er. »Du musst Geld kriegen, wenn du angestellt bist. Darauf hast du Anspruch. Das stammt von der Regierung. Ein Lohn. Du bist ein Wächter. Du bist ein Angestellter. Wie soll ich dir das erklären?« Er gab ihm noch mehr Konserven und verließ mit seiner Schar das Tal, und seither hatte Assuf sie nicht mehr gesehen.

Nur noch an den Blick des Beamten der Altertümerverwaltung erinnerte er sich. War er mitleidig? War er gequält? Drückte er Hilflosigkeit aus? War er mitleidig und gequält zugleich, wegen seiner Unfähigkeit, ihm einen Lohn aufzudrängen? War der Beamte müde und erschöpft? Vielleicht war es auch seine erste Fahrt durch die Wüste, und diese hatte ihn ermüdet. Der Italiener jedenfalls war viel lebhafter und munterer und zeigte mehr Interesse an den Steinen.

Seit jenem Tag tröpfelten die Besucher in das seit Jahrtausenden vergessene Wadi. Sie kamen in Gruppen, etwa alle zwei Wochen eine, manchmal auch nur eine im Monat. Selten blieben sie länger als einen Monat aus.

Es waren alles Ausländer, Männer und Frauen, Alte und Junge verschiedener christlicher Nationalitäten. Sie warfen sich anbetend vor dem Großen Dschinn nieder, fotografierten das Heiligtum und blieben manchmal auch über Nacht. Dann brachen sie wieder auf und ließen ihm Konserven und Käse, Trocken- oder Dosenmilch, Tee, Zucker und Kekse zurück. Sie waren freigebig, freigebiger als die Altertümerverwaltung in den Oasen.

Oft schon hatte er sich gefragt, was es mit dem Interesse der Christen an den alten Zeichnungen für eine Bewandtnis habe, und er war zu der Überzeugung gelangt, dass die Christen die Pilgerfahrt zu den Göttern im Wadi Matchandusch unternahmen, weil sie dieselbe uralte Religion hatten, nicht aber an den Propheten Muhammad glaubten und sich deshalb auch nicht wie die Muslime in Richtung der Kaaba niederwarfen. Aber die zutiefst demütige und hingebungsvolle Haltung, die an ihren Augen abzulesen war, machten sie deutlich durch rätselhafte Bewegungen mit ihren Händen über ihrem Gesicht, während sie andächtig den riesigen König des Wadis betrachteten und seinen heiligen Mufflon, der neben ihm steht und zum fernen Horizont blickt.

Die Christen standen vor dem verschleierten Riesen wie die Muslime vor Gott.

Aber sein Vater sagte, der verschleierte Dschinn sei auch sein Ahn.

Wer nicht mit Menschen verkehrt, den führt sein Herz zum Verständnis der Menschen. Das Herz ist das Feuer, von dem sich der Beduine in der Wüste dieser Welt leiten lässt, wie sich der in der Weite Herumirrende vom Idi leiten lässt. Denn während alle Sterne sich verwandeln und bewegen, ihre Stellung verändern und verschwinden, bleibt er fest bis zum Morgen. Auf den Idi wie auf das Herz ist Verlass.

Auch sein Vater hatte ihn, bevor er starb, ermahnt, auf das Herz zu hören. Im Mondlicht sommerlicher Nächte hatte er ihn sich setzen geheißen und ihn die erste Sure des Heiligen Korans gelehrt, damit sie ihm beim Beten behilflich sei. Jeden Tag musste er einen Vers lernen, und als er die ganze Sure auswendig konnte, sagte der Vater zu ihm: »Achte auf dein Herz! Was könnte dem Wüstensohn noch helfen, wenn er sein Herz verliert? Wer sein Herz verliert, ist verloren unter den

Menschen. Denn der Wüstenbewohner kennt die Ränke der Menschen nicht.«

Er lehrte ihn auch die Sure »Die Hingabe«, bevor er auf jene schreckliche Weise ums Leben kam. Sie führten ein Nomadenleben, allein in der Wüste. Er konnte sich nicht erinnern, dass sie je neben einer Menschenseele gewohnt hätten. In seiner Kindheit, daran erinnerte er sich, ließ sich bei ihnen einmal eine Familie nieder, die Tadrart verlassen und sich in den höchsten Wadis eingerichtet hatte. Das war in jenem Jahr, als der Himmel seinen üppigen Regensegen über Massak ausgoss. Er erwachte früh am folgenden Tag durch eine Unruhe. Als er die Augen öffnete, sah er seinen Vater Hab und Gut packen, die Kamele zusammentreiben und alles zum Aufbruch vorbereiten. Doch es war weder die Geschäftigkeit noch das Klappern von Schüsseln und Tellern, was ihn geweckt hatte. Geweckt hatte ihn vielmehr ein heftiger Wortwechsel zwischen seinen Eltern, den, wie er erfuhr, jener plötzliche Aufbruch ausgelöst hatte. Seine Mutter, die dem Anstand und der Meinung der Leute große Bedeutung beimaß, sah darin eine Provokation und eine Beleidigung der neuen Gäste im Wadi. Doch sein Vater erwiderte zornig, er wolle gern mit Dschinnen, aber niemals mit Menschen zusammenwohnen. »Ich suche Zuflucht bei Gott vor dem Übel der Menschen«, rief er, und oft hörte er ihn auf der Weide ein Lied singen, von dem er behauptete, er habe es in den Sufiklöstern in Uwainat gelernt.

Die Wüste ist ein Schatz. Eine Belohnung für denjenigen, der sich vor der Versklavung und vor der Unbill, die den Dienern Gottes zugefügt wird, retten will. In der Wüste wird der Mensch beglückt, in der Wüste wird der Mensch entrückt, in der Wüste erfüllt sich jeder Wunsch.

Assuf schloss die Augen und neigte sich nach rechts und nach links, Sufischeichs nachahmend, wenn sie die Verzückung überkommt.

Er begleitete seinen Vater hinaus auf die Weide und auf die Jagd. Der Vater lehrte ihn, wie man Kamele zähmt und dressiert, damit sie gehorsam und schnell werden. In Massak Satfat zeigte er ihm, wie man den Mufflon jagt, und in Massak Mallat brachte er ihm viele Tage lang das Schießen mit einem Gewehr bei. Er weckte ihn früh zur Jagd auf die Gazellen, die im Morgendunkel auf den Weiden und Ebenen grasten. Gern trank er nachts grünen Tee und erzählte ihm von den Eigenschaften der Tiere und der Vögel in der Wüste. Er schob die Steine zur Seite, legte den Kopf auf die Erde und zeigte lächelnd seinen Mund und seinen mit weißen Haaren durchsetzten Bart.

»Was meinst du«, fragte er, »was sagt sich die Gazelle, wenn sie den Feind aller Geschöpfe sieht? Sie sagt: die Ebene. Und was sagt sich der Mufflon, wenn ihm der Feind aller Geschöpfe nachstellt? Er sagt: der Berg. Der Berg ist für die Gazelle eine Falle, die Ebene für den Mufflon.« Dann schaute er zu den Sternen hinauf und sang ein trauriges Lied, bevor er ihm erzählte, was er einmal mit dem Mufflon erlebt hatte.

»Einmal habe ich auf der weiten Ebene einen Mufflon herumirren sehen. Ich bin ihm auf meinem Kamel hinterhergejagt, bis er völlig erschöpft war. Und weißt du, was er getan hat, als er spürte, dass ihn seine Kräfte verließen? Er hat kehrtgemacht und das Kamel angegriffen. Mehrmals hintereinander hat er mit seinen groben Hörnern unbarmherzig zugestoßen, sodass das Kamel scheute und weglaufen wollte. Ich war gezwungen abzusteigen und gegen das verrückte Tier vorzugehen, mit nichts anderem in der Hand als einem Palmstrick. Als ich versucht habe, es mit dem Strick zu erdrosseln, hat es mir einen Schlag verpasst, der mich zu Boden warf. Da habe ich es bei seinen langen Hörnern gepackt. Und weißt du was? Ich habe nie etwas Stärkeres erlebt als diese Mufflonhörner. Mein Gott, steckt da eine Kraft drin! Das Tier hat mich hochgehoben und mit einer einzigen Bewegung weit weggeschleudert. Dann ist es mir nachgekommen, um mich mit seiner teuflischen, messerscharfen Waffe zu erledigen; nur im letzten Augenblick konnte ich ausweichen. Da hat der Mufflon die Steine zermalmt. Dann hat er zu mir hingeschaut, und einen ganz kurzen Augenblick habe ich in seinen Augen Hass und Elend gesehen, auch Trotz, Bösartigkeit und vieles andere, das ich nicht verstand. Ich habe den Schaum auf seinen Lippen und sein weißes, dung- und lehmverschmutztes zottiges Fell gesehen und begriffen, dass ich niemals in der Lage sein würde, ihn mit bloßen Händen zu meistern. Da bin ich aufgesprungen und zu meinem Kamel gerannt, um mein Gewehr zu holen, das am Sattel hing.«

Er schwieg und blickte in die Weite, über der dichte Finsternis lag, in seinen Augen plötzlich eine tiefe Trauer. Er erhob sich und verschränkte die Arme über der Brust, sein Blick blieb in die Finsternis und die Leere gerichtet.

»Ich habe vergessen, dir zu sagen«, fuhr er fort, »dass sich unser Kampf in einem Wadi ohne Zugang zu einem Berg abspielte. Der Mufflon hat gewusst, dass es kein Entrinnen für ihn gab, weil er sich von seinen Zufluchtsorten in den Bergen zu weit entfernt hatte. Doch mitten im Wadi ragte ein von hohen glatten Felsen gekrönter Hügel auf. Als der Mufflon sah, dass ich die Sache mit dem Gewehr lösen wollte, kletterte er blitzartig auf einen der Felsen und stürzte sich hinab. Er hat sich das Genick gebrochen, und das Blut ist ihm aus der Nase gelaufen. Aber auch im Tod ist jener seltsame Blick nicht aus seinen aufgerissenen Augen verschwunden, diese Mischung aus Trauer, Hass und Hilflosigkeit.«

»Hast du ihm die Kehle durchgeschnitten? Hast du ihn geschlachtet?«, wollte Assuf wissen.

»Wie könnte ich ein Tier schlachten, das Selbstmord begangen hat?«, fragte er zurück, ohne sich umzudrehen. »Außerdem gab er sofort den Geist auf. Ich hab dir ja gesagt, er hatte sich das Genick gebrochen. Er war schon tot.«

Der Vater seufzte und legte ein paar Äste auf das heruntergebrannte Feuer. »Dieser besessene Mufflon geht mir einfach nicht aus dem Kopf«, sagte er traurig. »Es ist schwer, den angstvollen, verzweifelten Blick zu vergessen, mit dem er mich angeschaut hat, als er das Gewehr in meiner Hand sah und keine Hoffnung auf Rettung mehr hatte. Armer besessener Mufflon.«

Als dann der Mond aufging, erzählte er ihm, warum der Mufflon die Seele der Berge ist. »In längst vergangenen Zeiten lag die Bergwüste im dauernden Krieg mit der Sandwüste. Da stiegen die Götter des Himmels mit dem Regen auf die Erde herab, trennten die beiden und löschten die lodernde Feindschaft zwischen ihnen. Doch kaum hatten die Götter den Kampfplatz verlassen, kaum hatten die Regengüsse geendet, da entbrannten Feindschaft und Krieg zwischen den beiden ewigen Gegnern aufs Neue. Einmal nun erzürnten die Götter in ihren hohen Himmeln und straften die Streitenden. Sie ließen die Berge von Massak Satfat erstarren, und sie geboten dem stetigen Vorrücken des Sandes bei Massak Mallat Einhalt. Doch der Sand war listig – er ging in die Seele der Gazellen ein. Auch die Berge waren listig – sie gingen in den Mufflon ein. Und seit jenem Tag ist der Mufflon von der Seele der Berge besessen.«

»Aber jetzt vertragen sich die Gazelle und der Mufflon doch?«, fragte Assuf.

Da lachte der Vater. Er betrachtete den zauberhaften Mond, der aus der Tiefe der Finsternis emporstieg, und erklärte geheimnisvoll: »Weil Gott eine größere und für beide tödliche Heimsuchung auf die Erde herabgesandt hat. Der Mensch erschien, und so bekamen Gazelle und Mufflon einen gemeinsamen Feind. Die Götter wurden der kindischen Klagen überdrüssig: Mal erhoben sich die Sande und legten ihre Sache den Himmlischen vor und behaupteten, die Berge hätten mit der Provokation begonnen. Mal kamen die Gipfel der Berge zu ihnen und beklagten sich über die Angriffe der Sande. Da erzürnten die Götter und bestraften die Streitenden mit einem Satan namens Mensch, dem sie die Lösung des Problems übertrugen. Der kam und richtete im Wadi eine Trennungslinie zwischen den beiden ein, worüber die Götter hocherfreut waren. Seit jenem Tag haben sie keine Klagen mehr gehört.«

Er wandte sich zu Assuf und fuhr noch immer geheimnisvoll fort: »Wie könnte ich da neben einem Menschen leben? Deine Mutter schilt mich immer. Sie will, dass ich in die Nähe des Stammes nach Abarhoh zurückkehre. Sie klagt über die Einsamkeit, und nachts weint sie. Du weißt, dass sie nachts weint und dass sie behauptet, ich wäre der Dschinn, ich wäre der Satan, nicht die Leute. Aber ich kann einfach mit niemand zusammenwohnen. Das hab ich von meinem Großvater gelernt. Und du sollst es von mir lernen. Ich will nichts anderes als meine Ruhe, verstehst du das?« Dann begann er, jenes traurige Lied zu singen.

Aber Assuf war es nicht vergönnt, die Einsamkeit in der Wüste zusammen mit seinem Vater lange zu genießen. Der alte Mann zog zur Mufflonjagd in die westlichen Massis-Berge, von wo er nicht mehr zurückkehren sollte. Sie warteten einige Tage, dann wurde die Mutter unruhig: »Dein Vater bleibt sicher nicht ohne Grund fort. Nun ist er schon mehr als eine Woche weg.«

Er versorgte sich mit Wasser und Datteln und folgte der Spur seines Vaters. Dieser war nicht bewaffnet. Deshalb schenkte er den Gazellen in Massak Mallat keine Beachtung und war außerdem gezwungen, den besessenen Mufflon bis auf die Gipfel der erbarmungslosen Berge zu verfolgen. Doch seit jenem Vorfall hatte der Vater Respekt vor der Mufflonjagd und machte sich zu den majestätischen Gipfeln erst nach einigen Vorbereitungen auf. Er rezitierte alle Koranverse, die er auswendig konnte, ebenso die Beschwörungsformeln der schwarzen Magierpriester in der Sprache der Haussa; dazu hängte er sich noch schützende Amulette aus Schlangenhaut um, die ihm Karawanenhändler von Wahrsagern aus Kano mitgebracht hatten. Einen Tag vor dem Abmarsch murmelte er nur noch Zaubersprüche, redete nicht mehr, antwortete auch nicht auf die Fragereien von Frau und Sohn und schlief sogar außerhalb des Zeltes, um ja mit keinem von ihnen ein Wort wechseln zu müssen und bei Tagesanbruch mit leeren Händen auf seinem Kamel losreiten zu können. Ja, unbewaffnet, mit leeren Händen. Die Kugeln der alten Flinte waren verbraucht, und Karawanen in Richtung Sudan oder in Richtung Agades ließen sich nur selten sehen. Monate konnten vergehen, ohne dass eine Karawane von oder nach dem Land der Schwarzen vorbeikam. Seine Beziehungen zu den Bewohnern der Oasen im Wadi Adschal, in Ghat, Uwainat oder Mursuk waren unterbrochen, besonders seit bekannt geworden war, dass die Italiener die Küstengebiete erobert hatten und beabsichtigten, weiter nach Süden in die Wüste vorzudringen. Das trieb den Preis für Munition in die Höhe und machte den Waffenhandel unter den Einheimischen zu einer riskanten und gefahrengesäumten Aktivität. Darum hütete jeder Beduine seine Kugeln wie seinen Augapfel, um notfalls, wenn der Feind wirklich in die Wüste einbrechen sollte, damit seine Kinder verteidigen zu können. Die Italiener scheuten nämlich, wenn sie einmal die Wüste betraten, vor keinem Zelt zurück. Trotz der Einsamkeit hier im Süden trug der Wind die Nachrichten von den Invasoren im Norden ebenso heran wie die Gerüchte über die Wüstenstämme, über Heirat und Scheidung, Skandale, Geburten und Todesfälle. Nichts bleibt in der Wüste ein Geheimnis, wie einsam man auch leben mag.

Doch als der Vater gegangen war, flüsterte ihm die Mutter zu, es nicht zu glauben. Er habe doch einige Kugeln in der Jägerhöhle versteckt, sei nur zu geizig, sie zu verbrauchen. Damals lachte er und erinnerte sich daran, was sein Vater ihm einmal gesagt hatte. Mit zwei Dingen, so erklärte er ihm, müsse man in der Wüste unbedingt sparsam umgehen, dem Wasser und der Munition. Wasser und Kugeln seien in der Weite der Wüste wie Luft, lebensnotwendig. »Wenn du kein Wasser mehr hast, verdurstest du; wenn du keine Munition mehr hast, bringt dich ein Feind um – ein Mensch, ein Tier, eine Schlange. Wasser und Munition sind der wertvollste Besitz des Mannes, wenn er allein ist. Auf alles andere kann er verzichten, nur darauf nicht.« Zweifellos hatte seine Mutter recht. Der Vater hielt die Munition in der Höhle versteckt, damit er sich an jenem schwarzen Tag als ganzer Mann beweisen könnte. Eine Kugel würde er, bevor er selbst stürbe, seinem Feind ins Gesicht schießen, damit dieser nicht über ihn frohlocken und ihn wie ein Schaf an einem Strick wegführen könnte. Mit dem Gewehr in der Hand zu sterben ist keine Schande. Eine Schande wäre es, wie ein Schaf zu krepieren. Eine Schande wäre es, lebendig in Feindeshand zu fallen, in Gefangenschaft zu geraten. In Gefangenschaft gerieten nur Feiglinge und Unbewaffnete.

Deshalb versteckte der Vater lieber Reservemunition in der Jägerhöhle und ging unbewaffnet auf die Mufflonjagd. Und so starb er auf jene entsetzliche Weise. Wäre er weniger darauf bedacht gewesen, nicht lebendig in Feindeshand zu fallen und die Munition für einen solchen schwarzen Tag zu verstecken, wäre er nicht auf jene abscheuliche Art umgekommen.

Einige Tage lang folgte Assuf seiner Spur. Als er dann im Wadi Ainesis Anzeichen eines Kampfes mit dem Mufflon fand, bekam er es mit der Angst zu tun. Er folgte den Spuren durch das ganze Wadi hindurch und fand Blutflecken an den Steinen, hin und wieder auch im Sand. Aber ob der Verwundete der Mufflon oder der Vater war, das wusste er nicht.

Die Spuren tauchten auf und verschwanden, sie wandten sich nach links, führten zu jenem mit scharfen, schwarzen Steinen bedeckten Abhang, kehrten zurück zum sandigen Talgrund, wo einzelne Akazien standen und wildes Gras. Unter einer hohen Akazie war der Kampf hitzig geworden, die Spuren waren dicht und zahlreich und überlagerten sich. Hatte der alte Mann versucht, den Mufflon am Stamm der hohen Akazie festzubinden? Das Tier sich jedoch als stärker erwiesen und ihn weiter durch das Wadi geschleift? Dann, mein Gott, hatte er ihn etwa an den Hörnern gepackt, das getan, wovor er selbst immer gewarnt hatte? Nichts, hat er oft gesagt, mache den Mufflon so wahnsinnig, wie wenn man ihn an seinen Hörnern packe. Wie kräftig du auch bist und wie beseelt von der Hoffnung, ihn zu besiegen, wenn du das tust, wirst du den Kampf verlieren. Die Quelle seines Wahnsinns sind seine Hörner. Alle Wildheit, die in ihm ruht, wird geweckt, und dann greift er unbarmherzig an. Jetzt versuchte der Mufflon zu entkommen. Er wandte sich zum Berg. Das Wadi wurde tiefer, die Berge wurden höher. Ja, er lockte ihn auf jenen geheimnisvollen, schauerlichen Gipfel.

Als Assuf zu dem hohen Gipfel hinaufschaute, schlug sein Herz heftig. Er spürte, dass dort oben etwas geschehen war, unter oder auf diesem Gipfel oder an seinem Fuße. Die Spuren des Kampfes verloren sich. Keuchend rannte er durch das beengende Wadi zwischen den beiden Bergen. Die Schatten des Unheil verheißenden Gipfels lagen über dem engen Pass. Er bog nach links ab und rannte den Steilhang hinauf. Da war ihm, als dränge ihm plötzlich ein seltsamer Geruch in die Nase. Ihm wurde übel, sein Kopf schmerzte. Die Felsen wurden steiler, schärfer und schwärzer, je mehr er sich auf der Südseite dem Gipfel näherte. Auf Händen und Füßen kroch er höher. Der Verwesungsgeruch wurde immer stärker, und genau unter dem Unglücksgipfel neben einem Felsen, der sich mehrere Ellen am Hang entlang zog, fand er den alten Mann. Er lag auf dem Rücken, das Gesicht blau und zum Himmel gewandt, die Augen leer. Große blaue Fliegen kreisten über ihm. Nirgends eine Spur von Blut, kein einziger Flecken. Nur einige Kratzer an den Händen, die neben dem Körper lagen.

Der besessene Mufflon hatte ihm das Genick gebrochen, hatte ihn sich das Genick brechen lassen, genau wie er es damals mit jenem anderen Mufflon gemacht hatte, der Selbstmord beging.

# Geboren mit Sand in den Augen

*Mano Dayak*

Ich wurde mit Sand in den Augen geboren.

Am Tag meiner Geburt verbarg *tezakey,* der Sandsturm, den Horizont hinter einer düsteren, rötlichen Wand, und die Tiere drängten sich stumm um unsere Zelte, den Rücken dem Wind zugekehrt.

Es war in Tidène, im Herzen des Aïr-Berglandes, zu Beginn der Regenzeit. Die Männer, die hinter den Matten aus Dumpalmblättern hockten, hatten den Schleier hoch ins Gesicht gezogen. Auch sie schwiegen.

Mein Vater saß inmitten dieser Männer und vermied es, ihren Blicken zu begegnen. Mit halb geschlossenen Augen fixierte er die Kamelherde, die sich hinter der Umzäunung aus Akazienzweigen niedergelassen hatte. Er sah sie nicht.

Allen, die ihn in diesem Jahr nach dem Wohlergehen seiner Familie fragten, antwortete er: »Tella n'yet.«

»Tella n'yet«: »Meine Frau ist schwanger«, oder genauer: »Meine Frau hat den Geist.« Die schönste und vertraulichste aller Nachrichten.

Die Geburt seines siebten Kindes stand bevor. Sieben, die magische Zahl, die Zahl, die man ausspricht, wenn man den Zorn der Dschinns, der Menschenfresser und der Dämonen von sich abwenden will.

In einem abseitsstehenden Zelt umklammerte meine Mutter mit beiden Händen die Bögen, die das Dach aus Palmenmatten stützten. Eine alte Cousine stand ihr bei. Trotz ihrer Schmerzen bemühte sie sich zu lächeln. Ein Kind, das von einer Frau in Glückseligkeit geboren wird, kann niemals Opfer böser Geister werden.

Meine Mutter hat mir viele Hundert Male von dem Tag erzählt, an dem ich auf die Welt kam. Bildreich beschrieb sie mir den Augenblick, in dem ihre alte Cousine das Messer aus dem brennend heißen Sand, der das Metall desinfiziert, zog und die Nabelschnur durchtrennte, damit ich meinen ersten Schrei in den Wüstenwind hinausstoßen konnte.

»Als du geboren wurdest, strahlte die Prinzessin Tatrittan-tufat« – der Abendstern – »wie die Klinge eines Schwerts, von der in der Esse des Schmieds tausend Funken stieben. Sie sagte: ›Mano, der Honig verbirgt sich unter deiner Zunge. Verlasse ja nie die Wüste, denn die Wüste reinigt die Seele … Fern von ihr bist du taub und blind …‹«

So sprechen die Tuaregmütter. Weil sie es als schicklich empfinden, verstecken sie ihre Befürchtungen hinter Allegorien. Eine Gabe, die sie zu Dichterinnen und zu Herrscherinnen macht.

Ich bin das letzte Kind der Familie, und ich glaube, meine Mutter war viel besorgter um mein Schicksal als um das meiner drei Brüder Feltou, Eddoua und Rhamer und meiner drei Schwestern Rhalla, Raïcha und Tahédag.

Dennoch kann sie das genaue Datum meiner Geburt nicht angeben.

»Du bist zwischen dem Jahr der großen Trockenheit und dem der Heuschreckenplage geboren.«

Zweifellos 1950.

Das spielt keine Rolle. Die Tage, die Monate und die Jahre haben keine Bedeutung. Nur die Stunden des Tages zählen:

Dinidj Alwaq, der magische Augenblick kurz vor Sonnenaufgang, wenn die Wüste alles Leben und jede Bewegung in der Schwebe ruhen lässt. Die Farben, die Menschen und die Tiere schlafen, noch ruht die Welt zeitlos. Aghora, die Stunde des Sonnenaufgangs, Adgalshet, der frühe Morgen, Tarahout, wenn die Sonne im Zenit steht, Tezzar, der frühe Nachmittag, Takast, wenn die Sonne sich zu neigen beginnt, Almaz, Geburt der Nacht, der geheimnisvolle Augenblick, wenn sich die Herzen mit Sehnsucht füllen. Die untergehende Sonne entflammt den Himmel, und seine Farben werden von der Wüste widergespiegelt. Eins nach dem anderen leuchten die Feuer vor den Zelten auf, und die Herden kommen für die Nacht ins Nomadenlager zurück. Amer Yane, Mitternacht, die Stunde, in der der Sand und die Wadis atmen und der Himmel mit seinen Milliarden Sternen die Wüste beseelt.

Die ersten sechs Tage meines Lebens verbrachte ich in dem Zelt, in dem meine Mutter mich geboren hatte. Die ganze Zeit hielt sie mich in ihren Armen. Sie nährte mich mit ihrer Milch und mit Schafsmilch. Sie sang Lieder für mich. Erst am siebten Tag kam der Marabut, der einen Namen für mich wählen sollte, und meine Mutter stellte mich vor.

Ich heiße vielleicht Abarad, Ghabiden, Musa oder Mustafa … Keiner wird es je wissen. Bei den Tuareg vergisst man schnell den Namen, den der Marabut dem Kind gegeben hat. Nur der Kosename, den ihm seine Mutter schenkt, wird es das ganze Leben begleiten. Manche Kinder tragen Namen von Tieren wie Mufflon, Strauß, Gazelle, andere, wie ich, haben Kosenamen, die nichts bedeuten.

Ich heiße also Mano. Meine jüngste Schwester, die gerne lacht, heißt Tahédag. Das bedeutet: »Wo sie ist, fühlt sie sich wohl.«

Am Tage meiner Taufe wurde nach altem Brauch ein Hammel geopfert, und das ganze Lager feierte das Ereignis mit

Tänzen und Liedern. In den ersten Monaten meines Lebens schlief ich in der *assakansako*, der aus Stroh geflochtenen Wiege, die an den Zeltpflöcken aufgehängt wird, oder in dem Tuch, das meine Mutter auf den Rücken gebunden trug, während sie Hirse stampfte oder die Ziegen molk. Ich glaube, mich an das Vergnügen, das mir das Wiegen ihres Körpers bereitete, erinnern zu können.

Kinder, die nackt in Rinnsalen, die sich durch den safrangelben Sand schlängeln, herumrennen, sind die ersten Bilder, an die ich mich erinnern kann. Ein Gewitterregen war niedergeprasselt und hatte Pflanzen, Tiere und Menschen zu neuem Leben erweckt. Im Wadi, in dem sich unsere Herden befanden, hatten sich viele große Tümpel und Pfützen gebildet. Die Pflanzenwelt war schön mit ihren blühenden Akazien, mit den grünen Teppichen, die sich inmitten der Basaltfelsen ausbreiteten, mit all den verschiedenen, saftstrotzenden Pflanzen, auf die die Tiere ganz versessen sind. Die Kamelfohlen und die Kälber, die an ihren Holzpflöcken festgebunden waren, klagten leise und warteten auf die Rückkehr ihrer Mütter.

Amdagh, ein Hirtenjunge, kaum älter als ich, zog ein neugeborenes Kamel am Schwanz zu sich heran und legte ihm eine Fußfessel an, um es am Aufstehen zu hindern. Zwei andere Hirten stießen eine Kamelstute, deren Kopf mit einem Tuch umhüllt war, über das Junge. Sie wehrte sich, Schaum stand ihr vor den Nüstern, sie zerrte an ihrem Zaumzeug. Zum ersten Mal wohnte ich einer gewaltsamen Handlung bei. Meine Mutter legte ihre Hand auf meinen Kopf und beruhigte mich:

»Hab keine Angst, Mano! Heute Morgen hat die Stute ihr Fohlen bei der Geburt verloren. Amdagh hat das Kleine hier am Huf gefesselt und es mit dem Mutterkuchen des tot geborenen Kameljungen bedeckt. Mit verbundenen Augen wird die Kamelstute das Fohlen annehmen, weil es denselben Geruch hat wie ihr eigenes. Wenn sie dieses Waisenkind säugt, wird sie ihm das Leben retten … und sich selbst. Wir tun den beiden keine Gewalt an, mein Sohn. Wenn sie ihre Milch bei sich behält, muss sie sterben.«

Am Horizont verloren sich die Zelte hinter sanft dahinfließenden Dünen aus ockerfarbenem Sand. Der Himmel war schiefergrau. Für die Menschen meines Nomadenstammes und für mich ging die Welt in dieser Unendlichkeit auf.

Bis zum Alter von sechs Jahren lief ich nackt durchs Leben. Im Aïr schwanken die Temperaturen zwischen minus fünf und plus fünfundzwanzig Grad im Januar und zwischen fünfunddreißig und achtundvierzig Grad im Juni. Sommers wie winters müssen die Kinder diese beißende Kälte, diese stechende Hitze ertragen. Sie dürfen sich nicht beklagen. Das ist verboten. In dieser Wüste, wo alles knapp ist und das Leben hart, ist Klagen ein Zeichen von Schwäche, die den Menschen entehrt. Um der Sonne zu entgehen, halten wir uns im Schatten unserer Zelte auf. Nachts kauern wir um die Feuer, die in der Mitte des Lagers entzündet werden. Eines Abends ist ein Kind im Schlaf in die Glut gerollt.

Es hieß … Der Brauch verbietet es, seinen Namen zu erwähnen. Den Namen eines Toten spricht man nicht aus.

In der Wüste ist das Leben ständig so bedroht, dass man vieles als Fügung des Schicksals hinnehmen muss: den Tod eines Menschen, eine unheilbare Krankheit, den tödlichen Unfall mit einem Kamel, das Versiegen der Brunnen und das qualvolle Austrocknen der Körper als Folge des Durstes. Diese Schicksalsgläubigkeit ist weder ein Mangel an Sensibilität, noch ist sie ein Zeichen von Resignation; sie erlaubt es, die Tragödien mit Würde zu ertragen, wenn man nichts tun kann, um sie zu verhindern. Man muss sein Leid still ertragen, mit erhobenem Kopf.

»Mano«, sagte mir meine Mutter immer wieder, »der Tod ist dem Augenlid näher als das Auge, und der größte Reichtum kann eine Träne sein. Deine Zukunft wird die sein, die du bewältigst … Nichts lässt sich daran ändern, das muss man akzeptieren. Bald wirst du ein Mann sein.«

»Mano, ein Zicklein ist fortgelaufen. Du musst es wiederfinden, bevor ein Schakal es in Stücke reißt.«

Sätze dieser Art sagte mein großer Bruder Feltou zu mir. Immer fand er für mich eine Aufgabe, die meinen Mut herausforderte: die Kälber festbinden, die Kamelfohlen zusammentreiben, Wasser vom Brunnen holen, vor allem aber Schakal oder Hyäne, die um die Weidegründe herumlungern, die Stirn bieten. Ganz allein, nur bewaffnet mit meinem aus einem Akazienast geschnittenen Stock, musste ich mich weit vom Lager entfernen und das verirrte Zicklein oder Lamm zurückbringen.

»Vergiss auf keinen Fall deine Wasserflasche«, rief er mir nach. »Auch mit sechs Jahren geht ein Hirt niemals ohne seine Kürbisflasche los.«

Um mir Mut zu machen, wiederholte ich unterwegs unermüdlich den Satz: »Mano hat keine Angst vor dem Schakal. Er wird ihm die Zähne ausschlagen.«

Je nachdem, wo wir unsere Zelte aufgestellt hatten, musste ich manchmal mehrere Stunden marschieren, bevor ich zu der Wasserstelle kam, bei der das Tier sich verlaufen hatte. Die Arme über den Stock gelegt, den ich quer im Nacken trug, merkte ich mir jede Einzelheit des Bodens. Hier Kameldung, da ein flacher Stein, dort ein Moosteppich. Ich wusste, dass mich mein Bruder bei meiner Rückkehr auffordern würde, ihm den Weg zu beschreiben, den ich gegangen war. Ich wusste auch, dass mir die Strecke viel kürzer vorkäme, wenn ich mir jedes Merkmal einprägte. Entfernungen sind immer subjektiv.

Manchmal bin ich einem Schakal begegnet. Aber allein und

fern ihres Rudels greifen Schakale den Menschen niemals an, auch Kinder nicht.

Meine größte Freude war es, mit dem vermissten Zicklein oder Lamm ins Lager zurückzukommen. Mein größter Stolz war es heimzukehren, ohne meine Lippen an die Wasserflasche geführt zu haben. »*Aman Iman*: Wasser ist Leben, Wasser ist die Seele, Wasser spendet Leben, und alles hängt vom Wasser ab«, hatte meine Mutter mir eingeschärft. Ich war glücklich, ihr beweisen zu können, dass ich ihre Lehre beherzigt hatte.

Den Lehren meiner Mutter verdanke ich alles. Sie ist es, die mich lehrte, das Zelt abzubauen und es wieder aufzubauen, das Bett zusammenzulegen oder aufzustellen – das Bett aus dem weichen und leichten Holz des *torşa*, eines strauchartigen Baums. Sie ist es, die mir half, die Sterne zu entdecken, welche den Wechsel der Jahreszeiten ankündigen, sie ist es, die mir die verschiedenen Kasten unseres Nomadenstammes, der Iforas, erklärte. Sie ist es, die mir das Lesen, die mir Lieder und Gedichte beigebracht hat. Sie ist es …

Es gibt keinen Tuareg, der seine Mutter nicht verehrt. Sie ist die Seele und das Herz der Wüste. Sie verrichtet die härtesten Arbeiten, wenn die Männer mit der Karawane aufbrechen. Sie kümmert sich um die Tiere, stampft die Hirse, nimmt die Last des Wasserholens auf sich, tränkt die Tiere, ist verantwortlich für die Erziehung der Kinder. Sie ist stets guter Dinge. Abends singt und tanzt sie, rezitiert Gedichte, spielt auf der *imsad*, der einsaitigen Tuareggeige, und entlockt ihr Melodien, die bis spät in die Nacht hinein die Frauen und Männer besänftigen oder begeistern.

Mit feierlichen Gesten hat sie mir die sechsundzwanzig Buchstaben des Alphabets unserer Schriftsprache, des *tifinar*, vorgezeichnet, mit denen unsere Sprache, das *tamaschek*, geschrieben wird. Ich sehe noch ihre Finger hin und her fliegen, um geometrische Zeichen in den Sand zu malen: den Kreis für das R, den waagerechten Strich, der N bedeutet, die vier Punkte für die Konsonantengruppe KH, den Kreis, dem zwei Punkte und eine liegende Klammer vorausgehen, die das Wort für »Katze« bilden. Sie machte eine Pause, löschte mit der Hand, was sie geschrieben hatte, und forderte mich auf, ihre Zeichen zu wiederholen. Ich versuchte es, so gut ich konnte. Um mich zu belohnen, zeichnete sie mit ihren Fingerspitzen Gedichte in den Sand. Mit den Händen einer *imsad*-Spielerin fuhr sie durch den Sand. Ich hatte kaum Zeit zu staunen, schon löschte sie, was sie geschrieben hatte, um neue Zeichen zusammenzufügen. Wie viele Fabeln und Balladen sind so unter dem Flügel ihrer Hand oder im Wind der Dünen davongeflogen? Ich könnte es nicht sagen. Sie kannte unzählige.

Sobald ich Wörter zusammensetzen konnte, verlangte sie, dass ich Sätze bildete:

»Schreib, was du gern werden möchtest.«

Also schrieb ich auf den Sandboden des Zelts: »Hier, ich, Mano wird das schönste Kamel haben«, »Hier, ich, Mano wird Karawanier auf der Piste nach Bilma«, »Hier, ich, Mano wird die schönste *scheschia* und die schönste Kriegstrommel haben.« Meine Finger malten die Buchstaben von links nach rechts, von rechts nach links, von oben nach unten, von unten nach oben. Im *tamaschek* bestimmt der Anfang »Hier, ich«, in welche Richtung der Text zu lesen ist.

Es ist dieses ich, mit dem ein Kind seine Persönlichkeit entwickelt.

Meine Mutter weihte meine Schwestern in die Geheimnisse und den Nutzen der Heilpflanzen ein. Sie brachte ihnen bei, welche Pflanzen Geschwüre heilen, welche von der Maul- und Klauenseuche oder von Bauchschmerzen befreien, welche Leberschmerzen lindern. Sie zeigte ihnen den Oleander, der den flatterhaften Ehemann wieder treu werden lässt, und machte sie mit der heilenden Wirkung von Tonerde und anderen Mitteln wie Straußenfett, Kamelurin, Knochenmark von Gazellen und Ködel von Mutterschafen vertraut. Und auch, so wird erzählt, mit der abtreibenden Kraft einiger Pflanzen, ein Geheimnis, das die Frauen eifersüchtig hüten.

Mein Vater war nie dabei, wenn meine Mutter mich unterrichtete. Nur von Zeit zu Zeit kam er ins Zelt und strich mir im Vorbeigehen über den Kopf. Diese Geste spornte mich an. Es war, als interessierte sich Gott selbst für mich. Innerhalb unseres Stammes galt er als direkter Nachkomme der adligen Krieger, die die langen Karawanen beschützten. Meine Mutter sagte, er könne mit einem einzigen Säbelhieb einen Reiter mitsamt seinem Reittier von oben bis unten spalten. Ich glaubte ihr. Mein Vater konnte einfach nichts anderes sein als ein Held. Ich verfolgte jede seiner Handbewegungen; die Art, wie er den kreuzförmigen Knauf seines Kamelsattels streichelte, die Eleganz seiner Hände beim Binden seines *tugulmust*, des Gesichtsschleiers der Männer, der ihn mit einem indigoblauen Glorienschein umgab; die Art, wie er das Essen an den Mund führte, ohne dabei den Schleier anzuheben.

Er sprach stets in ruhigem Tonfall. Ohne jemals über die Gegenwart zu klagen, erzählte er von der Zeit, in der die Familien dank der guten Weidegründe für länger in demselben Wadi verweilen konnten. Wenn er von dieser Vergangenheit sprach, schien in seinen Augen Traurigkeit auf, die er sogleich beherrschte.

»Mano«, sagte er eines Tages zu mir, »der Unterricht, den die Europäer geben, hat Gott aus unserem Land vertrieben. Eines Tages wirst du dein Wadi verlassen müssen, um vor diesem Unterricht zu fliehen.«

Ich antwortete nicht; einerseits aus Ehrerbietung gegenüber meinem Vater, aber auch, weil diese Worte mich zutiefst beunruhigt hatten.

In jener Nacht lag ich wie immer auf meiner Matte neben dem Bett meiner Eltern. Ich suchte nach den Gründen, weshalb Gott den Tuareg zürnte. Warum würde ich eines Tages fliehen müssen? Vielleicht hatte mein Vater etwas ganz anderes sagen wollen. Vielleicht hatte er Angst vor den Kel Essouf, den Dschinns, die die Kinder stehlen, um sie ins Reich der Geister zu entführen. Oder fürchtete er Roul, den schwarzen Engel der verirrten Reisenden, der in den Sanddünen sein lautes Gelächter erschallen lässt? Nein, mein Vater hatte vor nichts Angst.

Was dann?

Ungeduld ist der Schlimmste aller Feinde; ich musste warten, bis mein Vater bereit sein würde, mir den Schlüssel zu diesem Geheimnis zu geben.

Im Halbdunkel erahnte ich die an den Astgabeln aufgehängten Lederschläuche, die das Wasser frisch halten, die hölzernen Schöpfkellen für Hirse und Sauermilch, das Zaumzeug für den Esel und für das Kamel meiner Mutter, Mutters Halsketten aus ziseliertem Silber, ihre verschiedenen Glücksbringer. Bald, hatte mein Vater gesagt, würde ich das alles nicht mehr sehen. *»Matilan, matilan!«:* Daran kann man nichts ändern. Man muss es hinnehmen. Auch wenn es einem Angst macht.

Vor allem, wenn es einem Angst macht.

Am nächsten Tag führte mich meine Mutter sehr weit fort hinter die Zelte, wo die sechs Monate bis ein Jahr alten Kamelfohlen mit gefesselten Fußgelenken auf die Rückkehr ihrer Mütter warteten.

»Such dir ein Fohlen aus«, sagte sie zu mir. »Dein Vater schenkt es dir.«

Um meine Freude zu verbergen, schluckte ich und räusperte mich. Ein Kamel für mich, für mich ganz allein? Ich konnte es nicht glauben.

Um die jungen Tiere nicht zu verängstigen, näherte ich mich ihnen ganz langsam. Ich schaute sie mir genau an und versuchte, ihre Vorzüge und Nachteile einzuschätzen. Das da… zu ängstlich, das da… zu stämmig. Ein Tier mit verschiedenfarbenen Augen wollte ich nicht. Ich wusste, dass die Transportkamele schwerfällig sind, bösartig und meistens taub. Ich wollte keine Kamelstute, die gerade mal dazu taugte, das Rad am Brunnen in Gang zu halten. Ich brauchte ein richtiges Kamel aus dem Aïr mit seinen knochigen Gliedmaßen, einem schlanken Hals und glatten Ohren.

Mein Bruder Eddoua hatte mir beigebracht, am Widerrist und an der Brust eines jungen Kamels zu erkennen, ob es später ein Reitkamel würde, wie geschaffen für Kamelrennen und lange Märsche durch den Wüstensand.

»Sein Hals muss gestreckt sein, seine Ohren aufgerichtet.«

Für mich war vor allem wichtig, dass es weiß war. Weiß wie das Kamel meines Vaters, das mit seinem Geschirr und dem Schmuck, der sich von seinem elfenbeinfarbenen Fell abhob, an den großen Paraden so viel Lob erntete.

Wie aber sollte ich unter all diesen Fohlen, die noch das Haarkleid eines Jungtiers hatten, das Reitkamel herausfinden, das mich zum Helden des *ahal* machen würde? Der *ahal*, der Liebeswettstreit, bei dem die Frauen auf der *tindi* trommeln und die Männer ihre Herzen zu erobern suchen, indem sie ihre mit den schönsten Sätteln geschmückten Kamele zu den Rhythmen auf der Stelle tänzeln lassen.

Das Kamel, das ich schließlich auswählte, war unscheinbar und hatte eine milchweiße Farbe. Sein Maul war weich, aber sein Schwanz ähnelte den Besen, die die Frauen benutzen, um die aus den Säcken gerieselten Hirsekörner zusammenzufegen.

»Wie willst du es nennen?«, fragte mich meine Mutter.

»Abzaw!«, antwortete ich sofort.

In der Sprache der Tuareg bedeutet *abzaw* weiß. Ich fühlte mich wie ein Prinz.

Viele Tiere zählten zu meinem Königreich in meinem Wadi von Tidène. In der Regenzeit holte ich die schwarz-weiß getupften Perlhuhnküken aus ihren Nestern in den Höhlungen der Tamariskenstämme. In meinen hohlen Händen trug ich sie zu den Zelten und zähmte sie. Ich fütterte sie mit Hirsekörnern, die sie mir aus den Mundwinkeln pickten. Ich sprach mit ihnen, glättete ihr Gefieder und brachte ihnen das Trinken und Körnerfinden bei. Als sie ausgewachsen waren, pickten sie um die Zelte herum und kamen abends zurück, um sich ins Stroh zu kuscheln, aus dem die Frauen Fächer zum Anfachen des Feuers flechten. In der darauffolgenden Regensaison trafen sie auf wilde Perlhühner, die aus dem Norden gekommen waren, und flogen mit ihnen davon, kamen zurück, flogen wieder fort mit lautem Flügelschlag. Einen Tag, zwei Tage, drei Tage ging das so, dann verschwanden sie für immer. Sie hatten ihre Flügel und das Leben in der Wildnis wiederentdeckt.

Auch ein Lamm hatte ich, das das Mutterschaf nicht säugen wollte. Es war ein Böcklein. Ich gab ihm Milch und stopfte es mit Weizenfladen voll, die unter der heißen Asche gebacken wurden. Es folgte mir überallhin, und nachts schliefen wir zusammen im Sand. Als es begann, mit seinen Hörnern um sich zu stoßen, brachte ich ihm bei, mit gesenktem Kopf draufloszugehen, zunächst auf meine Hand, dann auf meine Freunde Amghar, Intalak und Mawli, die dieses Spiel als Herausforderung annahmen. Als er ein ausgewachsener Widder geworden war, griff er alle an, die ihm über den Weg liefen, und ich musste mich von ihm trennen. Er ist an Altersschwäche gestorben. Bei uns tötet man niemals Tiere, mit denen die Kinder enge Freundschaft geschlossen haben.

Ich hatte einen Windhund, der schneller war als die Wolken. Ich hatte auch einen Kater. Für Menschen, die als Nomaden umherziehen, ist das ein unerhörter Luxus. Sein Name war Amayas. Amayas heißt Gepard. Als ich ihn verlor, erzählte mir meine Schwester, sie habe ihn im Traum gesehen.

»Wo war er?«, fragte ich sie.

»Schau!«, antwortete sie und zeigte in den Himmel. »Siehst du die beiden funkelnden Punkte? Das sind seine Augen. Er hat sich in Sterne verwandelt.«

Ich wusste nicht, dass es noch eine andere Welt gab. Wie hätte es sie auch geben können, wo doch gleich hinter unseren Zelten der Sand, der Durst, das Nichts begannen! Natürlich gab es andere Familien, die wie wir von einer Wasserstelle zur anderen zogen, natürlich gab es im Süden eine Stadt mit Namen Agadez. Die von dort zurückkamen, sagten, sie hätten Hütten gesehen, die eine auf der anderen standen. Das wollte ich nicht glauben. Warum sollte man sein Zelt auf ein anderes stellen, wo es doch so viel Platz in der Wüste gibt?

Eines Tages kam ein Reisender ins Lager. Er kam von nirgendwoher. Sand wirbelte unter den Füßen seines Meharis auf; in einiger Entfernung von den Zelten hielt er an. Mehrmals drückte er seine Fersen gegen den Hals des Kamels, sodass es sich niederließ; dann stieg er gemächlich aus seinem Sattel. Für ihn gab es keine Zeit.

Ein Mann des Stammes ging auf ihn zu und zeigte ihm die Stelle, wo er sich für die Nacht einrichten konnte. Nur wenige Worte wurden gewechselt, aber zehnmal, zwanzigmal wiederholten sie den Gruß mit den Händen, bei dem abwechselnd die Finger des einen auf die Handfläche des anderen klatschen. Ein wortloser Dialog.

Dann brachte ihm mein Vater eine Matte und eine Decke. Aus Ehrerbietung dem Fremden gegenüber hätte er niemals zugelassen, dass man diesem erschöpften Mann ein Almosen in Form einer Kürbisflasche voll Wasser brachte. Aman Iman: Wasser ist Leben. Man bettelt nicht um das Leben.

Erst sehr viel später bot ihm eine Frau Wasser an.

Damit war das Schweigen gebrochen. Die jungen Mädchen begannen, den Teig aus Getreide zu kneten und die Hirsekugel zuzubereiten, die mit Milch übergossen wird, in die man Datteln und Frischkäse gerührt hat. Am Abend holten die Frauen die *tindi* hervor, den Mörser, in dem man Korn zerstößt, über den man bei besonderen Anlässen aber eine Ziegenhaut spannt und ihn so in eine Trommel verwandelt. Es war die Stunde, in der Gedichte entstehen. Ein Mädchen pries in seinem Lied die Vorzüge ihres Bruders Bazo, der auf dem fernen Berg Greboun den Mufflon gejagt hatte – und dazu verurteilt war, seinen Vetter Filoun zu begleiten, diesen schäbigen Briefeschreiber, der es vielleicht verstand, in die Rinde des *adjarr* Botschaften für die Karawaniers zu ritzen, der es andererseits gewagt hatte, sie zu misshandeln. *Eine Frau misshandeln:* die schlimmste aller Feigheiten!

Um ihr besser zuhören zu können, legten sich Köpfe auf die Schulter des Nachbarn, auf die Knie der Nachbarin. Der Lärm des Hammers beim Zerkleinern des Zuckers, verbunden mit dem Geräusch, das entsteht, wenn siedendes Wasser in die Teekanne gegossen wird, löste die Zungen, und jeder berichtete voller Eifer, was er gesehen, was er gemacht hatte.

Auch der Reisende fühlte sich ermuntert, von den Weidegründen, die er durchquert hatte, zu erzählen; er sprach vom Zustand der Brunnen, zu denen er gekommen war, verschwieg aber den eigentlichen Zweck seiner Reise.

Ich war fasziniert von diesem Mann, der aus der Wüste kam, der in die Wüste zurückkehren würde. Ich hatte mich noch nicht in der ungeheuren Weite geläutert. Ich war noch blind.

Plötzlich bat der Reisende meinen Vater um ein Gespräch unter vier Augen. Er wollte sich mit ihm allein unterhalten.

Als er zurückkam, schaute er mich lange an und sagte, indem er seine Hand auf meine Locken legte, zu meinem Vater:

»Erzähle dem Jungen, was sie meinem Sohn Abarad angetan haben ... Er ist alt genug, es zu erfahren.«

»Wer ist *sie?*«, fragte ich.

Als hätten meine Worte ihn verletzt, antwortete er sofort:

»*Sie*, das sind die Männer, die sich in der Wüste Kinder schnappen. Es sind Söldner; sie reißen die Kinder aus ihren Familien, aus ihren Wadis. Sie haben Abarad geholt. Hinter Steinmauern, die wie Gefängnisse aussehen, haben sie ihn eingesperrt. Sie verbieten ihm, unsere Sprache zu sprechen. Sie lassen ihn nicht die *scheschia* tragen. Sie zwingen ihn, sich zu kleiden, wie sie es tun, zu denken wie sie ... Das wollen sie mit allen Tuaregkindern machen!«

Mein Blick wanderte von meiner Mutter zu meinem Vater. Ich verstand nicht. Verbieten, *tamaschek* zu sprechen und die *scheschia* zu tragen? Die Söldner? Ein Kind im Gefängnis? Der Mann musste verrückt sein. Warum taten die Frauen nichts? Sie hätten versuchen sollen, ihn von seiner Verhexung zu befreien, hätten auf der *tindi n'goumaten* trommeln müssen, die den Dämon verjagt. Sie hätten den Kranken zwingen müssen, bis zur Erschöpfung zu tanzen. Das hatte man auch mit Ekadé gemacht, der vom Teufel besessen war. Ich erinnere mich: Der Schmied gab ihm einen Säbel in die Hand, und die Männer tanzten um ihn herum, wobei sie raue Schreie ausstießen, während die Frauen auf die Häute ihrer Trommeln schlugen. Ekadé drehte sich, sprang, tobte. Sein ganzer Körper wurde von Krämpfen geschüttelt, und ein weißlicher Schaum quoll ihm aus den Mundwinkeln. Er verdrehte die Augen, und die Klinge seines Säbels zerschnitt die Luft wie metallische Blitze. Bis zum frühen Morgen hatten die Trommelwirbel der *tindi* ohne Unterlass seine Todesängste begleitet. Dann erst war Ekadé auf dem Boden niedergebrochen, erschöpft ... und geheilt.

Und jetzt ließ man, ohne etwas zu tun, diesen *iblis* weiterziehen, diesen Mann mit verwirrtem Verstand und Worten voller Galle.

»Hab keine Angst!«, sagte da mein Vater zu mir. »Niemals werden dich die Söldner finden.«

Mein Vater beschützte mich. Er war ein Weiser. Nichts konnte mir geschehen.

Eines Tages kam meine Mutter zu mir. Sie löste eins ihrer Amulette von ihrem Hals und legte es auf die Matte.

»Siehst du«, sagte sie, »diesen Glücksbringer habe ich von den Marabuts, den frommen Männern, die für Gerechtigkeit sorgen und alle, die es wünschen, die Verse des Korans lehren. Es sind Heilige, die man verehren muss, denn sie können Talismane herstellen, die vor Kugeln, Schwerthieben, bösen Geistern und Krankheiten schützen. Dank den Marabuts konnten in diesem Jahr unsere Wadis alle Wasser des Himmels auffangen. Manche sagen, dass sie sogar den Dschinns die Stirn bieten können.«

Sie erzählte mir auch von den Sklaven, die die Anführer der Tuaregkrieger von ihren Raubzügen im Süden der Sahara zu Hunderten mitgebracht hatten.

Es fiel mir schwer, diese Ungerechtigkeit zu verstehen. Ich hatte Freunde, die von diesen ehemaligen Sklaven abstammten. Wir hüteten auf dieselbe Weise die Herden, wir gingen auf dieselbe Weise zum Brunnen. Wo war da ein Unterschied? Sicher, ihre Eltern waren unsere Diener, aber sie galten als Teil der Familie. »Wer sich einen Strick um den Hals legt, dem gibt Gott einen, der ihn an diesem Strick zieht.«

Niemals hatte meine Familie an diesem Strick gezogen.

Am meisten fürchtete ich die Schmiede, die mitten unter uns lebten. Sie brachten das Eisen zum Erglühen für Säbel und Schmuckstücke, die oft noch furchterregender sind als die Säbel. Schon als kleines Kind lernt man, sie zu fürchten, denn sie sind die Söhne des Feuers. Sie haben die Macht, Silber, Erz und Kupfer zu zähmen und miteinander zu verschmelzen. Aus ihrer Esse können sie durch Zauberei ebenso gut ein Werkzeug wie eine blanke Waffe ziehen, eine Axt zum Bäumefällen oder eine Rolle für das Brunnenseil. Sie bearbeiten Leder und Holz, sie stellen Schüsseln, Löffel, Mörser und Kamelsättel her. Man weiß weder, woher sie kommen, noch, woher sie ihre Kunst haben. Zweifellos von den Dschinns, mit denen sie einen Pakt geschlossen haben.

»Komm ihnen nicht zu nahe«, schärfte mir meine Mutter immer wieder ein, »sie können dich verhexen.«

Dennoch, ihre Handbewegungen faszinierten mich, wenn sie das Eisen schlugen, dass die Funken stoben, und sie es in Schwerter oder Armdolche verwandelten. Ich fragte mich, welche Kniffe sie anwandten, um wie durch ein Wunder unter ihren Händen Vasen und Mörser aus dem Lehm entstehen zu lassen, den sie aus den Wasserläufen geholt hatten. Wie konnten sie mit ihrer Axt oder mit ihrem winzigen Messer diese Sättel mit Sattelknopf, diese Tragsessel für die Frauen, diese reich verzierten Ledertaschen, die man an den Flanken der Reitkamele befestigt, diese Beutel für Khol und Tabak, alle diese mit so viel Eleganz gearbeiteten und verzierten Gegenstände herstellen? Niemand wollte darüber sprechen. Man redet nicht von der Hand, die der Teufel führt.

Ich verstand nicht, wie man diesen Männern, die mich so faszinierten, ohne Respekt begegnen konnte. Auch wenn diese Unberührbaren das Recht hatten, zu betteln und sich in aller Öffentlichkeit zu beklagen.

Betteln, sich beklagen: der Inbegriff der Verkommenheit.

Dennoch hingen alle an ihren Lippen, wenn sie im Verlauf eines Festes ihre um den Hals gehängten Trommeln schlugen und die Vorzüge eines Mannes aus unserem Stamm und vor allem die Anmut einer Frau priesen, von der sie allerdings dafür bezahlt worden waren.

*Der Mund Gheishatus ist süß wie die Geige,*
*ihre Augen sind wie das glühende Feuer beim ahal,*
*wo die jungen Adligen ihre Hände und ihre Sprache bewundern.*

»Der Schöpfer beschützt sie, wie er die Schakale beschützt«, flüsterte mir mein Bruder Eddoua eines Abends ins Ohr, als einer dieser Handwerker an unserem Zelt vorüberging. »Unglück über den, der ihm einen Dienst verweigert, denn für den wird er nichts mehr herstellen, und er wird alles daransetzen, die Ehre dieses Mannes zu beflecken.«

Die Schmiede bleiben unter sich, heiraten unter sich, werden verachtet, aber der Stamm kann nicht auf sie verzichten. Und trotz allem haben sie das Privileg, die guten und die schlechten Nachrichten zu verkünden: die Geburt eines Kindes, den Tod eines Menschen. Sie sind es, die den Verstorbenen waschen und zurechtmachen, die eine Verlobung ansagen, die das Mattenzelt für die Brautleute errichten, die den Heiratsvertrag zwischen den Familien und den zukünftigen Eheleuten aufsetzen.

Ich war sieben Jahre alt, als mich der Schmied, der mir so große Angst einjagte, zur Beschneidung abholte. Gefolgt von meinem prunkvoll gekleideten Vater, führte meine Mutter mich hinter ihr Zelt. Ich stand unter der sengenden Sonne und ballte meine Fäuste auf dem Rücken. Dies war meine erste Bewährungsprobe. Das an einen Pflock gebundene Lamm, das man zu diesem Anlass opfern wollte, zitterte am ganzen Leib. Wir waren zwei gehetzte Tiere. Ich aber durfte nicht zittern, durfte vor allem nicht dieselbe Angst zeigen wie das Lamm.

Als sich der Schmied näherte, wagte ich es, ihn direkt anzusehen. Bekleidet mit seinem weiten, schwarzen *bubu*, das Gesicht hinter dem dunklen *tugulmust* verborgen, ließ er mich nur seine fiebrigen, mit Khol umrandeten Augen sehen. Ich ahnte die Anwesenheit einiger Mitglieder meines Stammes, die gebannt seinen Bewegungen folgten. In der Hitze dieses Nachmittags war das Schweigen beklemmend wie ein drohendes Gewitter.

Mit einem stumpfen Messer in der Hand kam der Schmied auf mich zu. Ich musste ihm meinen Unterleib hinhalten. Vor Angst war ich wie gelähmt. Rasch fuhren seine Finger zwischen meine Beine. Danach weiß ich nichts mehr. Ich fühlte die Einschnitte in mein Fleisch, von seinem blinden Messer verstümmelt … und dann dieser Schmerz, den ich hinter meinen zusammengebissenen Zähnen zurückzuhalten hatte. Als ich meine Augen senkte und das Blut sah, das an meinen Schenkeln herabfloss, rannte ich los und stieß das »*heii*« der Tuareg aus, die dem Sieg entgegenstürmen. Das »*heii*« der großen Krieger.

Danach strich der Schmied eine Salbe aus zerstoßenen Pilzen auf die Wunde und umgab meine Hüften mit einem viereckigen Stück Stoff. Ich hatte meine Nacktheit verloren.

Ich war ein Mann geworden.

## Unterwegs mit den Hirtinnen und Hirten – Spurenlesen, Kunst der Hirtinnen, nächtliche Besuche

*Gerd Spittler*

Wenn ich mit einem Begleiter aus Timia durch das Aïr reite oder gehe, dann verbindet uns die Unterhaltung, aber unsere Augen nehmen verschiedene Welten wahr. Das Aïr-Gebirge ist im Niger das Touristengebiet par excellence. In kühlen Wintermonaten, wenn die Temperatur für Europäer nicht zu heiß ist, landen zweimal wöchentlich Charterflugzeuge in Agadez, und anschließend durchqueren Geländefahrzeuge mit Touristen das Aïr. Diese erfreuen sich an den bizarren Bergformationen, an der kargen, wenig bewachsenen und kaum besiedelten Landschaft. Wenn sie Glück haben, bekommen sie auch Strauße, Antilopen, Mufflons und Gazellen zu Gesicht.

Ich fühle mich über die Touristen, die das Aïr in einer Woche kennenlernen wollen, erhaben, aber im Grunde nehme ich es nicht anders wahr als sie. Auch ich genieße die »bizarren« Gebirgsformen, die »wilden« Schluchten, die »einsamen« Täler, die »wilden« Tiere. Seit 1976 reise ich zu Fuß oder mit dem Kamel mit Leuten aus Timia durch das Aïr, und ich weiß inzwischen, dass sie die Landschaft ganz anders wahrnehmen. Wenn ich mich diszipliniere, wenn ich umschalte, kann auch ich dieses andere Bild wahrnehmen. Darin kommen die Berge, die uns am meisten entzücken, kaum vor. Dagegen werden die Täler viel differenzierter wahrgenommen. Es wird genau konstatiert, welche Baumarten hier stehen, wie dicht der Baumbewuchs ist, wie viel Blätter die Bäume tragen, wie der Reifezustand der Früchte ist. Das Gleiche gilt für die Vielfalt der Gräser. Was zum Beispiel für einen Europäer wie ein bizarres, vegetationsloses Gebirge aussieht, besteht für den Tuareg aus vielen kleinen Gebirgsdobeln, in denen Gras wächst und kleine Büsche stehen, die eine besonders gute Weide bilden. Gazellen und Strauße nimmt der Tuareg zwar wahr, aber mit weniger Interesse als die verstreuten Ziegen, Kamele und Hirten. Sie betrachtet er schon aus großer Entfernung genau, um sie zu identifizieren. Mit anderen Worten: Mein Tuaregbegleiter nimmt das Aïr vor allem als ein Weidegebiet wahr. Das schließt nicht aus, dass auch er eine Landschaft schön findet, aber diese Schönheit ist nicht losgelöst von der Weide, und sie ist zuallerletzt an den vegetationslosen Bergen orientiert.

So kann auch ich die Landschaft wahrnehmen, wenn ich sie bewusst wie ein Tuareg sehen will, statt meiner spontanen Wahrnehmung zu folgen. Aber es gibt dann noch eine weitere Welt, die mein Begleiter sieht und die mir bis heute nahezu völlig verschlossen ist. Ab und zu richte ich meinen Blick von der Landschaft weg und schaue auf den Boden, stelle fest, dass sich dort ein wirres Durcheinander von Spuren befindet. Mein Begleiter jedoch hat den Blick genauso oft auf den Boden wie auf die Landschaft gerichtet. Er sieht dort kein Wirrwarr, sondern liest und interpretiert die Zeichen, wie wir ein Buch lesen. Die Beziehung ist dabei gerade umgekehrt. Während wir eine beschriebene Seite entziffern und eine Botschaft daraus lesen, ist sie für ihn, den Analphabeten, eine Wirrnis von Strichen. Dagegen bilden für uns die Spuren auf dem Boden ein Chaos, hier sind wir die Analphabeten, während sie dem Tuareg viele Informationen bieten.

Was liest der Tuareg aus den Spuren? Er identifiziert alle Tierarten, die hier vorbeikamen: Kamele, Ziegen, Schafe, aber auch Schakale, Gazellen, Mufflons. Er nimmt menschliche Spuren wahr und betrachtet auch mit Interesse den Abdruck eines Autoreifens. Er konstatiert, in welche Richtung sich die Tiere bewegten, und er erkennt am Abdruck und am Kot der Tiere, wie viel Zeit vergangen ist, seit sie hier vorbeikamen. An der Tiefe des Abdrucks erkennt er, ob ein Reitkamel oder ein unbeladenes Kamel vorbeiging. Am Abstand der Fußabdrücke kann er unterscheiden, ob das Kamel galoppierte oder langsam ging, ob seine Vorderfüße durch eine Fußfessel zusammengebunden waren oder nicht. Er ist auch neugierig, welcher Mensch hier vorbeigegangen ist oder welches Kamel, und versucht, das menschliche oder tierische Individuum zu identifizieren. Selbst im Falle des Reifenabdrucks interessiert ihn, ob er das dazugehörige Auto kennt. Alle diese Botschaften liest der Tuareg im Vorbeigehen. Ich merke es nur daran, dass er in unsere Unterhaltung zu meiner Überraschung immer wieder Sätze einflicht wie:

»Hier ist die Frau von Archi vom Brunnen gekommen.«
»Hier bist du gestern vorbeigegangen.«
»Das ist die Spur des Kamels von Ilatu, das er seit gestern sucht.«
»Kannst du die Spur hier erkennen? Das ist ein Mufflon!«

Mein Begleiter sucht hier keine besondere Spur, sondern er nimmt das alles nebenbei wahr, so wie wir im Gehen und während der Unterhaltung eine Landschaft betrachten und die Mitwanderer ab und zu auf etwas Besonderes hinweisen.

Uns interessiert hier nicht dieses Spurenlesen im Allgemeinen, sondern der besondere Fall, wo Kamele gezielt anhand ihrer Spur gesucht werden. Wie wird das gemacht? Die Spur eines Kamels von der eines anderen Tieres zu unterscheiden, erfordert keine große Fertigkeit. Selbst ein Europäer kann das, denn der Abdruck eines Kamelfußes unterscheidet sich in Größe und Form völlig von allen anderen Abdrücken. Der Fußabdruck eines ausgewachsenen Kamels hat einen Durchmesser von etwa zwanzig Zentimeter und fällt daher schon durch seine Größe auf. Auch seine Form weicht von der anderer Tiere ab. Kamele haben keinen Huf, sondern eher eine große Pfote. Sie besitzen zwei Zehen, von denen nur die beiden Nägel *(eshkaran)* zu sehen sind. Die Fußsohle *(tallez)* besteht aus einer dicken Hornhaut, die vor Verletzungen weitgehend schützt, aber doch – im Gegensatz zu einem Huf – anfällig bleibt. So können zum Beispiel harte Dornen eindringen und Verletzungen verursachen.

Der Fußabdruck *(akukel)* eines Kamels ist unverkennbar. Niemand, auch ein Laie, kann ihn mit dem einer Kuh verwechseln, so wie er den Abdruck einer Ziege mit dem eines Schafes verwechseln kann. Aber das Problem besteht nicht darin zu erkennen, ob hier ein Kamel gegangen ist, sondern welches Kamel. Für den ungeübten Spurenleser gleicht eine Kamelspur der anderen, und gerade die Vielzahl von Spuren, die er üblicherweise vorfindet, verwirrt ihn.

Wie kann man Kamelspuren voneinander unterscheiden? Eine Möglichkeit ist die Größe des Abdrucks. Beträgt der Längsdurchmesser des (größeren) Vorderfußes eines ausgewachsenen Kamels circa zwanzig Zentimeter – der Hinterfuß hat dann einen Durchmesser von circa fünfzehn Zentimeter –, so ist der Abdruck eines Fohlens nur halb so groß. Das hilft natürlich nur bedingt weiter, weil ich damit alle Kamele nur in etwa drei Kategorien (Abdruck ist groß – mittel – klein) einteilen kann. Aber es ist oft schon hilfreich zu wissen, wo sich die Fohlen aufhalten, ob sie zum Beispiel in der Nähe der Stuten sind, wobei die Gefahr besteht, dass sie alle Milch trinken.

Die Größe erlaubt auch, Abdrücke zu unterscheiden, die sich in anderen Details gleichen (zum Beispiel Abkömmlinge ein und derselben Stute). Schließlich gibt es einige Kamele, deren Hinterfüße fast so groß wie die Vorderfüße sind. Dies erlaubt dann ebenfalls eine leichte Identifikation. Ein weiteres Unterscheidungsmerkmal ist die Form der Fußsohle. Sie kann rund *(ablulegh)* oder länglich-oval *(azelulem)* sein. Aber auch dieses Merkmal diskriminiert zu wenig, es kann allenfalls in Kombination mit anderen Kriterien hilfreich sein.

Einen wichtigen Hinweis gibt die Stellung der Füße zueinander, weil es hier mehr Variationen gibt. Die Vorderfüße können folgende Stellungen zueinander haben:

- beide gerade gerichtet, parallel *(anemellal oder azellegh)*
- beide nach außen gerichtet *(ewet)*
- beide nach innen gerichtet *(abenbey)*
- ein Fuß gerade, der andere nach innen gerichtet *(bedeghat)*.

Bei den Hinterfüßen werden weniger Stellungen unterschieden: Entweder sie stehen parallel, oder beide sind nach außen gerichtet *(tagozen)*. Dieser Abdruck entsteht bei X-Beinigkeit der Hinterbeine. Ein Kenner kann daher den Fußabdruck schon am Gang prognostizieren.

Wir haben die Stellung der Füße hier insofern vereinfacht wiedergegeben, als wir bei der Beschreibung die Vorder- und Hinterfüße jeweils nebeneinanderstellten. Diese Stellung ergibt sich aber nur dann, wenn das Kamel steht. Sucht man Kamele, dann nicht deshalb, weil sie stehen geblieben, sondern weil sie weitergelaufen sind. Der Spurenleser muss daher die Stellung der Füße im Gang, nicht im Stand beurteilen. Das ist schwieriger, weil die Vorder- und Hinterfüße jetzt nicht mehr jeweils nebeneinanderstehen.

Der Abdruck des Gangs kann selbst wiederum ein Differenzierungsmerkmal sein. Wie wir gesehen haben, tragen einige Kamele in der Herde immer eine Fußfessel. Die Vorderbeine können dadurch nicht so weit ausgreifen; der Abdruck liegt daher sehr nahe beieinander.

Obwohl Kamele groß und schwer sind, ist der Abdruck ihrer Fußsohlen im Sand schwächer als der einer Ziege, weil die große flache Sohle die Last verteilt. Für das Lesen der Spur bedeutet dies, dass der Abdruck der Sohlen oft nur schwach sichtbar und damit schwer identifizierbar ist. Tiefer drücken sich dagegen die beiden Klauen *(eshkaran)* ein. Deren Form, vor allem bei den Hinterfüßen, wo der Auftritt und damit der Abdruck noch stärker sind, bildet daher das wichtigste Merkmal beim Spurenidentifizieren. Dabei werden folgende Formen unterschieden:

- Klauen nicht oder kaum erkennbar *(tamazaq)*
- große Klauen *(annazar)* bzw. kleine Klauen *(adegefen)*
- eine Klaue größer als die andere *(akriyi)*
- eine Klaue zeigt nach außen, die andere nach vorn *(amazug)*
- Klauen liegen eng nebeneinander *(amezzeg)*
- Klauen liegen weit auseinander *(afereshkel)*
- Klauen werfen nach Lauftritt Sand auf die Seite *(asatal)*
- Schleifspur der Klauen *(agerri)*. Manche Kamele schleifen die Klauen der Hinterfüße beim Gehen. Dadurch entsteht eine charakteristische Schleifspur im Sand.

Die Klauen bilden das wichtigste Erkennungsmerkmal eines individuellen Kamels. Gelegentlich können auch spezielle Merkmale einzelner Kamele zusätzlich zur Identifizierung dienen. Die Mittellinie *(azag)* oder die Risse *(adri)* in der Fußsohle weisen manchmal eine besondere Ausprägung auf; doch ist dies nur im Hausaland erkennbar, weil im steinigen Aïr die Fußsohle glatt gerieben wird. Manche Kamele haben auch von einer früheren Wunde Narben an der Sohle, die sich im Sand abbilden.

Fast jedes Kamel weist eines oder eine Reihe der hier erwähnten Merkmale auf, sodass es im Prinzip identifiziert werden kann. Ein Kamel, dessen Fußabdruck überhaupt keine besonderen Merkmale aufweist, stellt schon dadurch eine Besonderheit dar und ist daran erkennbar. Scheint so jede Kamelspur identifizierbar, so gibt es doch in der Praxis eine Reihe von Schwierigkeiten. Die Erkennbarkeit der Merkmale hängt wesentlich von der Stärke ihrer Ausprägung ab. Sind sie nur schwach ausgebildet, dann ist die Identifizierung schwierig. Manchmal macht das Wetter das Spurenlesen unmöglich. In der Regenzeit verwischt ein Regen jede Spur ebenso wie in der kalten Trockenzeit ein starker Wind. Solche Umstände machen sich Kameldiebe zunutze, sodass es in dieser Zeit nicht nur schwieriger ist, ein verlorenes Kamel zu finden, sondern auch die Chance besonders groß ist, dass es gestohlen wird. In der gleichen Weise nutzen Diebe die neuen Asphaltstraßen. Wenn ein Kameldieb mit dem gestohlenen Kamel auf der Asphaltstraße läuft, geht jede Spur verloren.

Eine Spur erkennen hilft kaum, wenn man nicht auch ihr Alter zu bestimmen vermag. Ein Hirte, der seine Herde sucht und den Spuren der Kamele folgt, kann dabei im Lager ankommen, ohne dass die Kamele dort sind. Er hat einfach übersehen, dass er den Spuren von gestern bis zum Lager gefolgt ist, die Kamele aber inzwischen in eine ganz andere Richtung aufgebrochen sind. Wie kann man erkennen, dass die Spuren vom Vortag stammen? Recht einfach, und die soeben berichtete Geschichte ist daher auch fiktiv und kommt in der Praxis nicht vor. Nachts bewegt sich eine eigene Tierwelt auf dem Boden und hinterlässt ihre Spuren. Wenn eine Kamelspur mit den Spuren von Mäusen, Igeln, Käfern und Würmern durchzogen ist, dann weiß man, dass sie vom Vortag stammt.

Es ist auch nützlich zu wissen, wie alt eine Spur vom gleichen Tag ist. Ältere Spuren sind schon etwas durch den Wind verweht. Eine ganz frische Spur ist dunkler als ihre Umgebung, weil die Feuchtigkeit des tieferen Sandes hier noch nicht verdunstet ist. Der Kot der Kamele dient ebenfalls der Altersbestimmung. Zerdrückt der Hirte die Kötteln zwischen den Fingern, dann kann er an der Feuchtigkeit feststellen, ob der Kot frisch, ein paar Stunden oder schon einen Tag alt ist.

Wir unterstellen jetzt, dass der Hirte eine Kamelspur eindeutig identifiziert und auch ihr Alter bestimmt hat. Jetzt weiß er, dass das Kamel vor ein paar Stunden hier war, aber er hat es damit noch nicht gefunden, denn das Kamel ist inzwischen kilometerweit entfernt. Er muss der Spur folgen *(ashakar)*. War sie noch eben im Sand klar abgebildet *(temmun)*, so ist sie plötzlich kaum noch sichtbar oder ganz verschwunden, weil statt des Sandes ein harter Lehmboden, eine dichte Grasvegetation oder ein felsiges Gelände die Spur unsichtbar machen. Er geht weiter in der Hoffnung, die Spur in einem günstigen Gelände wieder zu finden. Wenn das nicht der Fall ist oder der harte Boden sich immer weiter hinstreckt, dann muss er zum letzten sicheren Abdruck zurückkehren und jetzt sehr viel sorgfältiger vorgehen. Er tastet den Boden mit seinen Blicken Stück für Stück ab, um Hinweise auf die Spur zu finden. Auch auf hartem Boden finden sich kleine sandige Kuhlen, die einen Abdruck sichtbar machen. Auch in einer dichten Grasvegetation finden sich offene Partien. Aber bei diesem langsamen Vorgehen geht viel Zeit verloren. Wenn die Nacht hereinbricht und ein heller Mond scheint, kann er die Suche unter erschwerten Bedingungen fortsetzen. Ist das nicht der Fall, dann muss er bis zum Morgen warten, es sei denn, er setzt die Suche im Schein seiner Taschenlampe fort.

Die Fähigkeit, Kamelspuren zu lesen, ist eine der wichtigsten Qualifikationen eines Hirten. Nicht nur, weil sie fast täglich gebraucht wird, sondern weil der Verlust eines Kamels einen substanziellen Schaden darstellt. Die meisten Kel Ewey besitzen nicht mehr als zehn Kamele. Der Verlust eines einzigen Kamels bedeutet hier schon eine empfindliche Einbuße. Hinzu kommt, dass diese Aufgabe nicht an Spezialisten delegierbar ist. Während man zum Beispiel im Falle einer Krankheit einen Spezialisten aus einem anderen Lager heranziehen kann, ist das bei der Kamelsuche nicht möglich. Es gibt keine Spezialisten für Kamelspuren schlechthin, sondern auch der beste Spurenleser kennt – von seinen eigenen Kamelen abgesehen – nur wenige andere Spuren. Zumindest einer der Hirten, die eine Kamelherde betreuen, sollte das Spurenlesen beherrschen. Wenn es der kleine Hirte noch nicht kann, dann sollte sein älterer Bruder oder sein Vater helfen können.

Trotz ihrer fundamentalen Bedeutung beherrschen auch unter »fertigen« Hirten nur ganz wenige die Kunst des Spurenlesens so weit, dass sie alle Kamelspuren in ihrer Herde identifizieren können. Bei vielen beschränkt sich die Fertigkeit auf ihre Leitkamele. Das genügt in der Regel auch, weil die anderen Kamele den Leitkamelen folgen: Manche Hirten können aber nicht einmal die Spuren der Leitkamele richtig entziffern. Sie müssen dann mehr laufen, mehr schauen, mehr fragen. Oder sie müssen einen anderen Hirten im Lager bitten, die Spur für sie zu finden. Ober kurz oder lang müssen sie aber damit rechnen, dass ihnen ein Kamel verloren geht.

## Ein Weidegang mit der Hirtin Guzzel

Ich schildere hier einen Weidegang mit der Hirtin Guzzel in der heißen Jahreszeit. Die Regenzeit 1983 war sehr schlecht ausgefallen, es gab auf der Weide kaum Gras. Die große Dürre stand allerdings noch bevor, was zu diesem Zeitpunkt weder Guzzel noch ich wusste: Im Folgejahr fiel die Regenzeit fast völlig aus, und die harten Bedingungen setzten sich unter verschärften Umständen noch ein weiteres Jahr fort.

Bevor ich mit der Beschreibung des Weidegangs der Hirtin beginne, gebe ich noch einige Informationen über ihr Lager und ihre Ziegenherde. Guzzel wohnt zusammen mit ihrer Schwester Asaghada und ihren beiden Cousinen Taghaysha und Rakhma in einem Lager in Tchimillen. Sie sind erst vor Kurzem hierhergezogen. Den Wadi Taleghat haben sie verlassen, weil die Regenzeit bevorsteht. Guzzel und ihre Schwester hüten abwechselnd eine Herde von achtunddreißig Ziegen. Die meisten gehören ihrem Stiefvater. Guzzel selbst besitzt sieben Ziegen. Am Vortag vor unserem Weidegang hatte mir Guzzel den Charakter der einzelnen Tiere erklärt:

- Zehn Ziegen sind *timagaran,* Fremde. Ihr Stiefvater hatte sie von seinem früheren Wohnsitz vor zwei Jahren hierherholen lassen. Guzzel vergaß damals, nach ihren Namen zu fragen. Nur bei einer Ziege ist es ihr gelungen, sie an einen neuen Namen zu gewöhnen. Den anderen gab sie zwar ebenfalls Namen, aber die Ziegen reagieren auch zwei Jahre später nicht darauf. Sie sind Fremde geblieben und schwer zu kontrollieren:
- Drei sind *tamellegit* (an der Spitze der Herde).
- Zwei sind *tamallalut* (diese waren am Tag zuvor hinter der Herde zurückgeblieben und am Abend allein zum Lager zurückgekehrt).
- Eine ist *tanafrogh* (Abweichlerin).
- Drei sind *iba n-teghis* (Gleichgültige).
- Eine ist *taghat n-ebet* (es handelt sich hier um eine besonders kraftvolle Ziege, die meckernd vorausrennt und der dann viele Ziegen folgen. Wenn sie verloren geht, kann man ihre Spur erkennen, weil sie nie geht, sondern immer rennt. Jetzt, in der heißen Jahreszeit, verhält sie sich aber ruhig wie die anderen Ziegen).

- Eine ist *tameksan* (Streitsüchtige).
- Eine ist *tazzebet* (sie scheut die Menschen. Seit vier Tagen verweigert sie z.B. das Melken).
- Zwei sind *tawwizer* (die beiden zieren sich beim Tränken).
- Eine ist störrisch (man muss sie wie einen Esel prügeln oder Steine nach ihr werfen, damit sie vorwärtsgeht).

Von den achtunddreißig Ziegen sind also fünfundzwanzig nicht normal, sofern dieses Wort hier etwas aussagt. Auch wenn man berücksichtigt, dass die zehn fremden Ziegen einen Ausnahmefall darstellen, bleiben immer noch fünfzehn Ziegen, die der Hirtin in der einen oder anderen Weise Schwierigkeiten machen.

Am 24. Mai 1984 ziehen wir um 12 Uhr los; die Ziegen waren morgens von einer anderen Hirtin gehütet worden. Beim Aufbruch fehlt eine *tamellegit*, die sonst das Tempo der Herde bestimmt. Dagegen müssen einige fremde Ziegen, die mitlaufen wollen, erst zurückgetrieben werden. Die erste Stunde ist Guzzel vor allem mit der *askom*-Stange beschäftigt. Sie schüttelt und schlägt die Blätter des *abezgin*-Strauches, des *taboraq*-Baumes und der *akawat*-Schmarotzer herunter; die Ziegen sammeln und fressen die Blätter auf. Um diese Jahreszeit tragen die meisten Bäume keine Blätter, und gewöhnlich nimmt die Hirtin auch keine Stange mit. Aber in diesem Jahr muss jede Chance genutzt werden. Nur den *tashaghar*-Baum mit den verlockenden *amol*-Blüten meidet Guzzel: Sie hat Angst vor der *azelof*-Raupe. Zum Teil weiden die Ziegen auch frei. Zwar ist in diesem Jahr auf dieser Weide kein Grashalm zu finden, aber am Boden liegen alte Blätter *(eqalan)* oder vertrocknete dünne Äste *(awesshkak)* der *amil*-Liane. Für den Laien sieht das nicht wie Futter aus. Aber die Ziegen finden es immerhin so attraktiv, dass manche das Futter der *askom*-Stange verschmähen und für sich allein weiden. Die Herde ist dadurch weit auseinandergezogen, durch Bäume und Sträucher getrennt, sodass man sie nicht alle gleichzeitig sehen kann. Guzzel ist daher auch jetzt, trotz der *askom*-Weide, immer wieder damit beschäftigt, die Ziegen zusammenzurufen. Sie achtet auf das Meckern, wobei sie jede Ziege unterscheiden kann. Manchmal meckert eine Ziege, weil sie ihre Tochter oder Freundin vermisst oder weil sie sich plötzlich allein fühlt. In beiden Fällen ruft Guzzel die »verlorenen« Ziegen erfolgreich zurück.

Um 12.45 Uhr hat sich die Abweichlerin *(tanafrogh)* mit fünf anderen Ziegen nach der Seite entfernt. Guzzel treibt zuerst die anderen Ziegen zusammen und läuft dann der Abweichlerin nach, um sie zurückzuholen. Danach ruht sie fünf Minuten aus, fragt eine vorbeiziehende Hirtin, ob sie die *tamellegit* gesehen hat, aber die weiß von nichts. Inzwischen haben sich zehn Ziegen ins Abseits begeben. Guzzel ruft Takilkelut, eine Lieblingsziege, in der Hoffnung, dass die anderen folgen werden. Aber weder Takilkelut noch die anderen kommen. Es hilft nichts: Guzzel muss wieder hinlaufen und alle zurücktreiben.

Von 13 bis 13.30 Uhr machen wir Mittagspause. Wir suchen einen *taboraq*-Baum, der wenigstens eine Spur von Schatten zeigt, ruhen aus, und Guzzel teilt mit mir ihre *ikasshawan*-Mahlzeit. Die Ziegen haben sich ebenfalls hingelegt und käuen wieder. Sie machen keine Anstalten aufzubrechen, weil die unruhige *tamellegit* fehlt. Als Guzzel sie um 13.30 Uhr ruft, stehen sie alle auf und folgen ihr. Schon um 13.45 Uhr ist die *tamalallut* weit zurückgeblieben. Guzzel bemerkt es daran, weil sie nach ihrer Tochter schreit, die aber zu weit entfernt ist, um es zu hören. Guzzel ruft sie vergeblich, läuft zu ihr zurück, schleppt sie nach einer halben Stunde an ihr Kopftuch gebunden an, weil sich die Ziege weigert mitzugehen. Während dieser Zeit fressen die Ziegen teils an *abessogh*-Bäumen, teils am *abezgin*-Strauch. Nur die fremden Ziegen, die noch auf keinen

Namen hören, meiden den *abezgin*. Sie kommen aus einer Gegend, wo es diesen Strauch nicht gibt, und haben sich innerhalb eines Jahres noch nicht an ihn gewöhnt.

Von 14.30 bis 15 Uhr besucht Guzzel das Lager einer benachbarten Hirtin namens Thema. Guzzel verabredet sich später mit deren Tochter Khadju. Um 15 Uhr bricht Guzzel auf, bald danach steigt sie auf einen *abezgin*-Strauch, bricht die Äste ab und wirft sie den Ziegen hin. Diese fressen sie aber ohne große Begeisterung und lassen den Rest sogar liegen. *abezgin* ist ein Notfutter für die Ziegen, und für heute haben sie entschieden genug davon, auch wenn es kaum etwas anderes zu fressen gibt. Guzzel gibt jetzt die *abezgin*-Fütterung auf. Sie lässt sich aber nicht entmutigen. Nachdem Aghali, ihr klassifikatorischer Vater und mein Mitarbeiter, weggegangen war, hatte sie ihr Kopftuch abgenommen und war mit Singen und Trillern beschäftigt, wenn sie nicht gerade die Ziegen rief oder sich mit mir unterhielt. Damit fährt sie auch jetzt weiter fort. »Singen, das ist das, was beim Hüten Spaß macht«, erklärt sie mir später. Und singen kann man nur, wenn man allein ist, weil man sich vor den anderen schämen würde, außer man ist eine große Sängerin in Timia.

Ich habe bisher vor allem die Außenseiterziegen beschrieben, bei denen Guzzel immer wieder Mühe hat, sie bei der Herde zu behalten. Die meisten der achtunddreißig Ziegen sind jedoch ganz an Guzzel orientiert. Sie schauen, wo sie hingeht, sie beobachten, wie sie in den Baum klettert, sie wenden sich ihr zu, wenn sie singt, und eine Ziege, die gerade besungen wird, antwortet mit einem Meckern.

Von 15.30 bis 17.15 Uhr, fast zwei Stunden lang, gibt es eine große Pause. Guzzel sagt – ohne große Schuldgefühle –, dass jetzt *aggal n-tamallalut,* das Hüten der faulen Hirtin praktiziert wird. Sie trifft sich mit ihrer Freundin Khadju. Während Guzzel ihre Ziegen noch im Auge zu behalten sucht und sie gelegentlich ruft, sind die Ziegen von Khadju nach einiger Zeit außer Sichtweite. Guzzel flicht Khadju eine Frisur; es ist gut, dass sie alle Utensilien dafür (Kamm, schwarzer Sand, Pomade) immer bei sich führt. Danach kratzt sie mit einer Nadel – auch das gehört zur Standardausrüstung – Figuren auf das Trinkgefäß. Guzzel und Khadju sind auch mit Essen beschäftigt. Nachdem sie ihre *ikasshawan* getrunken und gegessen haben, machen sie *asegli:* Sie stopfen sich trockene Hirse und *agar*-Blätter in die Backen, spülen es mit Wasser hinunter: eine Methode, mit der sich Tuaregfrauen mästen, die aber bei den mobilen Ziegenhirtinnen nur wenig anschlägt.

Dazwischen ist Guzzel immer wieder beschäftigt, mit ihrer Lieblingsziege Kuna zu spielen. Guzzel bekam Kuna 1982 als kleines Zicklein von ihrem Stiefvater in Timia geschenkt. Sie trug sie auf ihren Armen zur Weide und suchte Futter für sie: Blätter vom *tashaghar*- und vom *agar*-Baum, Früchte des taboraq-Baumes und des *terza*-Strauches. Beim Stampfen der Hirse gab sie ihr Hirsekörner, beim Essen teilte sie die Hirsepolenta mit ihr, indem sie sie mit ihrem Löffel fütterte. So wurde Kuna ihre Lieblingsziege, die ihr überallhin folgte. War Guzzel ein paar Tage lang nicht auf der Weide gewesen und kehrte zurück, dann rannte Kuna aus der Herde weg auf sie zu, sobald sie in der Ferne ihre Stimme erkannte. Kuna war eine tiefschwarze Ziege, ohne jede andere Einfärbung.

Guzzel streichelt jetzt Kuna übers Fell, sie versetzt ihr manchmal auch einen Klaps auf die Backe, um sie wegzuschicken, aber Kuna scheint das besonders zu lieben und drängt sich noch enger an sie. Als Guzzel mit Khadju die *ikasshawan* trinkt, bekommt sie ebenfalls einen Teil davon. Guzzel lacht nur, als Kuna die Schüssel umwirft und der Rest des Getränkes im Sand versickert. Eine andere Ziege ist eifersüchtig, nähert sich ebenfalls, um gestreichelt zu werden, aber Guzzel weist sie zurück, wendet sich immer wieder Kuna zu.

So vergeht die Zeit. Die Ziegen beginnen mehrfach aufzubrechen, aber Guzzel ruft sie immer wieder zurück und ist dabei sogar erfolgreich. Ohne *tamellegit* fehlt den Ziegen die Führung, und sie folgen der Hirtin leichter als sonst. Um 17.15 Uhr brechen wir schließlich auf. Guzzel lässt die Ziegen frei weiden. Sie knabbern an den zwergwüchsigen Bäumen *(abessogh),* lesen die alten Blätter und trockenen Äste auf, fressen manchmal sogar einige Blätter vom *abezgin* – jetzt am Abend haben sie nicht mehr diesen scharfen Geschmack. Um 19 Uhr kehrt Guzzel schließlich mit der Herde und mir zum Lager zurück. Kurz danach trifft auch die *tamellegit* ein, die den ganzen Tag allein geweidet hatte.

Dieser Tag von Guzzel ist sicher nicht »typisch«. Aber ein typischer Tageslauf kann hier immer nur ein Konstrukt bedeuten, von dem aus verschiedene Variationen sich leichter einordnen lassen. Ich habe es bei meinen zahlreichen Begleitungen sonst nie erlebt, dass zwei Hirtinnen sich trafen und so lange eine gemeinsame Pause machten. Hier sind auch die besonders schwierigen Bedingungen des Jahres 1984 zu bedenken, wo eine Hirtin bei der Mühe und Erfolglosigkeit leicht die Lust am Hüten überhaupt verlieren konnte. Guzzel gehört aber sicher nicht zu ihnen. Sie hat ihre Herde nahezu unbeschadet über die Dürrejahre hinweggerettet. Die lange Pause war vielleicht auch nur deshalb möglich, weil an diesem Tag zufällig die *tamellegit* fehlte. Sie hätte sich vermutlich eine so lange Pause nicht gefallen lassen und bei ihrem Drängen auch andere Ziegen nachgezogen. Die Freiheit, die hier Guzzel auf der Weide empfindet – sie nimmt das Kopftuch vom Kopf, sie singt und trillert –, wird auch von anderen Hirtinnen so empfunden. Der soziale Druck kann in Timia und sogar in einem Ziegenlager recht groß sein, und viele Hirtinnen empfinden den Tag allein auf der Weide auch als Freiheit.

## Gute und schlechte Hirtinnen

Von einer Hirtin erwartet man, dass sie eine Ziegenherde den Tag über allein weidet und abends wohlbehalten nach Hause bringt. Was darüber hinausgeht, kennzeichnet eine »gute Hirtin« *(tamawal ta temiginet)*, was darunter liegt, eine »schlechte Hirtin« *(tamawal ta tesshak)* oder einen Faulpelz *(tamallalut)*.

Eine gute Hirtin besitzt besondere Kenntnisse und Fertigkeiten. Ihr Kopf ist nicht festgebunden. Sie kennt sich besser als andere mit Ziegenkrankheiten aus und weiß diese zu heilen. Sie beherrscht die Technik des *tagenugey*, die man benötigt, wenn eine Ziege verloren geht. Sie weiß, was zu tun ist, wenn eine Ziege bei der Geburt Schwierigkeiten hat. Man gräbt eine Kuhle, man legt die Ziege hinein, in Rückenlage. Zwei halten sie je an den Vorder- und Hinterbeinen und bewegen die Ziege so lange hin und her, bis sich das Zicklein im Bauch in die richtige Lage gedreht hat. Dann stellt man die Ziege wieder auf die Beine.

Diese Technik beherrschen viele Hirtinnen. Aber sie reicht nicht aus, wenn das Zicklein verkehrt herum im Bauch liegt. In diesem Fall muss eine Hirtin mit der Hand in den Bauch der Ziege greifen, den Kopf des Zickleins finden und ihn in die richtige Lage bringen. Das ist eine Arbeit für Spezialistinnen, die für diesen Zweck aus einem benachbarten Lager gerufen werden. Es bedarf einer Hirtin mit *karambani* (Vorwitz, Neugierde), wie Guzzel, die zu diesen Spezialistinnen gehört, voller Stolz bemerkt. Man darf keine Angst davor haben, mit dem Arm in den Körper der Ziege zu fassen, und man benötigt eine gefühlvolle Hand. Guzzel wurde dafür von niemandem ausgebildet, sondern sie hatte den Mut, es zu probieren, als es sich bei der Geburt einer Ziege als notwendig erwies. Seither gilt sie bei anderen als Spezialistin dafür und wird gegebenenfalls zu Hilfe gerufen.

Gute Hirtinnen beherrschen die Technik des Mattenflechtens und des Herstellens von Lederhalsbändern. In Pausen auf der Weide und abends im Lager beschäftigen sie sich mit Flechten, während andere Hirtinnen »nur ihre Ziegen betrachten«. Die meisten Hirtinnen beherrschen diese Techniken, üben sie aber nur selten aus. Es kommt nicht nur, und nicht einmal in erster Linie, auf Kenntnisse und Fertigkeiten an, sondern auf den Willen, Arbeiten auszuführen. Eine solche Hirtin besitzt Tatkraft, Eifer *(enniyat),* sie ist tüchtig *(tabarat).* Wenn von einer »guten Hirtin« die Rede ist, dann werden in der Regel nicht besondere Kenntnisse und Fertigkeiten erwähnt, sondern eine überdurchschnittliche Arbeitsmotivation. Sie zieht mit ihrer Herde früher als andere los, geht auf weit entfernte Weiden, benutzt oft die *askom*-Stange, scheut nicht die Mühe, eine Gebirgsweide aufzusuchen, wechselt den Platz, wenn sich eine Weide nicht als optimal erweist. Sie meidet den Kontakt mit anderen Hirtinnen: »Wenn sie eine Hirtin im Norden sieht, geht sie nach Süden, wenn sie eine im Westen sieht, geht sie nach Osten.«

Häufig wird auch die zügige Arbeit am Brunnen als Merkmal einer guten Hirtin genannt. Als ich Guzzel frage, welches die beste Hirtin im Tchimillen-Tal sei, antwortet sie: »Im Westen ist die Tochter des Karawanenführers Aliman die beste Hirtin. Sie tränkt ihre Ziegen schnell. Sie füllt ihre Wassersäcke schnell. Sie belädt ihre Esel und geht los, um wieder ihre Ziegen zu hüten. Andere, die vor ihr zum Brunnen gekommen sind, lässt sie dort zurück.«

Das Gegenteil einer guten Hirtin ist eine *tamallalut,* eine faule Hirtin. »Faul« muss hier von »träge« unterschieden werden. Eine träge Hirtin *(tamalghon)* besitzt diese Eigenschaft von Natur aus. Sie braucht zum Beispiel lange, um das Ziegenhüten zu lernen, und sie ist bei der Ausübung ihrer täglichen Arbeit langsam: Sie bricht später mit den Ziegen vom Lager auf, sie braucht lange, um ihre Ziegen am Brunnen zu tränken. Da die Eigenschaft der Trägheit angeboren ist, kann man wenig tun, um das Verhalten zu ändern. Es ist auch nicht moralisch verwerflich. Mit einer *tamalghon* muss man vor allem Geduld haben.

So wie »gute Hirtin« *(tamawal ta temiginet)* nicht nur technische Kompetenz und Energie bezeichnet, sondern eine positive moralische Bewertung enthält, so drückt umgekehrt *tamallalut* eine charakterliche Defizienz aus. Eine *tamallalut* ist eine Hirtin, die durchaus arbeiten könnte, die es aber stattdessen vorzieht, faul zu sein. Sie bricht spät auf die Weide auf, sie schläft bei der Pause ein, ihre Ziegen verirren sich und werden eventuell vom Schakal gefressen. Sie hat keinen Überblick über die Herde und bemerkt erst nach der Rückkehr ins Lager, dass eine Ziege fehlt. Die *tamallalut* hält immer nach anderen Hirtinnen Ausschau, um mit ihnen zusammen zu weiden.

Jede Hirtin weicht gelegentlich von der Norm ab. Solange sie das selbst als Fehler erkennt und die Abweichung nicht zur Regel werden lässt, ist das verzeihlich. Schlimm wird es nur, wenn es zu einem dauerhaften Verhalten wird. Der Unterschied wird in der folgenden Erzählung von Mina deutlich:

*»Sie ist eingeschlafen. Die Kalebasse und der Wassersack liegen neben ihr. Als sie aufwacht, sind keine Ziegen da. Sie sind verloren. Die Hirtin ruft ›aye, aye‹, aber es sind keine Ziegen da. Sie weint.*

*Sie läuft, läuft, läuft. Sie ruft die Ziegen, aber die sind nicht da. Sie folgt den Spuren, sie weint. Sie geht, geht, geht. Sie läuft, läuft, läuft. Sie ruft einer Hirtin zu: ›Hast du die Ziegen nicht gesehen?‹ Die sagt: ›Nein, ich habe sie nicht gesehen.‹*

*Die Nacht kommt, keine Ziegen. Der Lagerplatz ist leer. Sie geht zu ihren Nachbarinnen und fragt sie nach den Ziegen.*

*›Schläfst du?‹ ›Nein!‹ Die anderen denken, dass du eine* tamallalut *bist. Am Morgen gehst du los, im Morgengrauen. Du rufst die Ziegen, du schaust und schaust und schaust nach ihnen. Du suchst und suchst.*

*Sie schaut und schaut und sieht sie schließlich auf einem Berg. Sie sind auf einem Berg, weil sie Angst vor dem Schakal haben.*

*Sie ruft ›kyau, kyau‹. Sie kommen. Sie wurden nicht gemolken, die Zitzen tun weh. Sie zählt die Ziegen. Als sie sieht, dass alle da sind, kehrt sie zum Lager zurück. Sie melkt sie und bekommt viel Milch.*

*Die Hirtin ist glücklich. Sie schläft nicht mehr ein«*

*(Mina, 19.9.1984).*

Vermutlich erzählt hier Mina eine Geschichte, die ihr selbst passiert ist. Sie erzählt allerdings nicht in der Ich-Form, sondern wechselt zwischen der zweiten und dritten Person. Die Geschichte beginnt damit, dass die Hirtin eingeschlafen ist und die Ziegen sich verlaufen haben. Die Hirtin ist sich ihres Fehlers bewusst. Sie weint, sie sucht die Ziegen, sie rennt dabei. Nachts kann sie nicht schlafen, weil sie sich wegen der Ziegen Sorgen macht, aber auch, weil sie Angst davor hat, dass die anderen sie jetzt eine *tamallalut* nennen. Am Morgen geht sie wieder los und findet schließlich die Ziegen. »Sie zählt die Ziegen« ist hier eine Metapher, weil Hirtinnen ihre Ziegen nicht zählen, sondern sich einen Überblick verschaffen. Ihr Glück formuliert sie erst, als alles zu einem guten Ende gekommen ist, als die Ziegen gemolken und damit von ihren Schmerzen befreit sind und die Hirtin viel Milch bekommen hat. Das Ganze ist ihr auch eine Lehre: Von jetzt an will sie nicht mehr einschlafen.

Jede Hirtin kann einmal einen Fehler wie diesen machen. Wichtig ist, dass sie daraus lernt und sich solche Fehler nicht ständig wiederholen. Sonst wird sie eine *tamallalut*, wobei der Verdacht auch schon beim ersten Mal auftauchen kann. Zumindest äußert die Hirtin hier die Befürchtung, dass die anderen sie dafür halten könnten. In der hier geschilderten Geschichte ist das schlechte Gewissen der Hirtin groß. Der Fall ist hier allerdings gravierend, weil die Herde verloren geht und bis zum Abend nicht aufgefunden werden kann. Das Risiko, dass mehrere Ziegen nachts von Schakal oder Hyäne gefressen werden, ist groß.

Abweichungen, bei denen nicht gleich der Verlust von Ziegen droht, werden von den meisten Hirtinnen sehr viel gelassener hingenommen. Ich erinnere an die Aussage von Guzzel, die, als sie einmal ihre Freundin trifft und eine zweistündige Pause macht, kokett sagt, sie praktiziere jetzt »das Hüten der faulen Hirtin«. Hirtinnen brechen an manchen Tagen später als gewöhnlich zur Weide auf oder schlafen beim Weiden ein, weil sie nächtlichen Besuch ihres Geliebten hatten oder weil sie noch vom Vortag müde sind, als sie von Timia zur Weide zurückliefen. Man wird auch in solchen Fällen das Wort *tamallalut* verwenden, vor allem vonseiten der Vettern und Cousinen, aber *tamallalut* bildet hier kein Etikett, das zu einer bestimmten Hirtin dazugehört.

*Tamallalut* als dauerhaftes Merkmal wird manchen Hirtinnen zugeschrieben, doch ist das – vom Spott abgesehen – mit keiner Sanktionierung von anderen Hirtinnen verbunden. Sanktioniert wird grundsätzlich nur innerhalb der Familie. Wenn innerhalb einer Familie Faulheit *(talalit)* akzeptiert wird, dann ist das deren Sache. Die meisten Alten behaupten, dass heute im Vergleich zu früher *talalit* vorherrsche. Bahidi behauptet das sowohl von den Kamelhirten wie den Ziegenhirtinnen. Bahidi ist ein besonders heftiger Kritiker, und nicht alle würden seinem scharfen Urteil zustimmen. Aber sowohl die Alten wie die Jungen sind sich einig, dass der Arbeitseifer *(enniyat)* heute geringer ist als früher und dass die Hirtinnen nicht mehr dieselbe Ausdauer wie früher besitzen. Das zeigt sich besonders beim morgendlichen Weiden in der Nähe des Lagers *(aragham). aragham* gab es früher überhaupt nicht, sondern die Hirtin zog gleich zu Sonnenaufgang mit ihren Ziegen los, um eine weit entfernte Weide zu erreichen.

## Nächtlicher Besuch

Eine Form des Besuches ist noch zu erwähnen, die weitgehend unsichtbar bleibt, aber dennoch die Fantasie der Hirtinnen beflügelt und auch häufig in Unterhaltungen erwähnt wird: *tanber,* der nächtliche Besuch. *tanber* ist eine traditionelle Institution, die ihre festen Regeln besitzt. Ein junger Mann, der um ein Mädchen wirbt, stattet ihr nächtliche Besuche ab. Er bringt ihr kleine Geschenke mit, versichert ihr seine Liebe, erzählt ihr vielleicht auch, wie viel Kamele und Ziegen er besitzt, um sich als Heiratskandidat aufzuwerten. Diese Unterhaltung ist nur ein leises Flüstern *(tazzamen),* sodass niemand davon etwas bemerkt. Der nächtliche Besucher *(ananbar)* kommt auf so leisen Sohlen, dass niemand seine Ankunft hört. Er kommt in der tiefen Nacht und geht wieder vor dem Morgengrauen, sodass ihn niemand sieht. Ein *ananbar,* der verschläft und morgens von anderen Ziegenhirtinnen gesehen wird, wird von ihnen mit lauten Hohnrufen begrüßt.

In der Regel verabredet sich der Mann mit der Frau tagsüber, sodass sie über seine Ankunft orientiert ist. Aber nicht immer ist das so. Manchmal taucht bei der Frau ein nächtlicher Besucher unangemeldet auf und gibt sich noch nicht einmal zu erkennen. Da die Männer tief verschleiert sind und es überdies dunkel ist, gelingt es einer Frau oft erst nach längerer Zeit, ihn zu »entlarven«. Es liegt an der Frau, ob sie einen nächtlichen Besucher empfängt oder abweist. Ich habe von keinem Fall gehört, wo sich ein Mann mit Gewalt Zutritt verschafft hätte.

Zu den »klassischen« Regeln der *tanber* gehört es, dass Mann und Frau sich gegenübersitzen, miteinander flüstern, aber sich nicht berühren. Manche behaupten, dass das Schwert zwischen ihnen liegen müsse. *tanber* gehört zum Werben um eine unverheiratete Frau, sei es eine »Jungfrau«, eine geschiedene oder eine verwitwete Frau. Es sollte nicht bei einer verheirateten Frau gemacht werden. Eine unverheiratete Frau darf aber in verschiedenen Nächten durchaus mehrere Konkurrenten empfangen. Wenn sie viel Charme *(tagomas)* besitzt, wird es ihr nicht an nächtlichen Besuchern fehlen.

Nach Meinung nicht nur der alten, sondern auch der jungen Frauen werden die strengen Regeln heute sehr viel weniger strikt eingehalten. Das Paar sitzt sich nicht nur gegenüber, sondern sie küssen *(ashenshik)* und streicheln *(aselemumes)* sich. Und häufig legen sie sich auch Körper an Körper nebeneinander *(asarad),* und der Mann hüllt die Frau mit seinem *tekatkat*-Tuch ein *(ashelshi).* Auch heute wird von keiner Gewaltanwendung berichtet, aber die Zudringlichkeit soll größer als früher sein. Während es früher ein Mann schweigend akzeptierte, wenn er von einer Frau nicht empfangen wurde, äußert er heute gelegentlich seinen Ärger darüber. Vor allem fehlt es ihm nach dem nächtlichen Besuch oft an Schamgefühl *(takarakit).* Statt über seinen Besuch tiefstes Stillschweigen zu bewahren, gibt er damit unter seinen Freunden an.

Freier statten ihrem Schatz *(tashlut)* nicht nur nachts Besuche ab, sondern suchen sie manchmal auch tagsüber auf der Weide auf, wenn sie allein die Ziegen hütet. Auch hier handelt es sich um eine alte Institution, und auch hier wird ein Verfall der Sitten festgestellt. Während früher die Hirtin ihr Gesicht schamvoll in ihr Tuch einhüllte und auch die ganze Zeit über in dieser Verhüllung verharrte, während ihr Liebster neben ihr herging, fällt sie ihm heute zur Begrüßung um den Hals. Und bei der Mittagspause teilt sie sogar das Essen mit ihm. Khadijita drückt das boshaft aus: »Früher half er ihr, die Ziegen zusammenzuhalten, heute kommt er zur Mahlzeit, isst ihr Essen auf und geht dann wieder.«

Die Regeln der *tanber* und die Unterschiede von heute und früher werden von Ghaysha ausführlich dargestellt:

*»Wenn es in der Wildnis ist, wie zum Beispiel hier, dann bellen die Hunde bei seiner Ankunft (Ghaysha amt das Bellen nach). Die Eltern wachen auf und sagen: ›Was ist hier. Geh weg, nimm deinen Weg,* ananbar.*‹ Sie verjagen ihn. Er geht und verbirgt sich an einem Ort. Wenn er merkt, dass die Eltern schlafen, kehrt er zurück. Wenn er dieses Mal von den Hunden nicht bemerkt wird, weckt er die Frau auf, sie legen sich auf eine Matte. Im Morgengrauen stehen sie auf. Der Mann geht zu seinem Lager. Wenn er sie auf der Weide sieht, folgt er ihr. Sie bleiben bis zum Abend zusammen. Wenn sie sich ihrem Lager nähern, dort wo die Eltern sind, kehrt er um und geht zu seinem Lager zurück. Erst in der Nacht kommt er zurück. Wenn er* allakan *macht, dann kommt er mehrere Tage lang.«*

*»Wie unterhalten sie sich, wenn die Eltern da sind?«*

*»Sie flüstern ganz leise. Sie unterhalten sich nicht so laut, wie wir uns jetzt unterhalten. Sie flüstern ganz leise, ganz leise, niemand kann sie hören. – Jetzt erzählen wir dir die* tanber *von früher. Früher, wenn der Mann kommt, steckt er das Schwert in die Erde. Er sitzt, er sitzt, er sitzt bis zum Morgen. Sie liegt, so wie das Mädchen hier liegt. Wenn sie ihn nicht liebt, sagt sie zu ihren Eltern: ›Steht auf, es ist jemand hier.‹ Sie (die Eltern) sagen: ›Steh auf, was suchst du hier?‹ Sie steht auf und verjagt ihn. Sie geht zu ihren Eltern und legt sich dorthin. Den, den sie nicht liebt, empfängt sie nicht zu einem nächtlichen Besuch. Bei dem, den sie liebt, wird sie nicht die Leute aufwecken. Sie wird nicht ihre Eltern aufwecken und ihnen sagen: ›Steht auf, hier ist ein Mann.‹ So macht man es. Du suchtest die Berichte über* tanber, *jetzt hast du*

*sie erhalten. Jetzt wird dir Ghayshata die Berichte über* tanber *geben, sie weiß Bescheid. Aber sie weigert sich, es dir zu erzählen.«*

*»Wie ist die* tanber *mit dem Schwert?«*

*»Wir sagen dir, wie man es macht. Wenn er zur Frau kommt, liegt sie da. Der Kopf ist hier (sie zeigt die Position), so wie der Kopf von diesem Kind. Der Mann kommt hin, er setzt sich mit gekreuzten Beinen hin. Er steckt das Schwert in die Erde. Er sitzt, er sitzt, er sitzt bei der Frau.* aseggeremmi *heißt das.«*

*»Wie wird es heute gemacht? Gibt es noch das Schwert?«*

*»Heute wird es so gemacht: Die Talismane werden um das Schwert gewickelt. So … ich zeige es dir. Tragen die Männer nicht viele Talismane? Sie wickeln sie um das Schwert, stellen das Schwert in eine Ecke und legen sich hin. Sobald sie kommen, legen sie sich hin. Es ist nicht wie früher. Früher hat man die richtige* tanber *gemacht, heute ist sie nicht mehr richtig.*

*Dieses Mädchen hier, sie kann dir erzählen, wie man es heute macht. Aber sie weigert sich. Sie weigert sich, es dir zu erzählen. Sie verschließt sich. ›Los, berichte ihm über die* tanber. *Ist gestern Nacht nicht ein Arbeiter gekommen? Wo ist er, der Arbeiter? Erzähl ihm, wie man heute tanber macht. Wir kennen die* tanber *von heute nicht, nur die von früher. Heute sind sie auf einer Matte und legen sich hin. Er hüllt sie in das Tuch ein, so (sie zeigt es). So macht man es heute, es ist nicht wie früher«*

*(Ghaysha 11.1.1985).*

Mann und Frau verabreden sich manchmal schon vorher für das nächste Rendezvous, aber oft kommt ein Mann unangemeldet, und es liegt dann an der Frau, ob sie seinen Besuch akzeptiert oder nicht. Ein abgewiesener Mann bedrängt eine Frau nicht mit Gewalt, aber er kann doch so beharrlich sein, dass es einem Mädchen ratsamer erscheint, die Eltern zu wecken und sich bei ihnen hinzulegen. Auch wenn das Mädchen mit dem Mann einverstanden ist, gibt es genügend Komplikationen: Bellende Hunde oder Eltern, die aufwachen, zwingen den Mann zum Rückzug. Man muss beim Rendezvous so leise flüstern, dass niemand es hören kann. Früher berührten sich Mann und Frau bei der *tanber* nicht – zumindest war das die Norm. Das aufgepflanzte Schwert befand sich zwischen dem sitzenden Mann und dem Kopf der liegenden Frau. Diese Art des Rendezvous trägt einen eigenen Namen: *aseggeremmi*.

Ghaysha, die hier berichtet, ist 1985 etwa fünfunddreißig Jahre alt. Sie behauptet, nur diese alte Form des *tanber* zu kennen, berichtet aber auch über die neue, nachdem sich ein Mädchen, das dabeisitzt, weigert, darüber zu berichten. Das Schwert dient jetzt nicht mehr dazu, Mann und Frau zu trennen, sondern als »Kleiderständer« für die Talismane. Die vielen Zaubermittel, die der Mann um den Hals hängen hat, sind bei der Umarmung hinderlich und werden daher am Schwert aufgehängt – so jedenfalls in der Darstellung von Ghaysha. Ghaysha macht es offensichtlich Spaß, über *tanber* zu erzählen. Sie ist eine geschiedene Frau und daher frei für *tanber*. Jedoch praktiziert sie es aufgrund ihres Alters vielleicht nicht mehr. Sie spricht jedenfalls immer von den vergangenen Formen der *tanber*. Die jüngere Frau, bei der die letzte *tanber* erst eine Nacht zurückliegt, zeigt eine größere Zurückhaltung, darüber zu berichten. Es wird hier aber indirekt deutlich, dass in einem Lager die Ankunft eines *ananbar* von den anderen bemerkt wird, auch wenn die Hunde nicht bellen und das Liebespaar nur flüstert. Spätestens am Morgen ist an den Fußspuren zu erkennen, dass ein nächtlicher Besucher da war. Und in der Regel können die anderen auch die Fußspur identifizieren.

*Tanber* gibt es überall, nicht nur auf der Weide, sondern auch in Timia. Aber in der Vorstellung der Leute wird sie doch mehr mit dem Leben auf der Weide als mit Timia assoziiert. Wenn ein Mann eine Reise auf die Weide unternimmt, dann machen seine Vettern und Cousinen Anspielungen, dass er sich für *tanber* rüste. Generell gilt, dass in der Wildnis die Normen weniger strikt eingehalten werden als in Timia. Timia ist eine Siedlung, bei der die Bevölkerung eng beieinanderlebt und eine Person nur wenig unternehmen kann, ohne dass es von anderen bemerkt wird. In Timia gibt es missgünstige Nachbarn, Eltern, Tanten und Onkel, alte Männer und Frauen, die die Tradition verkörpern, islamische Geistliche, die über die moralische Ordnung wachen. Die soziale Kontrolle ist hier stark und wird oft auch als Druck und Zwang empfunden, die sich bis zur Angst hin steigern können.

Alle Normen gelten im Prinzip in der Wildnis genauso wie in Timia. Aber die Einhaltung ist weniger strikt, der Hirte und die Hirtin erleben die soziale Kontrolle weniger stark und empfinden das auch als ein Stück Freiheit. Die Trennung der Welten von Mann und Frau gilt auch hier, aber man kann doch öfters Ausnahmen beobachten als in Timia. Während in Timia Männer und Frauen prinzipiell getrennt essen, teilt die Hirtin das Essen mit ihrem *ashlu,* wenn niemand dabei ist. Während Frauen eigentlich nur auf dem Esel reiten dürfen, kommt es auf der Weide gelegentlich vor, dass eine junge Frau auf dem Pack- oder Reitkamel reitet.

Die Abschwächung der Normen ist nicht nur zwischen jungen Männern und Frauen zu beobachten, sondern auch bei Personen in »gesetztem« Alter. Auch bei Ehepaaren kommt es gelegentlich vor, dass sie gemeinsam aus einer Schüssel essen oder den Tee zusammen trinken. Oft kann ein Mann dabei beobachtet werden, wie er die Zicklein hütet. Und er kann sogar bekennen, dass es ihm Spaß macht. Eine Frau, die ohne Mann auf der Weide ist, übernimmt auch typische Männerarbeiten wie Holzhacken oder das Töten von Tieren.

Beim Hüten der Ziegen ist die Hirtin allein. Sie nimmt sich dabei die Freiheit für viele Verhaltensweisen, die sonst für eine Frau unschicklich wären. Sie setzt das hinderliche Kopftuch ab und entblößt den Kopf. Sie empfindet keine Scham dabei, wenn sie auf der Weide Lieder erfindet und laut singt, während sie in Timia bei der Arbeit allenfalls leise vor sich hin summen würde. Bemerkt sie allerdings in der Ferne andere Personen, vor allem Männer, dann wird sie ihren Kopf wieder bedecken und mit dem Singen aufhören.

Eine Hirtin rennt hinter den Ziegen her, schreit und fuchtelt mit den Händen – alles Dinge, die für eine Frau ungehörig sind. Sie klettert gelegentlich auf Bäume, um Äste für die Ziegen herunterzuschlagen. Auch das ist eigentlich nur Männern vorbehalten. Sie isst unterwegs mit Appetit wilde Früchte, wird das aber gegenüber Leuten aus Timia abstreiten, weil sonst der Eindruck entstünde, sie hätte nicht genug zu essen und müsse auf wilde Früchte zurückgreifen. Zusammen mit ihren Freundinnen gibt sie sich oft Belustigungen hin, die sonst Kindern vorbehalten sind: Sie jagen einer Ziege nach und fallen dabei hin. Sie veranstalten Eselrennen und nehmen dabei in Kauf, vom Esel zu fallen: Sie kugeln sich vor Lachen, wenn sie etwas Komisches beobachten oder jemand eine lustige Geschichte erzählt. In Timia würde das alles sehr viel dezenter ablaufen.

Die Freiheit auf der Weide im Gegensatz zum sozialen Druck in Timia spiegelt den Gegensatz zwischen Wildnis und Zivilisation wider. Entsprechend ambivalent ist auch die Einstellung dazu. Das Leben in der Wildnis wird als Freiheit empfunden, aber auch als Unordnung und als unzivilisiertes, wildes Leben. Die Ziegenhirtinnen bezeichnen sich manchmal selbst als Verrückte, weil sie laut schreiend in der Gegend umherrennen und auf Bäume klettern. Und sie vergleichen sich häufig mit Tieren, weil sie eng mit diesen zusammenleben, mit ihnen sprechen, wie diese wilde Früchte und Gras essen. Die Ironie, mit der sie diese Dinge erzählen, verrät die Lust daran und macht zugleich die Distanzierung dazu deutlich.

# Liebeslieder der Tuareg

## Eingeständnis der Liebe

Euch, die ihr sagt,
dass ich Kiiar liebe, gesteh ich es:

Ich fühle mich
zu ihm hingezogen
mit einer Inbrunst,
wie ich sie
noch niemals gespürt.

Allem, was ihr
über meine Liebe erzählt,
stimme ich zu:
Die Erde selbst,
könnte sie sprechen,
würde berichten,
dass er ständig
auf ihr unterwegs ist,
um mich zu besuchen.

**Ich liebe Sogid**

Ich liebe Sogid.

Er ist stattlich.
Er legt sein Festgewand an
und blickt stolz auf mich.

Ich liebe Sogid
mehr als meine Kamele.

Ich liebe Sogid
mehr als meine drei Brüder.

Ich liebe Sogid
mehr als meine Augen.

Sogid ist zwar nur ein Vasall.
In meinen Augen aber
ist er ein Edler.

**Amenna**

Die letzte Nacht verbrachte ich schlaflos in Trauer,
meine Seele wollte zu ihr fliegen.
Sehnsüchtig ging ich durch ihr verlassenes Lager
und sah den kleinen Sandhügel,
der ihr als Kissen diente.
Und da stand ihr Bild vor mir:
lächelnd, in der Weite und klaren Luft ihres Landes.

Ihr Glanz gleicht dem des Mondes und der Sterne
in klarer Nacht,
ihr Auge dem der Gazelle,
ihr Duft dem der Gärten und grünen Weiden.

Wenn gegen Abend die Sonne versinkt,
schenkt mein weißes Kamel ihr Schutz.
Ich lasse es an ihrer Seite niederknien
mit seinem schönen Sattelzeug
und reich verzierter Ledertasche
und blanken Waffen.
Es reckt den reich geschmückten Hals,
an seiner Schulter glänzt der Tamenast.
Doch schöner schmückt Khol das Auge Amennas.

## Sehnsucht

Mach schnell,
mein weißes Mehari,
mein teures!

Lauf schnell nach Entamtaq,
bis dir heiß wird!
Dort kenn ich eine,
die Jetu heißt.

Sag ihr,
dass ich ihr elf Kamele gebe,
die ich nicht gestohlen habe,
und eine Decke aus Timimoun,
noch eingerollt, noch neu!

## Fern vom Geliebten

Als sie davonzogen,
das mausgraue Kamel und sein Herr,
sagte ich der Liebe Lebewohl.

Wie ein gefaltetes Gewand
ruht sie tief
in meinem Herzen.

Ich sprach zu meinem Herzen,
wo meine Liebe
schon lange wohnt:

Khol und Indigo
sollen mich nicht mehr schmücken,
auch nichts, was sonst
meiner Schönheit dient,
bis er nicht heimkehrt zu mir,
der Gefährte meiner Liebe.

## Kummer einer Frau, deren Liebster nicht zum Ahal kam

Ich habe mich
auf die Ellbogen gestützt,
meine Imzad ist gestimmt.

Da kauert sich eine Sorge,
schwer wie tausend,
neben mich und spricht:

Ich sag dir eines:
Den Mann auf dem weißen Mehari,
der dir versprach,
dass er die Nacht hier verbringt,
den wirst du heute Abend nicht sehen.

## Der Stolz eines Targui

Ich schneide mir nicht
ins eigene Fleisch,
ich folge nicht
all meinen Begierden,
ich tue nichts,
was meine Seele nicht gutheißt,
ich geh nicht zu einem,
der dummes Zeug redet,
der keinen Verstand hat
und nie haben wird.

Ich teile nicht
Lager und Decke
mit einer Frau,
die wahllos ihre Gunst vergibt.

Ich esse auch nicht
die Reste von anderen
und werde es niemals tun.
Ich ess auch keine Wassersuppe,
ohne Fleisch, Butter oder Fett.

Ich kleide mich nicht
in Lumpen oder Plunder, die,
so solide sie auch sein mögen,
sich nicht für mich schicken.

Ich steige niemals
auf ein erschöpftes Kamel,
das von einer Karawane
zurückgelassen wurde.

Ich reite stets nur
ein stattlich gebautes
und kraftvolles Tier, das,
wenn die Kamele wiegend losziehen,
mir unter ihnen
den ersten Rang einräumt.

## Handel und Wandel seit Jahrtausenden – Der Kontinent der Karawanen

*Henri Lhote*

Während langer Zeit hat man angenommen, dass die Sahara infolge ihrer riesigen Ausdehnung ein Hindernis für den Kontakt zwischen dem »weißen« und schwarzen Afrika, also zwischen Nordafrika und Zentralafrika gewesen sei. Dem ist aber nicht so. Seit prähistorischen Zeiten schon fanden sich Produkte menschlichen Fleißes – etwa Steinschliffe – in derselben Ausführung sowohl am Mittelmeer wie in den einsamsten Ergs, in Äthiopien und Kenia und in Südafrika. Während vieler Jahrhunderte, als die Bewohner der Sahara noch Sammler und Jäger waren, existierte schon ein mehr oder weniger reger Kulturaustausch zwischen Nord und Süd, West und Ost. Wir müssen wieder auf Herodot hinweisen, den ersten Historiker des Westens, der die Sahara beschreibt. Da er längere Zeit in Kyrene verbrachte, gab es für ihn genügend Gelegenheiten, sich mit Karawanenführern zu unterhalten. Wenn er auch persönlich nicht an Karawanenreisen teilnahm, so konnten ihm die Karawanenführer doch wertvolle Informationen liefern, die ihm bewiesen, dass es Handelswege gab, die in mancher Richtung durch die Sahara führten. Er stellte fest, dass in Libyen, wie die Ostsahara in der Antike hieß, Oasen durch Karawanen miteinander Verbindung hatten, die bis zu zwei Wochen ohne Wasseraufnahme unterwegs waren. Von den Orten, die nicht an ihrer Route lagen, wussten die Karawanenführer nur wenig.

Ptolemäus befasst sich in seinem im Jahr 140 n. Chr. erschienenen geografischen Werk auch mit der Sahara. Wenn auch manches, was er aussagt, ungenau ist, gibt sein Werk doch klar die Vorstellungen der antiken Welt über Afrika bis zu den Gebieten der Schwarzen wieder. Ptolemäus spricht von einem See, den er Nuba nennt. Es muss sich um den Tschad-See handeln. Sein »Niger«, von dem spätere Forscher annahmen, dass es sich um das Wadi Djedi handle, ist wirklich identisch mit dem Fluss dieses Namens. Die geografischen Kenntnisse der Antike wären ohne Handelsverkehr nicht möglich gewesen. Der Handel muss zu jener Zeit erstaunlich rege gewesen sein.

Der Handel der Karthager wickelte sich in erster Linie auf dem Seeweg ab. Wir haben keine Anzeichen dafür, dass die Karthager die Karawanenwege durch die Sahara benutzten. Die seltenen neopunischen Inschriften, die im Fezzan und südlich von Gran gefunden wurden, sind noch kein Beweis für die Anwesenheit der Karthager in diesen Regionen. Man darf wohl eher annehmen, dass sie von Einheimischen stammen, die mit der Kultur Karthagos vertraut waren. Hypothesen sind umso unsicherer; als uns Übersetzungen dieser Inschriften fehlen. Wir dürfen sie mit Händlern in Zusammenhang bringen, welche die riesigen Distanzen zwischen Mittelmeer und dem Sahel (Sudan) zurücklegten und die Angebote und Bedürfnisse des sudanesischen Marktes kannten.

Um im Zusammenhang mit den Handelspisten durch die Sahara noch einmal auf die Streitwagen zu sprechen zu kommen: Herodot erwähnte deren Vorkommen bei den Libyern. Man sah in diesem Hinweis eine Legende, bis man die Felsbilder von Streitwagen entdeckte, bis heute insgesamt über fünfhundertfünfzig. Man fand sie zwischen den Syrten am Mittelmeer und dem Nigerknie, was bezeugt, dass diese Wagen die ganze zentrale Sahara durchquert haben. Die Felsbilder häufen sich besonders im Tassili-n-Ajjer, im Adrar des Iforas, im Hoggar, im Süden Marokkos, im südlichen Oran und im Aïr. Man fragt sich immerhin, ob die von diesen Streitwagen eingeschlagene Route als Handelsweg bezeichnet werden darf. Einige Felszeichnungen zeigen Streitwagen, die von Rindern gezogen werden. Das lässt darauf schließen, dass die Wagen in ganz speziellen Fällen auch als Transportmittel dienten. Es ist aber ausgeschlossen, dass diese Wagen, beladen mit Handelsgütern, die Gesamtstrecke zwischen den Syrten und Gao in einem Zug zurücklegten. Deren Räder aus Bronze mit Eisenbeschlag hätten eine solche Beanspruchung nicht ausgehalten, ebenso wenig wie die Zugtiere – Rinder oder Pferde. Dagegen könnte man annehmen, dass die Durchquerung der Sahara in Etappen geschah, von Oase zu Oase, wie dies auch heute noch von den meisten Karawanen gemacht wird.

Zweifellos war die Küste der Syrten um 1000 v. Chr. mit dem Niger in Nord-Süd-Richtung dank den Zweiräderwagen verbunden, während man früher nur von der Ost-West-Verbindung vom Nil zu den Säulen des Herkules an der Straße von Gibraltar sprach. Man muss die Berichte arabischer Reisender aus der Zeit des 9. Jahrhunderts n. Chr. abwarten, bevor man genauere Angaben über die Karawanenwege zwischen Mittelmeer und Schwarzafrika erhält. Eine Ausnahme bildeten die von Herodot erwähnten jungen Nasamonier, die aus reiner Neugierde die Sahara von Nord nach Süd durchquerten, um zu sehen, was sich jenseits der Wüste befinde. Ihr Bericht zeigt, dass zumindest die Nomadenstämme im Westen Ägyptens von der südlichen Sahara nichts wussten. Die erste Karawanenpiste, die der Araber Ibn Haukal ums Jahr 950 beschrieb, führte von Gao nach Zouila im Fezzan, über Marandet, eine alte Stadt, die sich hundert Kilometer im Südwesten von

Agadez befindet. Im Jahr 1068 erwähnte der Reisende El Bekri die Piste Trig el Lamtouna, die von Südmarokko nach der Stadt Aoudaghost führt. Dieser einst bedeutende Ort, der sich im Aouker (Südmauretanien) befand, ist zerfallen. Der Reisende weiß zu erzählen, dass von dieser Stadt aus ein lebhafter Handel mit Getreide betrieben wurde, bei dem mit Goldstaub bezahlt wurde. Auch Sklavenhandel wird erwähnt. Ferner verkaufte man Kupfer, Bernstein, Mäntel, Zuckerrohr. Die Stadt Ghana wird auch erwähnt, außerdem Salzminen in der Wüste. Salz war eine bei den Schwarzen sehr gesuchte Ware und wurde mit Gold aufgewogen!

Die Zeugnisse wurden jetzt immer häufiger. Man denke an die Berichte von Geografen wie El Omari, Ibn Battouta und Ibn Khaldoun. Dann folgten Nachrichten von Europäern wie Valentim Fernandez und Antonio Malfante, beide Seefahrer der portugiesischen bzw. spanischen Küste. Die wegen ihrer umfangreichen Dokumentation wertvollste Beschreibung Nordafrikas stammt von Leo Africanus (eigentlich Al Hasan Ibn Muhammad Al Wassan), dem 1490 in Granada geborenen arabisch-maurischen Reisenden und Geografen. Sie wurde 1526 vollendet und erschien 1550 in italienischer Sprache (deutsch 1805). Alle diese Berichte erwähnen als Handelsobjekte: Gold, Sklaven, Kupfer, Salz, Perlen aus verschiedenen Materialien, Weihrauch, gelegentlich Waffen und Straußenfedern.

## Gold

Wir wissen nicht, wann der Goldhandel begann und ob er schon vor den Karthagern, die ihn als Erste zu suchen schienen, üblich war. Die Nachrichten der Araber wurden immer genauer. Sie sprachen von der eindrucksvollen Goldausbeute von Bambouk, Bouri (Bambara), Gambia, Faleme, im Gebiet der Lobi, an der Elfenbein- und der Goldküste. Die Stadt Ghana, die seit dem Jahr 1077 verschwunden ist, war Hauptanziehungspunkt aller Karawanen, die aus dem Norden, vorwiegend aus dem südlichen Marokko kamen. Sidjilmessa, eine Stadt im Tafilalet, und Tamedelt, im unteren Draa-Gebiet, waren die Kreuzungspunkte dieses Handelsverkehrs.

Die von den Karawanen verfolgte Route musste über Tindouf, Bir Oum Grein, Fourine und Aguelt Nemadi führen. Diese Piste wird als Trig el Lamtouna bezeichnet. Karawanen benötigen zwei Monate für die Strecke, welche die ganze Sahara durchquert. Auch Aoudaghost war ein wichtiger Endpunkt für Karawanen. Von Ghana aus führte eine andere Piste nach Osten, streifte Gao und Marandet (im 11./12. Jahrhundert zerstört), um Zouila im Fezzan zu erreichen und in Ägypten zu enden. Später führte der Goldhandel aus dem Lobi-Gebiet zu einer wirtschaftlichen Blüte von Timbuktu und Gao. Eine Route gegen Norden ging über Tademekka im Adrar des Iforas, um In Salah zu erreichen, von wo aus ein Weg nach Tlemcen, ein anderer nach Ouargla und Tunesien führte. Ouargla war im 12. Jahrhundert ein Zentrum des Goldhandels, in dem Golddinare geprägt wurden. Wiederum eine andere Piste verband den Tschad mit der Oase Dakhla in Ägypten. Sie wurde als El Arbain bezeichnet, was so viel besagt wie »die Route der vierzig Tage«. Die Entwicklung des Goldhandels rief die Juden auf den Plan, die vor allem den Goldhandel nach Europa ausdehnten. Ihr Aktionszentrum lag in der jüdischen Gemeinde von Tamentit im Touat. Sie wurden die wichtigsten Goldhändler und Goldschmiede, mit Vertretern in allen großen Zentren, vor allem in Timbuktu. Nach der Wiederbesetzung der Insel Mallorca, die sich in arabischen Händen befunden hatte, ermittelten die Spanier eine Schule, in der jüdische Geografen lehrten. Sie versuchten, diese Fachleute in ihre Dienste zu stellen. Nach dem Jahr 1339 erschien eine Erdkarte von Angelino Dulcert, einem jüdischen Kartografen Mallorcas. Darauf ist die Route von Sidjilmessa nach Melli – dem Goldland – eingezeichnet und in der Zentralsahara ein Ort, der bis dahin noch nie erwähnt worden war: Katif el Kebir oder Ksar el Kebir, was mundartliche Bezeichnungen für die Oase In Salah sind. Im Jahr 1375 veröffentlichte Abraham Cresque, der Kartograf des Infanten von Aragon, für Karl V. eine andere Karte der Sahara, auf der neue Orte auftauchen, etwa Tabelbelt (Tabelbala), Buda (Bouda), Gadjma (Ghadames), Anzicha (In-Zizza), Tenbuch (Timbuktu) und Geugen (Gaogao). Das schönste kartografische Dokument wurde 1413 von Mecia de Villadestes vorgelegt. Koloriert und mit Zeichnungen ausgeschmückt, zeigt es die Piste von Sidjilmessa nach Timbuktu – über Tamentit und Bouda – und jene, die von Bouda nach Tunis führt – über In Ziza, In Salah, den Ungar (erste Transkription des Hoggar), Touggourt, Tozer und Biskra.

Nach diesen kartografischen Werken erschien nichts mehr. Die Juden der Sahara wurden verfolgt – eine Nachwirkung der Vertreibung der Mauren aus Spanien (hier wieder im Sinne der arabisch-berberischen Mischbevölkerung auf der Iberischen Halbinsel) –, und die jüdische Gemeinde von Tamentit verschwand. Gerade die jüdischen Kaufleute dieser Stadt und ihre Vertreter in Timbuktu aber waren es gewesen, welche den Geografen von Mallorca, mit denen sie verwandt waren, Informationen geliefert hatten. Die kartografische Erschließung der Sahara stagnierte, bis sich im Jahre 1550 der venezianische Geograf Rhamusio daranmachte, das Werk des Leo Africanus auszuwerten.

Die Entdeckung Amerikas bedeutete einen schweren Schlag für den afrikanischen Goldmarkt, hatte sie doch eine Überschwemmung Europas mit amerikanischem Gold zur Folge. Das Gold war in Afrika in so großen Mengen vorhanden gewesen, dass man es bisweilen gegen das gleiche Gewicht von Salz oder Kupfer tauschte. Nur Goldstaub durfte im Handel als Zahlungsmittel dienen. Goldkörner gehörten grundsätzlich den afrikanischen Königen. Der Goldstaub wurde in Federkielen von Straußen oder andern Vögeln, gelegentlich auch in Ledertäschchen aufbewahrt. In Tademekka, im Adrar des Iforas wurde der Staub zu kleinen Plättchen geschmolzen. Das Gleiche wurde offenbar in Marandet gemacht, fand man doch dort in einer früheren Siedlung von Schmieden 42 500 Schmelztiegel, die nach Ansicht heutiger Goldschmiede jenen Tiegeln entsprechen, in denen früher Gold geschmolzen wurde. Messungen nach der C-14-Methode ergaben als Beginn dieser Goldschmelzerei etwa 550 n. Chr. Im Übrigen erzählen die Chroniken der Sultane von Aïr, dass mit Gold beladene Karawanen ihr Land durchquerten, um Ägypten zu erreichen, wo das kostbare Metall gegen Seide getauscht wurde. Diese Piste nach Ägypten wurde im Jahr 1324 vom Herrscher von Mali, Kankan Moussa, benützt, als er sich als Pilger nach Mekka begab. Er führte hundert Kamellasten Gold mit.

## Sklaven

Neben dem Goldhandel gab es als zweitwichtigsten Handelszweig den Sklavenhandel. Wir wissen nicht, wann er begann, vermutlich aber schon in prähistorischer Zeit, was Felsmalereien zu bestätigen scheinen. Erst arabische Reisende konnten hingegen Genaueres berichten. Nicht zuletzt, weil es hauptsächlich Araber waren, die den Menschenhandel intensivierten. Wichtigste Sklavenpiste war die Route, die vom Tschad-Gebiet nach Murzuk und Ghadames über die Oasen von Kaouar führte. Eine weitere Sklavenroute verband Timbuktu mit Marokko. Die Schwarzen wurden von Tuareg, Mauren und Arabern eingefangen. Diese bildeten kriegerische Banden, die schwarze Dörfer in Ouadai, Kanem, Mossi und Mali überfielen und vernichteten. Sie führten vor allem Jünglinge und Mädchen weg, da der Wert mit dem Alter abnahm. Die schwarzen Monarchen ihrerseits verkauften ihre Gefangenen und organisierten Sklavenjagden, um ihre Kassen zu füllen. Der Islam erlaubte die Versklavung von Leuten, die keiner Offenbarungsreligion anhingen. So ließ sich die Sklaverei leicht mit dem Vorwand begründen, man rette verlorene Seelen für das Paradies. Das gleiche Argument wurde später von den Portugiesen, Spaniern und andern Europäern angeführt, um den Sklavenhandel mit Amerika zu rechtfertigen. Der Koran rät allerdings auch, die Sklaven gut zu behandeln und ihnen unter Umständen wieder die Freiheit zu geben. In Wirklichkeit waren sie aber Eigentum ihres Herrn, und ihre Nachkommen erbten diesen sozialen Status.

Als der arabische Eroberer Okba ben Nafi im Jahre 667 im Fezzan eindrang, besetzte er nacheinander die Städte Ouadan und Djerma und stieß bis nach Kaouar vor, das er ebenfalls unterwarf. Jede dieser Städte musste ihm dreihundertsechzig Sklaven abliefern. Nach einem arabischen Diktum war das beste Rezept gegen Armut eine Reise in den Sudan, die es ermöglichte, durch den Verkauf einiger Sklaven viel Geld zu verdienen. Eine arabische Inschrift in Tiratimin besagt: »O Leute, hört nicht auf zu arbeiten. Siebenmal bin ich als Karawanenführer durchgereist, und siebenmal bin ich mit sieben neuen Dienern zurückgekommen!« Die Sklaven trugen Ketten, und sie erhielten Nahrungs- und Wasserzuteilungen, die unzulänglich waren, sodass sie vor Schwäche kaum gehen konnten, und manch einer blieb auf der Strecke. Eine Zeit lang fand man längs der Piste zwischen Kaouar und Murzuk so viele tote Sklaven, dass man sie »Piste der Skelette« nannte.

Auf den etablierten Sklavenmärkten variierten die Preise für Sklaven je nach Geschlecht und Alter. Für einen kräftigen jungen Mann wurden etwa fünf bis zwanzig Dinar bezahlt, für ein Kind drei und für ein fünfzehn Jahre altes Mädchen fünf Dinar. Für eine Frau, die als gute Köchin bekannt war, wurden dagegen bis hundert Dinar bezahlt. In Igli wurden für eine schöne Sklavin »von einem Körperbau, wie noch niemand ihn in dieser Vollkommenheit je gesehen hatte«, zur Zeit des Eroberers Okba ben Nafi tausend Dinar entrichtet. Für Eunuchen, welche die Sultane als Haremswächter brauchten, wurden vierzig Dinar bezahlt – recht wenig, wenn man bedenkt, dass auf einen nach der Kastration Überlebenden durchschnittlich fünf kamen, die ihr Leben einbüßten. Die Eunuchen wurden meist nach Ägypten und Syrien weiterverkauft, und zwar für recht teures Geld.

Bis zu Beginn des 20. Jahrhunderts waren Ghadames und Ghat große Sklavenmärkte. Nachdem der Sklavenhandel im Jahr 1848 in Algerien und in der Sahara untersagt worden war, schlugen die Sklavenkarawanen die wenig kontrollierten östlichen Pisten ein. Unter den verkauften Sklaven waren Mitglieder aller Stämme Westafrikas vertreten. So zählte man bei den Schwarzen von Biskra im Jahre 1860 Angehörige von sechsundzwanzig verschiedenen Stämmen. Die Händler des Nordens, vor allem die Chaamba-Araber, besorgten sich ihre Sklaven in Ghat, wo die Tuareg »frische Ware« anboten, die sie selber im Sudan geholt hatten. Mündliche Überlieferung spricht von einem Sklavenhandel, der sich vom Handel mit Kamelen nicht unterschied. Man erhielt für einen robusten Sklaven fünfzehn bis zwanzig Meter Tuch oder hundert Kilogramm Datteln. Zwischen 1900 und 1920 bewegten sich die Preise für einen Sklaven zwischen zweihundert und sechshundert damaligen französischen Francs. Die letzte Sklavenjagd fand noch 1922 statt, als eine Bande von Regueibat einige

Dörfer am Nigerknie überfiel und eine große Zahl von Leuten wegführte, um sie in Marokko zu verkaufen. Glücklicherweise konnte das französische Militär den Zug abfangen und die Sklaven in ihre Heimat zurückbringen. Die Provinz des Souf zählt noch viele ehemalige Sklaven, die man dort als Oussefan bezeichnet.

Nach neueren Berechnungen beförderten Sklavenhändler jährlich auf der Piste von Kano nach Murzuk zweitausendfünfhundert bis dreitausend Sklaven, also über zwei Millionen in acht Jahrhunderten – allein auf diesem Sklavenpfad. Heute sind alle Sklaven frei. Es geschah jedoch immer wieder, dass Herren sich von ihren ehemaligen Sklaven auf der Pilgerfahrt nach Mekka begleiten ließen, um sie dort gegen gute Bezahlung abzusetzen.

## Salz

Der Gold- und Sklavenhandel gehört der Geschichte an, nicht aber der Salzhandel, dem weiterhin eine große Bedeutung zukommt. Beim Menschen und den Säugetieren ist Salz unerlässlich für den Wasser- und Salzstoffwechsel. Die erhöhte Transpiration in warmen Ländern geht mit einem Salzverlust einher, und so muss dem Körper viel Salz zugeführt werden. Ohne Natriumchlorid (Kochsalz) können die Zellen ihren Wassergehalt nicht regeln. Die großen Säugetiere der Sahara finden das nötige Salz in salzhaltigen Pflanzen. Kamele und Antilopen, die während einiger Zeit solche Pflanzen vertilgen konnten, sehen besser aus und haben ein schmackhafteres Fleisch als solche, die diese Möglichkeit eine Zeit lang nicht hatten. Die Rinder der sudanesischen Steppe lecken salzhaltige Erde, wo sich diese findet. Die Hirten in Gebieten, in denen solche Salzerde fehlt, sorgen zumindest alljährlich einmal für eine richtige Salzkur, indem sie ihren Tieren sehr salzhaltiges Wasser zu trinken geben oder Salz füttern. Wir wissen nicht, warum und wann diese Hirtenvölker die Wichtigkeit des Salzes erkannten.

Nach einer lokalen Legende wurde der Salzgehalt des Bodens von Teguidda-n-Tessem im Südwesten des Aïr folgendermaßen entdeckt: Eines Tages begab sich ein Hirte auf die Suche nach einem verirrten Rind. Er fand es auf einer Ebene, die aus roter Erde bestand. Das Tier hatte an seinen Hufen Reste dieser Erde, die der Hirte abstrich und in einer Kalebasse mitnahm. Der Zufall wollte es, dass nach seiner Rückkehr ein Stück Fleisch in die gleiche Kalebasse getan wurde und die Erde nachher mit diesem Fleisch in den Kochtopf geriet. Man fand, dass das gekochte Fleisch einen ungewohnt guten Geschmack hatte, und suchte nach einer Erklärung. Der Hirte erzählte von der roten Erde, und die neugierig gewordenen Dorfältesten suchten die Ebene auf und stellten fest, dass die Erde dort tatsächlich salzhaltig war. Von da an beutete man die Saline Teguidda-n-Tessem aus. Die Hirten der Umgebung machten es sich zur Gewohnheit, ihre Herden – Kleinvieh, Rinder und Kamele – nach den sommerlichen Gewitterstürmen nach Teguidda-n-Tessem zu bringen und zwanzig Tage dort zu bleiben. Die Tiere magern zuerst ab, wobei kränkliche verenden. Die Übrigen nehmen bald an Gewicht zu, und die weiblichen Tiere geben mehr Milch als zuvor. Das Salz dieser Ebene wird nur in der näheren Umgebung gehandelt, meist durch Einzelhändler. Es wird in Damergou, in Tahoua und im Gebiet von Zinder verwendet.

Im 10. Jahrhundert n. Chr. wusste Ibn Haukal, einer der ersten arabischen Reisenden, welche die Sahara durchquerten, zu berichten, dass die Karawanen aus islamischen Gebieten in Aoudaghost Salz anboten, dass die Schwarzen zur Erhaltung ihrer Gesundheit sich über alles um Salz bemühten. Im

11. Jahrhundert erwähnte El Bekri die Salzgrube von Tatental, vermutlich Terhaza. Sie wurde ausgebeutet, und das Salz fand seinen Weg nach Aoudaghost und nach Ghana. Dadurch wurde der Bericht von Ibn Haukal bestätigt. El Bekri erwähnte auch die Salzminen von Aoulil in Mauretanien, der südlichen Region von Aftout, zwölf Kilometer vom Atlantik entfernt. Sie werden heute noch ausgebeutet. Beim Salz der Sahara handelt es sich um drei Gruppen: Meersalz, Steinsalz und durch Auswaschung des Erdreichs entstandenes Salz. Die Salzkarawanen handeln nur mit den beiden letzteren Vorkommen. Das Salz, das quer durch die ganze Sahara transportiert wird, kommt aus dem Chebkha von Idjil im Süden des Wadi Draa. In dieser dreißig Kilometer langen Depression finden sich schon in einem Meter Tiefe abwechselnd Salz- und Sandschichten. Der Stamm der Aghzaza ist mit der Ausbeutung dieser Saline beauftragt, die seit Langem die Zentren Aoudaghost, Ghana und später auch Timbuktu versorgt. Die Salzkarawanen benützen die Piste, die über Oualata führt, die Drehscheibe des Salzhandels jener Gebiete. Der Endpunkt des Handels ist Nioro in Mali, von wo aus lokale Händler das wertvolle Gut ins Hinterland bringen.

Steinsalz findet sich vor allem im Herzen der Sahara. Der damit betriebene Handel wird Azalai genannt. Ein Zentrum war Terhaza, wo sich Häuser befinden, die in Steinsalz gehauen sind. Ein Teil der zerfallenen Moschee ist noch vorhanden. Die Beziehungen zu Marokko werden durch glasierte Töpferwaren und Glasperlenarmbänder belegt, die von dort stammen. Im Norden des Hoggar, in Amadror, wird ebenfalls Steinsalz gewonnen. Das Auswaschen der salzhaltigen Erde wird in zwei anderen Salinen durchgeführt: in Teguidda-n-Tessem im Südwesten des Aïr und in Bilma, im Süden des Kaouar. Die Salzkarawanen verdanken ihre Existenz dem Umstand, dass das ganze von Schwarzen bewohnte Westafrika salzlos ist. Die dortigen Schwarzen behelfen sich mit dem Auslaugen von Asche aus ihren Feuerstellen und mit Pflanzen, der Dumpalme zum Beispiel oder Hirsehalmen, die verbrannt und ausgelaugt werden. Der Salzertrag ist unbedeutend. Die berühmteste Saline war die von Terhaza. Sie war im Besitz der Mandingue- und Sonrhai-Oberhäupter von Mali und Gao und wurde von ihnen ums Jahr 1585 aufgegeben, als Folge der Bestrebungen des Sultans von Marokko, die Saline an sich zu reißen. Die Tuareg, die die Salzkarawanen führten, kannten eine andere Salzmine, 160 km im Südosten von Terhaza, in Taoudeni. Die Arbeiter aus Terhaza verlagerten ihre Tätigkeit dorthin. Das Salz wurde von zweihundert ehemaligen Sklaven der Sonrhai-Oberhäupter in der Nähe von Agorgot ausgebeutet. Sie schnitten Salzbarren von fünfunddreißig Kilogramm aus der Masse, jährlich bis zu neuntausend Barren. Sie erhielten ihre Nahrungszuteilung jeweils erst, wenn die Karawanenführer des Azalai ein neues Salzkontingent abholten. Es geschah gelegentlich, dass eine der Karawanen aus irgendeinem Grund ausblieb. Die unglücklichen Salinenarbeiter waren dann gezwungen, die aus Kamelhäuten gefertigten Türen und Dächer ihrer Hütten zu zerkleinern und zu verspeisen. Sie begaben sich auch auf die Suche nach Knochen verendeter Tiere, um sie zu zermahlen und Suppe daraus zu machen. Im Jahr 1910 traf die Nahrungslieferung zu spät ein, sodass siebenundfünfzig der Arbeiter den Hungertod erlitten. Die Lage der Salzarbeiter ist umso schlimmer, als es in ihrer Gegend kein Holz gibt, sodass sie sich mit Kameldung als Brennmaterial begnügen müssen. In Berichten über die Salinenarbeiter von Taoudeni wird nicht ohne Grund von der »Salzhölle« gesprochen. Die Karawanenführer, die die Salzblöcke abholen, sind Tuareg vom Stammesverband der Tengueredief sowie Arabo-Mauren wie die Bérabiche, die Tadjakant und Kounta. Sie versammeln sich in Araouan und bringen oft insgesamt dreißigtausend Lastkamele zusammen. Sie transportieren bei der Hinreise vor allem Hirse, Reis, Trockenfleisch, getrocknete Tomaten, Kanyabutter aus den Früchten des Butterbaums, Tee, Zucker, Kolanüsse und Stoffe. Die Karawane bricht im November auf, um Ende Dezember/ Anfang Januar zurückzukehren. Die siebenhundert Kilometer, welche die zwei Zentren trennen, werden in etwa zwei Wochen zurückgelegt. Die Rückkehr der Karawanengruppe löst in Timbuktu ein Volksfest aus. Die zuerst eintreffenden Karawanenführer werden mit Musik und Tänzen und durch Straßensänger begrüßt. Jeder Karawanenführer hat in Timbuktu einen Geschäftsfreund, der ihn beherbergt und Abnehmer für seine Salzbarren sucht. Die Frau des Gastgebers setzt alles daran, möglichst viel von dem Geld zu erlangen, das der Gast für sein Salz erhalten hat. Die Männer, die lange der fleischlichen Genüsse entbehren mussten, zu unterhalten und sie um möglichst viel Geld zu erleichtern – dieser Brauch findet sich in all den Städten, die dank ihrer Lage eine Art Hafenstädte am Sandmeer der Wüste sind. Die zweite Großkarawane, diejenige nach Bilma, trägt die Bezeichnung Tarlem oder Aïri. Die Karawanenführer sind Tuareg aus den Stämmen Kel Aïr, Kel Eoui und Kel Gress, die sich in Agadez versammeln, um sich erst einmal nach Tabelo zu begeben, wo erfahrene Karawanenführer den gesamten Zug übernehmen. Der Aufenthalt in Tabelo dient dazu, sich riesige Strohbündel zu beschaffen, die als Nahrung für die Kamele dienen, denn bis Bilma gibt es keine einzige Weidestelle. Wenn die Kamele auch lange ohne Wasseraufnahme auskommen, müssen sie doch täglich Futter erhalten. Die aus Tausenden von Kamelen zusammengesetzte Karawane begibt sich lautlos auf die Wanderung durch die Dünenlandschaft. Die Tragtiere sind unter ihren Strohballen kaum mehr sichtbar, sodass diese Karawane einer riesigen Raupe gleicht. In Fachi oder Bilma, wo Steinsalz gewonnen wird, erwarten die Leute sie und begrüßen sie mit Trommeln, Gesang und Tanz.

In Bilma wird das Salz aus der Erde ausgewaschen und durch Verdunstung kristallisiert. Diese Arbeit wird von Angehörigen der Kanouri durchgeführt, die von jeher an diesem Ort wohnen. Sie haben auch Dattelpalmen gezüchtet, die den salzigen Boden vertragen. Andere Ressourcen haben sie nicht, und so versorgen die Karawanen sie mit allem, was sie brauchen: mit Hirse, Trockenfleisch, Erdnüssen, Kanyabutter, Tee, Zucker, Stoffen, Eisenwaren und einigen jungen Schafen, die die Reise auf Kamelrücken mitmachen. Die Tarlem begibt sich im Herbst auf den Weg. Früher geschah dies am Tag, der auf die Nacht folgte, in der der erste Stern des Großen Bären – das Sternbild wird in der Sahara Kamelstute genannt – erstmals über dem Horizont erschienen war. Die Reise wird in zwei Etappen durchgeführt. Die erste, von Tabelo nach Fachi, dauert sechs Tage und führt durch wasserloses Gebiet. Am dritten Tag wird der schon erwähnte Baum von Tenere erreicht, der als Orientierungspunkt dient. Die zweite Etappe, von Achegour nach Bilma oder von Fachi nach Bilma, erfordert vier Tage. Die Gesamtroute wurde von Karawanen benützt, die bis zu fünfundzwanzigtausend Kamele zählten und von bewaffneten Kamelreitern begleitet wurden. Dies war erforderlich wegen der häufigen Raubüberfälle durch die Toubou. Wie in Timbuktu sorgen auch hier Vertreter der einzelnen Karawanenführer für den Absatz – und deren Frauen, im Einverständnis mit den Männern, für den Einsatz ihres Liebreizes, um damit einen Teil des Erlöses für ihre Familie zu erlangen. Die Salzblöcke – Kantou genannt –, die beispielsweise im Jahr 1925 in Bilma fünfzehn Centimes kosteten, wurden in Agadez für fünfzehn Francs abgesetzt. Der große Gewinn ermöglicht den Karawanenführern einen großzügigen Lebensstil.

Die Saline von Amadror im Hoggar, deren Salz vermutlich aus dem vulkanischen Gestein ausgewaschen wurde, das dort reichlich vorkommt, wird von Nachkommen schwarzer Sklaven ausgebeutet, die verschiedenen Tuaregstämmen zu eigen waren. Sie hauen mit der Hacke Blöcke aus der Masse. Vier davon bilden mit ihrem Gewicht von hundertfünfundzwanzig bis hundertfünfzig Kilogramm eine Kamellast. Der Salzhandel wird in den Salinen als Tauschhandel betrieben: Salz gegen Hirse. Zuerst begeben sich die Tuareg in die Salinen, um die Salzbarren abzuholen. Dann versammeln sie sich im Hoggar-Tiefland, wo Mensch und Tier sich ausruhen. Dort werden Strohbündel besorgt, die als Nahrung für die Tragtiere dienen. Denn es steht eine Reise von sechs Tagen bevor. Sie führt nach den Brunnen von In Guezzam. Die dortigen Weidegebiete sind dürftig und meist nur begehbar, wenn der dort seltene Regen niedergegangen ist. An der Wasserstelle von In Guezzam verbleiben die Karawanen meist etwa sechsunddreißig Stunden, die hinreichen, um die Kamele zu tränken. Eine mühselige Arbeit: Jedes Tier trinkt achtzig bis hundert Liter Wasser. Da jede Karawane sich aus etwa hundertzwanzig bis hundertfünfzig Kamelen zusammensetzt, kann man sich vorstellen, was es für die Karawanenführer bedeutet, mindestens zwölftausend Liter Wasser mit Ledergefäßen aus den tiefen Brunnen heraufzuholen. Die nächste Reiseetappe hat die Brunnen von In Abangarit als Ziel, wo die Tiere nach fünf bis sechs wasserlosen Wandertagen erneut getränkt werden. Von dieser Tränke aus fächern die Karawanen der einzelnen Stämme aus und suchen die Weidegebiete ihrer Angehörigen auf, die in diesem Gebiet fast ständig leben. Das Salz wird in Sicherheit gebracht, während die Kamele sich auf der Weide vom mühseligen Marsch erholen. Ein Monat vergeht so, bis die Gefahr der Wirbelstürme vorüber ist. Dann wird die Reise, meist Ende September, nach Tahoua, Damergou und Zinder fortgesetzt, wo das Salz gegen Hirse eingetauscht wird.

Gegenwärtig ist dieser Tausch durch Dekret der Regierung der Republik Niger aufgehoben, da die Hirseernte seit mehr als fünfzehn Jahren so gering ausgefallen ist, dass sie zur lokalen Ernährung kaum mehr ausreicht. Ein uralter Handel der Tuareg musste in der bisher üblichen Form eingestellt werden. Bei den letzten bekannten Tauschvorgängen vor 1965 wurde eine Last Salz gegen eine gleich schwere Last Hirse getauscht. In früheren Zeiten erhielten die Tuareg noch das Siebenfache an Hirse für ihr Salz.

Die Karawanenroute von Ghadames nach Kano war besonders aktiv. Sie befand sich bis nach Aïr unter der Aufsicht der Iforas-Tuareg. Von Aïr aus beherrschte sie der Sultan von Agadez durch seinen Vertreter – den Touraoua –, der den Wegzoll einzog. Dafür mussten die Karawanen für die Durchreise durch sein Gebiet nicht befürchten, von seinen Leuten geplündert zu werden. Sicher war aber diese Route trotzdem nicht, weil fremde Banden dort ihr Unwesen trieben. Sehr rege ist der Handel von Oase zu Oase. Gehandelt werden Datteln, getrocknete Tomaten, Weizen und Medizinalpflanzen wie Beifuß, Natron, getrocknete Eidechsen und Dornschwanzagamen (Uromastyx), ferner getrocknete Feigen, auf Schnüren aufgereiht und nach Metern verkauft, und anderes mehr. Dieser Kleinhandel wird von Einzelpersonen durchgeführt.

Die Iforas-Tuareg trieben früher Schafherden nach Tidikelt, über die Wasserstellen von In Ziza und Ouallen: Die Tiere wurden gegen Datteln und Decken aus Touat eingetauscht. Ein ähnlicher Handel wurde mit Tamanrasset betrieben, während die Tuareg von Aïr Djanet und Rhat bedienten, um Zucker, Tee, Stoffe und vor allem Datteln heimzubringen. Seit einigen Jahren werden die Schafe mit riesigen Lastwagen befördert. Bis zu sechzig Tiere werden auf einen Lastwagen gepfercht; dazu kommen noch etwa dreißig Männer. Erzeugnisse des Handwerks aus dem Sudan wurden ebenfalls gehandelt:

Sandalen, Satteltaschen, gegerbte Häute (Filali), Kamelsättel. Heute, da sie Touristen angeboten werden, sind sie von geringerer Qualität.

### Kupfer

Bis zur Ankunft der Europäer war Kupfer in der Sahara sehr gesucht und wurde mit Gold aufgewogen. In Akjoujt in Mauretanien wurde schon vor unserer Zeitrechnung eine Kupfermine ausgebeutet; man weiß aber nicht, bis zu welchem Zeitpunkt. Die ersten arabischen Reisenden erwähnen schon den Kupferhandel mit dem Sudan. El Bekri berichtet, dass Kupfer vor allem aus Marokko stamme. Dort befanden sich tatsächlich mehrere bedeutende Minen. Kupfer wurde nicht nur aus Marokko importiert, sondern kam auch über den Kanal von Zouila im Fezzan und wurde im Sudan gegen Gold getauscht. Im Jahr 1447 erwähnte der Genuese Malfante, der sich auf der Durchreise in der Oase von Tamentit – damals Hauptort von Touat – aufhielt, dass dort Kupfer »aus dem griechischen Reich über Alexandrien« eintraf und mit Händlern aus dem Sudan gegen Gold getauscht wurde. Über den Kupferhandel Marokkos besitzen wir zwei überzeugende Belege: einmal einen Kupferbarren von zehn Kilogramm, der siebzig Kilometer südwestlich des Brunnens El Kseib auf einer alten Piste gefunden wurde, die von Terhaza nach Oualata führt. Zum andern entdeckten Antilopenjäger zufällig im Jahr 1962 ein Kupferlager in Maaden Idjafen inmitten des Reg, zwischen den Brunnen von Merayer und der Stadt Tichit. Die Kupferbarren waren, in halbe Kamellasten aufgeteilt, schön geordnet aufgeschichtet. Ganz offensichtlich mussten sie von einer Karawane zurückgelassen werden und sollten später geholt werden. Es kommt ja in der Sahara oft vor, dass die Kamele einer Karawane mangels Nahrung so erschöpft sind, dass sie ihre Last nicht mehr zu befördern vermögen. Einige der Tiere verenden, während man die Übrigen laufen lässt, hoffend, dass sie bis zur nächstgelegenen Wasserstelle gelangen. Dass dies nur selten gelingt, kann man sich leicht vorstellen. Die Kamellasten bleiben dann liegen, bis ihre Besitzer sie zu einem späteren Zeitpunkt abholen können. Unter den Tuareg und Chaamba wird solches Gut respektiert. Der Kupferhandel wurde eher spät üblich, als die Portugiesen Kupfer in Form von Armreifen auf dem Schiffsweg an die westafrikanische Küste brachten. Handwerker verarbeiteten Kupfer zu Arm-, Knöchel- und Kopfschmuck, zu Verzierungen an Kamel- und Pferdegeschirr, zu Spangen, Ketten, Zangen usw. In Benin wurden Bronzefiguren hergestellt und in Südkamerun die Bamoun-Masken.

In unseren Tagen hat sich der Saharahandel umstellen müssen. Automobil und Flugzeug haben eine neue Situation geschaffen, und die Häfen der westafrikanischen Küste eröffneten neue Handelswege. Dazu kamen früher unbekannte künstliche Landesgrenzen, die größere Hindernisse wurden als die unermesslichen Weiten der größten Wüste der Welt.

# Jabbaren mit fünftausend Figuren

*Henri Lhote*

Oberst Brenans, mein alter Wanderkamerad, dessen vorzeitiger Tod unsere Expedition seiner reichen Erfahrung beraubte, hatte mir wenige Wochen vor unserer Abreise gesagt: »Wenn du nach Jabbaren kommst, bleibt dir die Spucke weg!«

Jabbaren ist ein kleines Sandsteinmassiv, das bescheiden aus dem Tassiliplateau aufsteigt wie viele andere; doch sind am Fuß der Felsen durch die Verwitterung größere Höhlen entstanden als anderswo. 1938 entdeckte Brenans, geführt von unserem wackeren Djébrine, dort sehr schöne Malereien und nahm sie auf. Jabbaren wird zweifellos einmal in der ganzen Welt berühmt werden, sobald alle Meisterwerke, von denen wir getreue Kopien machten, der Öffentlichkeit bekannt geworden sind.

Nach einem Monat der Anstrengungen und des Kampfes mit den Elementen waren wir mit den Reproduktionen der Höhlenbilder von Timenzuzin fertig geworden. Im letzten Augenblick hätte beinahe ein heftiges Gewitter in wenigen Augenblicken die Frucht der mühsamen Arbeit mehrerer Wochen vernichtet. Irene Montandon gab noch rechtzeitig Anweisung, die Kopien sorgfältig zusammenzurollen und in einer etwas höher gelegenen Nische zusammen mit Fotoapparaten und Filmen in Sicherheit zu bringen, nicht zu vergessen die ebenfalls sehr kostbaren Mehlsäcke. Damit rettete sie alles. Der Regen strömte dicht und laut auf die Steine, wo unser Lager stand. Im Wadi bildeten sich Bächlein, aber wir hatten keinen besonderen Schaden zu beklagen.

Damals hielt ich mich in Djanet auf und gab Befehl, nach Jabbaren zu marschieren, einen Tagemarsch entfernt. Irene verließ uns und kehrte nach Paris zurück, um ihr Examen abzulegen. Die fertigen Freskenkopien nahm sie mit, um sie endgültig in Sicherheit zu bringen. Claude erzählte mir später, dass alle Kameraden sie nach Tuaregsitte ein Stück Weg begleitet hatten. Als der Abschied kam, konnte keiner seine Gefühle zurückhalten, und dem alten Djébrine, der sich an das junge Mädchen gewöhnt hatte und mit ihr Tamachek reden konnte, standen Tränen in den Augen.

Eine neue Etappe begann. Zeichentische, Klappleitern, Kisten mit Lebensmitteln und alle übrigen Gegenstände wurden wieder auf die Kamele verladen. Dann zog die Karawane unter Djébrines Führung über die öde, gleichförmig flache Hochebene. Endlich tauchte hinter Hügeln der Jabbaren auf. Er besteht aus einer Gruppe von Sandsteinkuppen, die einem Negerdorf mit runden Strohhütten zum Verwechseln ähnlich sehen. Zuerst ließ sich hier nichts Reizvolles entdecken, die Gegend schien ziemlich farblos zu sein. Sobald wir aber tiefer ins Innere des Sandsteinmassivs eingedrungen waren, zwang das wilde und eindrucksvolle Chaos uns laute Bewunderung ab. Die »Hütten«, die sich am Fuß der verwitterten Felsen gebildet hatten, sind die schönsten Höhlen, die wir im ganzen Tassili fanden. Diese Höhlen gleichen einer wirklichen Stadt mit Straßen, Kreuzungen und Plätzen. Alle Wände sind mit Malereien aus den verschiedensten Stilperioden bedeckt. Eine ungeheure Arbeit stand uns bevor, und wir teilten uns deshalb in zwei Gruppen, um die Laufereien auf ein Minimum einzuschränken. Gianni, Jacques, Jo und Galigala zogen in den oberen Teil; Claude, Philippe, Rissa und ich sowie Djébrine und die Tuaregs unserer Expedition blieben im unteren Teil. Kleine Höhlungen erleichterten den Lageraufbau, und wir entdeckten kühle Felslöcher, in denen wir unsere Filme und Fruchtsäfte lagerten. In den ersten Tagen verirrten wir uns ein wenig in diesem Labyrinth, dann aber lernten wir, uns in der prähistorischen Stadt zurechtzufinden, und gaben den Straßen Namen: Die eine war das Lager Jo, die andere »Hauptquartier«, weil es mein eigenes Lager war; es gab einen Krokodilgang, eine Giraffenstraße, die Wühlmaushöhle, die Schlangenkreuzung, an der Galigala am Tage unserer Ankunft eine Otter getötet hatte, und den Kaninchenfelsen. Wir hatten die Namen meist von den Malereien abgeleitet. Plötzlich war in die so lange verlassene und schweigende Stadt wieder unvermutetes, tätiges Leben eingekehrt.

Jabbaren bedeutet in der Tuaregsprache »Riesen«. Diese Bezeichnung wurde ganz einfach durch die vorgeschichtlichen Malereien veranlasst, auf denen Menschen von riesigem Körperformat dargestellt sind. In einer tiefen Höhle fand sich eine Menschenfigur von fast sechs Metern Höhe – ohne Zweifel eines der größten vorgeschichtlichen Bilder, die bis heute bekannt sind. Wir mussten weit zurücktreten, um die Formen zu erfassen, und erst nach wiederholtem eingehenden Betrachten konnten wir feststellen, um was es sich überhaupt handelte. Die Umrisse sind einfach und kunstlos, der runde Kopf, bei dem als einzige Besonderheit ein doppeltes Oval in der Mitte des Gesichts angedeutet ist, erinnert an das Bild, das wir uns gewöhnlich vom Marsmenschen machen. Marsmenschen! Wäre das nicht ein zugkräftiger Titel für eine Sensationsreportage, der ungeahnte Perspektiven erschließt! Sollten Marsmenschen wirklich in die Sahara gekommen sein, dann nur vor Jahrtausenden, denn die Malereien der Rundköpfe im Tassili sind, soweit wir wissen, die allerältesten.

Solche Marsmenschen kommen im Jabbaren häufig vor, und wir haben verschiedene prächtige Fresken dieser Stilstufe aufgenommen. Brenans hatte mir bereits einige gezeigt, die schönsten hatte er allerdings übersehen. Sie waren unsichtbar und konnten erst nach gründlichem Abwaschen mit dem Schwamm freigelegt werden. Dieses Verfahren hat uns – ich möchte es nochmals betonen – außerordentliche Entdeckungen ermöglicht. Mit der nötigen Vorsicht angewandt, erwies es sich als eine erfolgreiche Methode. So konnten wir nicht nur die Tonfarben von dem Lehmüberzug befreien, der sie bedeckte, sondern auch die Farben selbst derart auffrischen, dass sie wieder in ihrer ursprünglichen Leuchtkraft erstrahlten. Darauf ist auch die unmittelbar frische und natürliche Wirkung unserer Wiedergaben zurückzuführen. Und diese Frische überraschte alle, die sie bisher sehen konnten. Wir stellten sogar fest, dass die Farben völlig unzerstörbar waren. Nur das Weiß erwies sich als weniger widerstandsfähig.

Jabbaren ist eine Welt für sich. In dem Viereck mit kaum sechshundert Metern Seitenlänge fanden wir mehr als fünftausend Motive. Ein Vergleich der verschiedenen Stufen ergibt, dass hier zwölf Kulturen aufeinander folgten. Das ist einzigartig, und wenn man noch die zur Verfügung stehende Fläche bedenkt, dann kann man wohl mit Recht im Tassili das reichste Zentrum vorgeschichtlicher Kunst der ganzen Welt sehen. Der Boden der Felsüberhänge, in denen wir uns niedergelassen hatten, war ganz bedeckt von den Spuren unserer Höhlen bewohnenden Künstler und ihrer Zeitgenossen. Zu Tausenden fanden sich hier Stücke von Tongefäßen, Mahlsteine für die Körner, Stößel und Bohrgeräte aus Stein. Viele lagen so da, als seien die Werkzeuge erst vor Kurzem noch benutzt worden. Knochen, Pfeilspitzen aus Feuerstein und Steinäxte häuften sich in den Schluchten, wohin die Überschwemmungen sie getragen hatten.

Die eindrucksvollste Wandkomposition stammte aus der Rinderepoche. Überall waren Rinder, in allen Größen, in allen Stilarten und in allen Stellungen dargestellt. Immer waren sie von erstaunlicher künstlerischer Qualität, in einer erlesen feinen Zeichnung ausgeführt. In Jabbaren beobachtete ich, dass die Rinderleute ihre Zeichnungen gravierten, bevor sie sie ausmalten. Zur gleichen Schule gehörten auch die prächtigen Giraffen, Elefanten, Antilopen, wilden Esel, Ziegen und Hausschafe. Das Meisterwerk aber war eine Jagdszene von bezwingendem Realismus mit nicht weniger als hundertfünfunddreißig Motiven. Mit Bogen bewaffnete Jäger verfolgten Gazellen und Antilopen; den Mittelpunkt des Gemäldes bildet ein verwundetes Rhinozeros, dem das Blut aus den Nüstern strömt. In einer Ecke bereitet sich eine Gruppe Bogenschützen zum Überfall auf eine Rinderherde vor, während sich die Hirten den Angreifern stellen. Die Gesamtfläche dieser Malerei beträgt zwanzig Quadratmeter, und zweifellos gehört diese Malerei zu den schönsten Werken vorgeschichtlicher Kunst überhaupt. Zu fünft machten wir uns daran, sie zu kopieren; alle Leitern wurden aufgestellt, und es war keine geringe Arbeit, denn die am höchsten gelegenen Motive befanden sich fast vier Meter über dem Boden.

Auch in der Stufe der Rundkopfleute (Marsmenschen) stießen wir auf ungewöhnliche Darstellungen wie etwa die Antilope mit dem Elefantenleib, die zwei Meter hoch ist – wahrscheinlich eine Gottheit jener Zeit. Jeder Tag brachte uns neue Überraschungen. Sämtliche Wände der Felshöhlungen von Jabbaren waren mit Malereien bedeckt. Oft war in Schichten übereinandergemalt worden, sodass wir die einzelnen Lagen zeitlich einordnen und sie historisch gliedern konnten. Dank der Registrierung dieser Überlagerungen wird es eines Tages möglich sein, den Ursprung und die Einflüsse auf die verschiedenen Stufen zu bestimmen. Wir Menschen der

Gegenwart werden dann die alten Völkerschaften der Sahara kennenlernen und erfahren, welche Rolle sie in der Besiedlungsgeschichte Afrikas spielten. Dinge, die für uns ohne die Entdeckung dieser Malereien immer dunkel geblieben wären.

Noch eine andere, sehr erhebliche Überraschung brachte uns der Jabbaren. Als Claude eine Wand abwusch, kamen vier kleine Frauen mit Vogelköpfen zum Vorschein, die bis auf die kleinste Einzelheit mit den auf ägyptischen Werken dargestellten übereinstimmten. Sie waren so charakteristisch, dass wir die dazugehörigen Hieroglyphen als Erklärung der abgebildeten Szenen suchten. Aber selbst mehrfaches Abwaschen erwies sich als fruchtlos: Hieroglyphen waren nicht vorhanden.

An diesem Abend herrschte in unserem Lager eine sehr angeregte Unterhaltung. Meine Mitarbeiter fragten mich immer wieder, ob die Pharaonen ihre Kriegszüge nicht bis zum Tassili ausgedehnt haben könnten.

Ich erwiderte, wenn man in der Sahara ähnliche Bilder in großer Menge fände, ließe sich diese Frage wahrscheinlich bejahen. Aber dies war noch nicht der Fall. Unsere kleinen Göttinnen mit den Vogelköpfen gehörten schon der historischen Epoche, vielleicht der achtzehnten oder neunzehnten Dynastie der ägyptischen Könige an, also etwa den Jahren fünfzehn- bis zwölfhundert vor Christus. Wir wissen, dass die Libyer, die damals das an den Tassili angrenzende Fezzan bewohnten, zu dieser Zeit dauernd mit Ägypten im Krieg lagen. Die Pharaonen wollten sie unterwerfen und ihrem Reich eingliedern. Vielleicht verfolgten die Ägypter im Zuge einer Strafexpedition in Libyen einige Banden bis in ihre Siedlungen im Tassili. Es ist nicht ausgeschlossen, wenn auch nicht unbedingt wahrscheinlich, dass sie so fern von ihrer Heimat in einem feindlichen Land Krieg führten, da doch der Rückzugsweg für sie durchaus nicht gesichert war.

Aber wie waren diese Malereien sonst zu erklären? Es ließen sich zwei andere, überzeugendere Hypothesen aufstellen. Die Maler waren entweder ägyptische Gefangene oder Reisende, die zum Tassili kamen und von den Malereien ringsum angeregt wurden. Vielleicht handelte es sich bei den Künstlern auch um Libyer, die als Reisende oder als Gefangene Ägypten kennengelernt hatten. Sie nahmen dort die ägyptische Kultur an und führten bei ihrer Rückkehr die Kunst des Niltals in ihrer Heimat ein. Die jahrhundertelangen ununterbrochenen Kämpfe zwischen Libyern und Ägyptern allein könnten schon diese Einflüsse erklären. Unsere künftigen Forschungen werden den Ägyptologen, die sich mit diesem Problem zu beschäftigen haben, vielleicht weitere und entscheidendere Beweise liefern.

Während Claude unsere Sammlung um diese entzückenden kleinen Göttinnen mit den Vogelköpfen bereicherte, wusch die Mannschaft Le Poitevin die Wände der Wühlmaushöhle ab. Ein dunkler Flecken war uns aufgefallen, aber er war derart ungenau und undeutlich, dass die Männer zuerst glaubten, hier eines der sehr stark zerstörten Bilder vor sich zu haben, die praktisch nicht zu erkennen sind. Aber wieder einmal wirkte der Schwamm ein Wunder. Beim dritten Abwaschen erschien das Bild einer fast zwei Meter hohen knienden Frau in voller Schönheit. Sie stützte den Kopf auf den gebeugten Arm, das Gesicht mit den lang ausgezogenen Augen, von einer klassischen Reinheit der Linien, erinnerte an griechische Kunst. Das Diadem, das die Haare zusammenhielt, schien auf eine hochgestellte Persönlichkeit, vielleicht auf eine libysche Göttin, hinzuweisen. Die Züge waren jedenfalls mediterran.

Ich dachte an Antinea, die berühmte libysche Göttin, die Pierre Benoit zu seinem Roman angeregt hatte und die von den Griechen als Athene übernommen worden sein soll. Seltsamerweise war um ihre Hand ein Schleier geschlungen, dessen Enden so zusammengebunden waren, wie es die Tuaregfrauen heute noch machen, wenn sie bei Hochzeitsfesten im Chor singen. Ein zufälliges Zusammentreffen? Die Beziehungen zwischen Tuaregs und Libyern sind heute erwiesen, und es lässt sich hier ohne Weiteres auf eine Stammesverwandtschaft schließen.

Drei Monate sah der Jabbaren unser geschäftiges Hin und Her: unsere Zeichentische von einer Höhle zur anderen wandern, die Boys und Tuaregs umherlaufen, um Wasser und Holz zu beschaffen, während Djébrines Kamele sich friedlich auf die benachbarten Weiden begaben, und die kleinen Lastesel auf der Straße von Arum unsere Post fortschaffen. Die Tuaregs der Umgebung lockte die Hoffnung auf einen Teller Nudeln oder Kuskus zu häufigen Besuchen ins Lager, und die Kinder zerrissen sich beinahe vor Gier, einen Löffel Marmelade oder ein Stück trockenen Kuchens zu bekommen. Das war etwas Herrliches für sie, und man kann es ihnen nachfühlen, wenn man bedenkt, dass sie ihre Tage meist mit der Jagd auf kleine Eidechsen und Nagetiere verbringen, um ihren Hunger zu stillen. Sie ließen es sich darum im Jabbaren nicht verdrießen, die Teller auszukratzen und zusätzlich ihre kleinen Vorteile zu suchen, indem sie uns Puppen verkauften, die sie aus Kamelmist machten und mit Lumpen bekleideten. Da ich ihnen jedes Mal, wenn sie mir eine geschliffene Steinaxt brachten, ein kleines Geschenk gab, machten sich die größten Schlingel selbst ans Werk und verfertigten die Äxte aus Schieferstücken oder Kiesel, die sie im Wadi fanden – und wahrhaftig nicht einmal schlecht! Dieses Volk brachte Leben in unser Lager, aber auch gleichzeitig die Gefahr, dass unsere mageren Lebensmittelreserven schneller verschwanden.

Zweimal hätten wir unsere Arbeit fast abbrechen müssen, weil wir kein Wasser mehr hatten. Der volle Tümpel, den wir bei unserer Ankunft gefunden hatten, war nach dem langen

Aufenthalt nun vollkommen leer, aber der Gott der Archäologen half uns wieder einmal. Gerade als ich, den Tod im Herzen, Anweisungen zum Abbruch des Lagers geben wollte, türmten sich schwarze Wolken auf. Eine halbe Stunde später ging ein wahrer Wolkenbruch über den Jabbaren nieder, verwandelte unser Lager in einen Sumpf und ließ den Wadi über seine Ufer treten. Doch dann begann uns das Holz auszugehen. Drei Monate lang hatten wir von den Tarut gezehrt, den alten toten Stämmen, die wir in der Umgebung fanden. Doch nun war nichts mehr übrig geblieben. Nach einem kurzen Aufschub zwang uns zudem das Wasserproblem doch, die Gegend zu verlassen. Alle Tümpel in einem Umkreis von zwanzig Kilometern waren endgültig versiegt. Seit mehreren Tagen tranken wir nur noch Schlamm, den wir aus dem Grund der Wasserlöcher zusammengekratzt hatten und in dem es von Bakterien nur so wimmelte.

Wir mussten also aufbrechen und nach Djanet zurückkehren. Das Gepäck wurde gesammelt, Tische und Leitern zusammengelegt, die Tiere beladen. Wieder klangen ringsum die Rufe der Kameltreiber. Die Götter von Jabbaren, die Rinderleute und ihre Herden und die meinen ägyptischen Göttinnen nahmen wir auf Papierrollen mit, um sie dem Musée de l'Homme zu schicken. Dann senkte sich das Schweigen wieder über die tausendjährigen Gassen, die drei Monate lang aus ihrem Schlaf geweckt worden waren. Ein Todesschweigen, das lange Zeit wieder von keinem Laut unterbrochen werden würde.

## Die feinen Abstufungen von Weiß bis Schwarz – Noble, Eingesessene und Zugewanderte

*Ines Kohl*

Der Fezzan ist von Tuareg, Arabern und Nachfahren der aus Innerafrika gehandelten Sklaven, die sich mit der Lokalbevölkerung vermischten bewohnt. Im Südosten der Provinz nomadisieren Tubu (Teda, Tibbu), deren Kerngebiet jedoch rund um das Tibesti-Gebirge – im heutigen Tschad – liegt. Die in den 1960er- und 1970er-Jahren durch den Ölboom ausgelöste Arbeitsmigration aus arabischen Staaten ließ viele Gastarbeiter im Fezzan ansässig werden. In den letzten zehn Jahren frequentieren zunehmend illegale Migranten aus Westafrika die Provinz. Ihre Zahl wird auf zwei bis drei Millionen geschätzt, sodass sich zusammen mit dem legalen Ausländerkontingent beinahe so viele Ausländer wie Libyer im Land befinden.

Der Fezzan ist eine hyperaride Wüstenregion mit ausgedehnten Sandgebieten, geprägt von extremen Wetterbedingungen. Trotz der widrigen geografischen und klimatischen Umstände wurde die Region zu einem der wichtigsten Kreuzungspunkte von Karawanenstraßen, die Zentralafrika mit dem Mittelmeerraum verbanden. Bis ins beginnende 20. Jahrhundert vermochte der Fezzan diese strategische Lage zu behaupten, da die schnelle Verbindung zur tripolitanischen Küste einen lukrativen Handelsweg gewährleistete.

Im 19. Jahrhundert etablierten sich zwei Oasen im transsaharischen Karawanenhandel. In der ersten Hälfte war die Stadt Murzuq wichtigste Etappe zwischen Tripolis und dem Tschadsee und war vor allem als Sklavenumschlagplatz bekannt. Als die Osmanen unter dem Druck der europäischen Mächte den Sklavenhandel unterbanden, verlagerte sich dieser nach Ghat. Die Bedeutung dieser Oase als neue Schnittstelle im ausgehenden 19. Jahrhundert war dadurch begründet, dass die Stadt gute Trinkwasserressourcen besaß und die Osmanen nur wenig Einfluss ausübten. Sie konnten sich daher auch nicht gegen den zwar verbotenen, aber dennoch florierenden Sklavenhandel aus Innerafrika zur Wehr setzen. Sklaven spielten in der sozialen Hierarchie der Tuareg und einiger arabischer Stämme eine entscheidende Rolle als Arbeitskräfte, sodass deren ungehinderte Beschaffung oberste Priorität besaß.

Der Widerstand gegen die osmanische Obrigkeit wurde von den Kel Ajjer getragen. Sie kontrollierten und schützten den Karawanenhandel, erhoben Steuern und Wegzölle, vermieteten Transportdromedare oder verdienten sich als Karawaniers. Sie plünderten aber auch jene Karawanen, die sich zuvor nicht des Schutzes der lokalen Stämme versicherten. Um die lukrativen Einkommen aus dem Sklavenhandel nicht zu verlieren, setzten sich die Kel Ajjer gegen die Osmanen zur Wehr. Erst 1842 gelang es, den Fezzan als Provinz in das Osmanische Reich einzugliedern. Als 1875 schließlich auch Ghat osmanisch besetzt wurde, war eine der wichtigsten Handelsstädte der Sahara dem Einfluss der Kel Ajjer entzogen.

Bis ins beginnende 20. Jahrhundert stellte der Fezzan eine Schnittstelle zwischen Innerafrika und dem Mittelmeer dar. Die aus Innerafrika teils auf Raubzügen »erbeuteten«, teils im Austausch gegen Waren erhandelten Sklaven wurden als eine eigene soziale Gruppe, Iklan, in das Gesellschaftssystem integriert. Sie stellten das Eigentum eines Individuums oder einer Familie dar, lebten im Haushalt ihrer Besitzer und wurden mit dieser Familie mittels einer fiktiven Verwandtschaftsbeziehung verbunden. »Die Integration ist so stark, dass einzelne Iklan ihren Verwandtschaftsgrad zueinander ausschließlich über ihre Herren herleiten. Ihre tatsächliche Verwandtschaft ist ihnen nur selten bekannt. Dies kommt darin zum Ausdruck, dass die Iklan sich zum Stamm bzw. zur Familie ihrer Herren rechnen und nur ein geringes Bewusstsein davon haben, eine ›soziale Schicht‹ zu bilden, und kein Zusammengehörigkeitsgefühl entwickeln«, schreibt Hans Joachim Stühler 1978.

Sklaven wurden nie als eigenständige freie Individuen betrachtet. Dieser Umstand schloss sie von ökonomischen Ressourcen und der Anteilnahme an politischer Macht aus. Nach ihrer Befreiung blieben viele in Ghat ansässig, und ihre Nachfahren bilden bis heute die zahlenmäßig stärkste Bevölkerungsgruppe. Daher wird in Ghat (und nur in Ghat!) Hausa neben Arabisch und Tamasheq/Tamahaq, der Sprache der Tuareg (im Fezzan Targi genannt), als Umgangssprache verwendet.

1914 kam der Transsaharahandel durch die militärische Politik der Kolonialmächte in Nord- und Westafrika endgültig zum Erliegen. Durch die folgende staatliche und administrative Zersplitterung einstiger Stammesterritorien erlosch die überregionale Bedeutung und ökonomische Vormachtstellung des Fezzan.

## »Wir sind alle Libyer«

Libyen beschritt einen Sonderweg, distanzierte sich von Kapitalismus und Kommunismus und etablierte ein direktdemokratisches System mit universellem Anspruch. Die Abgrenzung vom Westen und die damit verbundene, selbst auferlegte politische Isolation führten zu einer starken Libysierung und einer neuen nationalen Identität. Diese orientiert sich an der arabischen Abstammung Mu'ammar al-Qaddafis und integriert beduinische Werte (wie zum Beispiel Konsens, Loyalität, Solidarität, Zusammengehörigkeitsgefühl, Freiheit). Die neue libysche Identität ist eine arabische, islamische und nationale Identität. Sie anerkennt weder ethnische noch religiöse Minderheiten und lehnt eine politische Instrumentalisierung der Stämme ab.

Minderheiten sind politisch und ökonomisch ein Teil von al-Qaddafis propagierter Gamahiriya und werden nicht gesondert behandelt. Sie bekommen aber gleichzeitig das Recht zugestanden, ihre eigenen Traditionen und Riten sowie ihre eigene Sprache zu pflegen, jedoch nicht uneingeschränkt. Denn Tamahaq/Tamasheq und Tamazight (Sprache der Berber) werden in Libyen als Dialekte und nicht als Sprachen verstanden, ihr Gebrauch hat sich ausschließlich auf den familiären Raum zu beschränken, und die Namengebung muss auf Arabisch erfolgen. Tuareg- oder Berbernamen werden als *agnabi* (fremd) klassifiziert und offiziell nicht anerkannt.

Al-Qaddafis ideologische Programmatik konnte zwar eine gemeinsame Identität unter den Libyern herstellen, band die drei Provinzen jedoch unterschiedlich in den Staat ein, sodass sich lokale Unterschiede im Zusammengehörigkeitsgefühl erkennen lassen. Während Tripolitanien und der Norden der Cyrenaika aufgrund der ökonomischen Ressourcen (Agrarprodukte, Erdöl, Wasser) politisch gefördert wurden, blieb vor allem der Süden des Fezzan eine marginalisierte, für den Staat unbedeutende Region. Bis in die frühen 1990er-Jahre. Ab dato rückte der Fezzan erneut in eine Position transregionaler Bedeutung: Zum einen war das bedingt durch den aufkommenden Wüstentourismus, zum anderen ausgelöst durch Migrationsbewegungen aus dem subsaharischen Raum.

Als Libyen in den 1960er-Jahren durch die Erdölförderung von einem der ärmsten afrikanischen Staaten zum bestsituierten Staat des Maghreb avancierte, war es auf ausländische Arbeitskräfte angewiesen. Die Zahl der Gastarbeiter ist seit den 1960er-Jahren konstant hoch, ihre Zusammensetzung ändert sich lediglich ihrer regionalen Herkunft nach. Waren es zu Beginn primär Arbeiter aus arabischen Staaten (Tunesien, Ägypten, Syrien, Jordanien, Palästina), so dominierte in den 1970er- und 1980er-Jahren der ehemalige Ostblock (Polen, Rumänien, Sowjetunion). Die Einstellung der Arbeitskräfte stagnierte jedoch Mitte der 1980er-Jahre durch den Rückgang der Erdölexporte und die daraus resultierende schlechte finanzielle Lage des Staates. Durch Reformmaßnahmen zur Stärkung der Wirtschaft und einer damit einhergehenden Grenzöffnung in den späten 1980er-Jahren erlebte die Migration nach Libyen einen neuen Aufschwung – allerdings mit dem Unterschied, dass nun illegale Migranten aus subsaharischen Staaten (Mali, Niger, Nigeria, Sudan, Tschad) ins Land strömen.

Strategisch gut im libysch-algerisch-nigrischen Dreiländereck gelegen, etablierte sich die Oase Ghat als erster Zwischenstopp der Migranten in Libyen, die sich zum einen von der strapaziösen und gefährlichen Saharadurchquerung erholen und zum anderen Ressourcen für die Weiterreise (über Sebha nach Tripolis und von dort weiter nach Europa) mobilisieren. Ausgangspunkt für die Wüstendurchquerung ist Agadez. Bis in die 1990er-Jahre war die nordnigrische Stadt ein blühendes Handwerkszentrum und aufgrund ihrer eigenwilligen Architektur ein Anziehungspunkt für den in den 1970er-Jahren aufgekommenen Wüstentourismus. Mit Beginn des Bürgerkrieges (vielfach als »Tuareg-Rebellion« bezeichnet) erlebte die Stadt einen wirtschaftlichen Einbruch und verlagerte ihre Einnahmequelle auf das Transitgeschäft mit Migranten.

## Eine Farbenlehre von Schwarz und Schwarz und Weiß und Schwarz

Die südlibysche Bevölkerung hat eigene Abgrenzungs- und Zuschreibungskriterien entwickelt, nach denen sie zwischen Schwarz und Weiß, aber auch zwischen Schwarz und Schwarz unterscheidet. Schwarz und Weiß stellen die beiden Außenpfeiler von komplexen abgestuften Kategorien dar. Ausschlaggebend dafür ist nicht die reale Pigmentierung, denn schwarze Haut kann durchaus als weiß wahrgenommen werden. Wesentlich ist die »soziale« Pigmentierung mit ihren Assoziationen, die sich auf Herkunft und Abstammung beziehen und den sozialen Status einer Person bestimmen. Um die farblichen Zuschreibungen entwirren zu können, ist ein kleiner Exkurs in das bis heute relevante Sozialsystem der Tuareg mit besonderer Berücksichtigung der Sklaven nötig.

Bis heute unterscheiden die Kel Ajjer zwischen mehreren, sozial unterschiedlich bewerteten Gruppen, die als eine vertikale Hierarchieskala verstanden werden können: Imajaghen (Imohar), Imghad (Kel Ulli), Iklan (Ikawaren), Inadan. Imajaghen nennen sich alle Mitglieder jener Stämme, die über ihre Herkunft Bescheid wissen und einen Familienstammbaum besitzen, das heißt von freier nobler Abstammung sind. Unter ihnen gibt es vier Stämme, die bis zur kolonialen Eroberung die politische Macht innehatten und das Territorium schützten. Diese Stämme (Imenan, Oraghen, Imanghassaten, Ifoghas) werden unter dem Terminus Ihaggaren zusammengefasst, genießen bis heute großes Prestige und hohen Status und sind überdurchschnittlich in politischen Positionen vertreten.

Imghad, einst an die Ihaggaren tributpflichtige Stämme, werden in Libyen als Kel Ulli (Leute der Ziegen) bezeichnet, da erstere Titulierung »Vasall« bedeutet und eine Abwertung impliziert, die zweite aber lediglich auf ihre traditionelle Tätigkeit Bezug nimmt. Nachdem al-Qaddafi eine Gleichstellung der Bevölkerung propagierte, hoben sich auf einer politischen Ebene alle sozialen Hierarchien auf.

Damit wurden auch die Iklan, die zur Zeit der Sanusi-Monarchie noch als Sklaven in Haushalten tätig waren, endgültig befreit. Seitdem ist die Bezeichnung Iklan verpönt. Anstelle dessen hat sich die diplomatische Bezeichnung Ikawaren eingebürgert, die ursprünglich einen Stamm nördlich der Stadt Bilma im Niger bezeichnet. Ikawaren wurden auch als Sklaven gehandelt, besitzen aber im Unterschied zu den Iklan Wissen um ihre Herkunft, und dieser Umstand wertet sie, zumindest aus ihrem Eigenverständnis, auf.

Als letzte soziale Gruppe sind die Handwerker, Inadan, zu nennen, die sich im Ajjer-Territorium als Kel Ehen Sawen (Leute der Werkstatt) bezeichnen. Ihr Status war aufgrund ihrer handwerklichen Tätigkeit und ihres Kontakts mit Metallen ein ambivalenter, zwischen Furcht und Verachtung oszillierender. Heute noch wird den Inadan fehlender Anstand *(hisma/tarashumt)* und mangelnde Ehre *(saraf/ashak)* vorgeworfen, was ihnen aber Freiheiten gewährt, die anderen verwehrt bleiben.

Die Zuordnung eines Individuums zu einer bestimmten sozialen Gruppe kann sich je nach Sichtweise verschieben. Imajaghen betonen ihre Zusammengehörigkeit aufgrund ihrer freien Abstammung und grenzen sich explizit zu den anderen sozialen Gruppen (und zu Arabern) ab. Der Begriff Imajaghen wird aber auch weiter gefasst (nun im Sinne des äquivalenten Terminus »Tuareg«) und benennt auf einer übergeordneten sprachlichen Ebene all jene, die Tamasheq sprechen. Auch Iklan und Inadan bezeichnen sich selbst als Imajaghen, da sie Tamasheq-Sprecher sind, werden aber von ihnen nicht dazugezählt. Zugleich grenzen sich Inadan stark von den Iklan ab.

Jede soziale Schicht besitzt eigene Wert- und Moralvorstellungen, die für die einzelnen Gruppenmitglieder verpflichtend einzuhalten sind. Diese Vorstellungen orientieren sich an den Idealen der Imajaghen und beziehen sich auf das traditionelle Gesellschaftssystem. Iklan und Inadan brauchen den Ehrenkodex nicht zu erfüllen, da er von ihnen nicht erwartet wird beziehungsweise man es ihnen gar nicht zutraut, ehrenvoll zu handeln.

Die Konzeption von Ehre bei den Tuareg ist sehr vielfältig und hat je nach Handlungsraum unterschiedliche Dimensionen: Primär wird zwischen individueller Ehre *(elellu)* und kollektiver Ehre *(ashak, atejagh)* unterschieden. *Elellu* bezeichnet den noblen Charakter, die Größe und hervorragende Qualität eines freien Menschen *(elelli)* im Unterschied zum Sklaven *(akli)*. *Ashak* verpflichtet die Mitglieder des Hauses beziehungsweise der Abstammungslinie *(aghiwan)* oder des Stammes *(tawsit)* und beinhaltet folgende Charaktereigenschaften: Zweifel und natürliches Misstrauen, würdevolles Verhalten, Noblesse, Reserviertheit, Umsicht, Vorsicht, Geduld. *Atejagh* spielt für größere politische Einheiten, wie jene der Konföderation *(ettebel, tegehe)*, eine Rolle, aber auch für die gesamte Gesellschaft an sich *(temust)*. *Atejagh* steht für hohe Moral, Reinheit, Unverfälschtheit, weiß, sauber und impliziert zudem Weisheit und Mut, um die vollendete soziale Einheit aufrechterhalten zu können.

Männern und Frauen kommen dabei unterschiedliche Funktionen zu: Die Ehre des Mannes leitet sich aus präkolonialer Zeit ab, ist im Kontext des Krieges und der Raubüberfälle zu sehen und weist dementsprechende Qualitäten wie Mut, Großzügigkeit (seinen Opfern gegenüber), Ausdauer et cetera auf. Allerdings ist eine Anerkennung der Würde des Mannes nur dann gegeben, wenn sie von den »Richtern der Ehre«, den Frauen, Handwerkern und seinen Beschützten, legitimiert wird. Die Würde der Frau steht in einem scharfen Kontrast zur muslimischen Tradition, die Ehre mit (sexueller) Schamhaftigkeit *(haya')* und Jungfräulichkeit assoziiert. Die libyschen Kel Ajjer haben jedoch die konservativen, muslimisch geprägten libyschen Wert- und Moralvorstellungen übernommen, sodass schamhaftes Verhalten als große Tugend angesehen wird. Während freie Frauen sehr auf diese bedacht sind, spielt sie für Tiklatin und Tinadan eine untergeordnete bis unwesentliche Rolle. Das schließt beide Gruppen zwar von hohem sozialen Ansehen aus, ermöglicht ihnen aber persönliche Freiheiten (zum Beispiel lockerer Umgang mit dem anderen Geschlecht), die Imajaghen niemals zustehen würden.

Einen Unterschied gibt es bei nigrischen Tuaregmigrantinnen, die im privaten Bereich ihre Ehre am traditionellen Konzept messen und sich lediglich in der Öffentlichkeit der konservativen libyschen Moralauffassung beugen. Ihrer Auffassung nach gehören zu einer ehrvollen Frau Eigenschaften wie Mut, Großzügigkeit und vor allem Schutzkaft. Sie garantiert damit die Stabilität der Gemeinschaft. Frauen werden als Sockel der Gesellschaft verstanden, die Männer führen ihre Entscheidungen aus. Die Attraktivität der Frau beschränkt sich nicht auf ihre äußerliche Schönheit, sondern ihr Geist, ihr Wissen und ihre natürliche Autorität bestimmen ihren Ruf, und die Zahl ihrer Verehrer ist ein Zeichen ihrer Qualität.

Ehrvolles Verhalten spiegelt sich in angemessener Kleidung und im optischen Auftreten einer Person wider. Ein korrekt gewickelter Tagelmust, der indigo gefärbte Gesichtsschleier *(chech)* des Mannes beziehungsweise das schön drapierte Aleschu, das ebenfalls indigo gefärbte Kopftuch der Frau, sind nicht nur Zeichen des Erwachsenseins und Symbole der Zugehörigkeit, sondern vielmehr Ausdruck von sozialen Normen und von Respekt. Jüngere Personen haben in Gegenwart Älterer schüchternen Respekt, Hemmung und Anstand zu zeigen. Um der Autorität und Reserviertheit Älterer entsprechend gegenübertreten zu können, ziehen Männer ihren Tagelmust vor den Mund, sodass nur noch die Augen frei bleiben, und legen ihn selbst beim Essen und Trinken nicht ab. Frauen ziehen einen Teil ihres Kopftuches über die Lippen. Beide Kleidungsstücke verweisen zudem auf den jeweiligen sozialen Status der Trägerin. Den Iklan zum Beispiel stand in der traditionellen Gesellschaft ein Tagelmust nicht zu. Heute tragen sie ihn oft geradezu demonstrativ, um ihrer Zugehörigkeit zu den Tuareg Ausdruck zu verleihen.

In der Phase der Nationalstaatenbildung sind alle sozialen Schichten rechtlich gleichgestellt worden. Seitdem sind auch die Iklan freie gleichwertige Mitglieder der Gesellschaft. Dennoch nehmen ihre Nachfahren heute eine niedrige soziale Stellung ein und werden aufgrund ihrer (schwarz-)afrikanischen Abstammung und daher dunkleren Pigmentierung als »Schwarze« bezeichnet. Trotz ihrer »Befreiung« blieben viele Iklan im näheren Umfeld ihrer ehemaligen Herren tätig und werden für spezielle (regional unterschiedliche) Arbeiten herangezogen. In der Oase Iherir (Kel Aper Siedlungsgebiet auf algerischer Seite) zum Beispiel werden gewisse Tätigkeiten beim Hausbau ausschließlich von ehemaligen Iklan ausgeführt. Ihnen obliegt das Beschaffen und Verarbeiten des Schilfs für die Dächer der Hütten *(zeribas)*. In Ghat spielen Tiklatin bei Hochzeiten eine Rolle: Sie flechten das Haar der Braut zu Zöpfen, arbeiten Münzen hinein, organisieren das Festessen et cetera. Vor allem aber sind sie für ein Ritual des Bräutigams unentbehrlich. Nicht nur die Braut bekommt eine Schutz und Segen bringende Hennabemalung, sondern auch der zukünftige Ehemann. Diese Aufgabe ist den Nachfahren der Sklavinnen vorbehalten, da sie der lokalen Ansicht zufolge kein Schamgefühl besitzen und somit das Haus fremder Männer betreten, sie berühren und ihnen in die Augen blicken können, ohne gesellschaftliche Sanktionen befürchten zu müssen.

Die Norm- und Wertvorstellungen der Imajaghen betreffen auch das Schönheitsideal. Dieses ist durch Hellhäutigkeit und glattes Haar gekennzeichnet und verdeutlicht damit die freie und noble Herkunft. Dunkle (schwarze) Haut in Verbindung mit stark gekraustem Haar assoziiert eine Abstammung von ehemaligen Sklaven. Dunkle Hautpigmentierung wird im Fezzan allgemein mit *»aswad rausch kwaiss – schwarz ist nicht schön/gut«* kommentiert: »Ich bin unglücklich, weil ich eine so dunkle Haut habe. Deswegen kann ich auch gewisse Farben nicht tragen, da sie schrecklich an mir aussehen. Rot zum Beispiel.«

Vor allem unverheiratete Frauen und Mädchen sind davon betroffen und versuchen oft, mit hochgiftigen Cremes ihren Teint aufzuhellen, da sie als potenzielle Heiratskandidatinnen weit weniger Chancen haben beziehungsweise nur für Männer minderer sozialer Stellung infrage kommen: »Wie meine zukünftige Frau sein sollte? Hmm, nicht schwarz, nicht zu dick und nicht geschminkt. Ich mag keine schwarzen Frauen. Die gefallen mir nicht. Ich will eine Gazelle!«

Nun gibt es aber in der lokalen Wahrnehmung von Schwarz Unterschiede, die sich auf die Abstammung der jeweiligen Person beziehen. Imajaghen bezeichnen sich selbst – egal wie dunkel ihre Pigmentierung wirklich ist – durchwegs als weiß *(imellen, tamellet)*. Von ihrer Umgebung werden sie ebenfalls als weiß wahrgenommen. Dies verweist auf ihre freie Abstammung und lehnt explizit eine mögliche Verbindung zu ehemaligen Sklaven ab. Das heißt, innerhalb der Gesellschaft wird zwischen Schwarz und Weiß in Form einer sozialen Abstufung unterschieden. Schwarz und Weiß stellen aber nur die Außenpfeiler der farblichen Zuordnung dar. Dazwischen werden weitere Farben verwendet, wie zum Beispiel Rot *(izeggag-*

*hen, tazeggaght)*, das die Hautfarbe jener Imajaghen bezeichnet, die eine etwas dunklere Pigmentierung aufweisen, oder Blau, wofür der arabische Terminus *(azraq)* verwendet wird (da es im Tamasheq keine verbale Trennung zwischen Blau und Grün gibt) und dunkelschwarze Haut bezeichnet.

Die Farbe der Haut wird als das äußerliche Merkmal für Abstammung, Herkunft und Status verstanden. Obwohl die Hautfarbe als Gradmesser für soziales Ansehen genannt wird, steckt dahinter ein ganzes Set an körperlichen Merkmalen, anhand derer die Tuareg zwischen freier und ehemals versklavter Herkunft unterscheiden. Die Pigmentierung der Haut alleine sagt also noch nichts über Herkunft und Abstammung aus. Erst im Zusammenwirken mit weiteren körperlichen Merkmalen – wie Haarstruktur, Gesichts- und vor allem Nasenform – ergibt sich ein Definitionsmerkmal. Dennoch dominiert im lokalen Umgang die Farbe der Haut als jene Grundlage, die Eigenschaften und moralische Werte definiert, Herkunft und Abstammung assoziiert und damit (Be-)Wertungen schafft, anhand derer der soziale Status einer Person manifestiert wird.

Die Überzeugung, jemand sei schwarz, kommt verstärkt zum Tragen, wenn eine Person nicht in ihrem bekannten sozialen Umfeld, wo ihr Status hinlänglich bekannt ist, agiert, sondern sich in einer fremden Umgebung aufhält. Dann wird die Pigmentierung als alleiniges Erkennungsmerkmal herangezogen und bestimmt über Zu- oder Nicht-Zugehörigkeit, wie das Statement einer Libyerin zeigt: »Wir haben ein Problem. Es sind so viele Schwarze da, dass man nicht mehr unterscheiden kann, wer ist Libyer und wer nicht. Einen Schwarzen wollte man erstechen, und dieser schrie voll Verzweiflung, er sei doch Libyer!«

In der Oasengruppe Ghat (inklusive der Orte Barkat und Ferwet) leben derzeit (2004) rund 12 000 Menschen: 7000 bis

8000 gemeldete Libyer und 3000 bis 4000 legale und illegale Migranten, primär aus Niger, Ghana, Sudan und Nigeria, aber vereinzelt auch aus dem Senegal, aus Sierra Leone oder Guinea-Bissau. Sie schließen sich in Ghat zu unterschiedlichen *communities* zusammen und werden nach lokaler Auffassung in zwei Kategorien unterteilt: Ishomar (nigrische Tuareg) und Ifriqiyun (Afrikaner).

Nigrische Tuaregmigranten leben relativ isoliert von der libyschen Bevölkerung in einem eigenen Stadtteil und pflegen dort im privaten Raum ihre eigenen Traditionen. Sie grenzen sich bewusst gegen libysche Tuareg ab (wenngleich auf einer politischen und sprachlichen Ebene stets ihre Gemeinsamkeit betont wird) und umgekehrt. Diese Separation lässt sich aus unterschiedlichen Wert- und Moralvorstellungen heraus erklären und kontrastiert die konservativ muslimisch geprägten Libyer mit den liberal eingestellten Nigerern. Zwei Aspekte unterscheiden Ishomar von den übrigen subsaharischen Migranten, die lokal alle unter dem Begriff »Afrikaner« zusammengefasst werden. Zum einen erleichtert ihre Sprachkompetenz den Zugang zu ökonomischen Ressourcen, zum anderen haben sie im Gegensatz zu den subsaharischen Migranten den Wunsch, entweder dauerhaft in Libyen zu verbleiben oder nach ausreichendem Verdienst und einer politischen Stabilisierung in ihren Heimatländern wieder dorthin zurückzukehren.

Für die meisten Subsaharier ist Libyen lediglich ein Zwischenstopp, um sich Mittel für die Weiterreise nach Europa zu beschaffen. Ihre einzig mögliche Beschäftigung besteht darin, an Straßenkreuzungen auf kurzfristige Gelegenheitsarbeiten zu warten.

Nur wenige haben das Glück, eine längerfristige Beschäftigung zu finden: »Ich bin unzufrieden hier in Libyen. Es gibt kaum Arbeit, die Libyer bezahlen nicht viel, und das, was ich bekomme, reicht nicht aus, um weiter nach Tripolis und von dort nach Europa reisen zu können. Eigentlich bin ich Bäcker, aber hier muss ich Wäsche bügeln. Meine Familie lebt im Senegal, und dahin will ich jetzt wieder zurück, denn das Leben in Libyen ist wie im Gefängnis.«

Neben ihrer sozial schlechten Situation, der sprachlichen Barriere und der vielfach hoffnungslosen Lage des Festsitzens in Ghat sind die Ifriqiyun, die »Afrikaner«, stigmatisiert. Sie werden als krank und schmutzig beschrieben, man sagt ihnen nach, sie würden stehlen und seien kriminell, und sie würden Aids nach Libyen bringen. Dies wurde von meinen Interviewpartnerinnen in verschiedenen Zusammenhängen zum Ausdruck gebracht, wie etwa: »Ich habe Angst vor den Schwarzen. Ich weiß nicht, wieso, aber seit sie hier sind, gibt es Aids in Libyen.«

# Der Freikauf des Sklaven Bark

*Antoine de Saint-Exupéry*

»Versteck mich doch ins Flugzeug nach Marrakesch!« So bat mich jeden Abend ein Sklave mit derselben kurzen Bitte. Damit hatte er getan, was ihm lebensnotwendig war, und nun setzte er sich mit gekreuzten Beinen hin, mir meinen Tee zu kochen. Für einen vollen Tag war er jetzt befriedigt, denn er hatte sich dem einzigen Arzt anvertraut, der ihn heilen konnte, und den einzigen Gott angerufen, der ihn zu retten vermochte. Nun saß er da, über den Teekessel gebeugt, und vor seinen Augen zogen die einfachen Bilder seines früheren Lebens vorbei, der schwarze Fruchtboden von Marrakesch, die rosigen Häuser, die ärmlichen Habseligkeiten, die man ihm genommen hatte. Er war mir nicht böse, dass ich nicht antwortete und zögerte, ihm das Leben wiederzuschenken. Ich war ja nicht ein Mensch wie er. Ich war eine Naturkraft, die ganz sicher in Bewegung kam, so etwa wie eines Tages schicksalhaft guter Segelwind wehen musste, auch für ihn.

Ich freilich, ein einfacher Verkehrsflieger und nun für einige Monate Vorstand des Flugplatzes in Cap Juby, dessen ganzes Hab und Gut eine Baracke bei der spanischen Festung und in dieser Baracke eine Waschschüssel, eine Kanne salziges Wasser sowie ein zu kurzes Bett waren, bildete mir weniger auf meine Macht ein. Ausweichend antwortete ich: »Wir wollen zusehen, alter Bark.«

Alle Sklaven heißen Bark, also hieß er auch so. Aber trotz vierjähriger Gefangenschaft hatte er sich noch nicht in sein Schicksal gefunden. Er wusste noch zu gut, dass er einst König gewesen war.

»Was tatest du denn in Marrakesch, Bark?«

In Marrakesch, wo seine Frau und seine drei Kinder sicher noch lebten, hatte er einen wundervollen Beruf ausgeübt. Er war Viehtreiber gewesen und hieß Mohammed. Die Stammeshäupter der Gegend pflegten ihn zu sich zu rufen und ihm zu sagen: »Mohammed, ich will Rinder verkaufen. Hole sie mir vom Berg!«, oder: »Ich habe tausend Schafe in der Ebene, treibe sie höher hinauf auf die Weiden!« Und Bark leitete mit seinem Herrscherstab aus Ölbaumholz ihre Wanderung. Er allein war für das ganze Volk der Schafe verantwortlich; er hielt die schnellsten zurück, weil hinten Lämmchen geboren wurden, und trieb die faulsten an. Und alle folgten ihm vertrauensvoll und gehorsam, wie er so seines Weges zog. Er allein wusste ja, wo das gelobte Land für diese Herde lag, er allein verstand den Weg in den Sternen zu lesen, welche Wissenschaft den Schafen nun einmal versagt ist. Er entschied über Ort und Zeit der Rast, der Tränke und des Grasens aus seiner hohen Weisheit. Nachts betete er dann für sein Volk, bis an die Knie in Schafwolle stehend, gerührt von so viel Hilflosigkeit. Er war Arzt, Führer und Beherrscher der schlafenden Schar.

Eines Tages hatten sich einige Araber an ihn gewandt: »Komm mit uns nach dem Süden auf einen Viehtrieb!« Sie hatten ihn weit mitgenommen. Nach drei Tagen legten sie ihm in einem Hohlweg im Gebirge, unweit des Aufstandsgebietes, einfach die Hand auf die Schulter, tauften ihn Bark und verkauften ihn.

Ich kannte andere Sklaven. Denn zum Tee kam ich täglich unter die Zelte der Einheimischen. Dort genoss ich bloßfüßig und lang ausgestreckt auf dem dicken Wollteppich, der den Luxus und für einige Stunden die Bleibe der Wandervölker bildet, das Fortschreiten des Tages. In der Wüste fühlt man die Zeit verstreichen. Solange die Sonne brennt, ist man auf der Wanderschaft gegen den Abend zu, dessen kühler Wind die Glieder badet und allen Schweiß abwischt. Die große Tränke der Abendkühle kommt für Mensch und Tier so sicher wie der Tod. Darum ist in diesen Gegenden Müßiggang niemals Zeitvergeudung. Der ganze Tag erscheint schön, gleich Straßen, die zum Meere führen.

Ich kannte die Sklaven. Sie treten ins Zelt, wenn der Herr den Herd, den Teekessel und die Gläser aus der schweren Schatzkiste herausgegeben hat, wo sie neben so vielen sonderbaren Dingen liegen, neben Vorhängeschlössern ohne Schlüssel, Blumenvasen ohne Blumen, alten Waffen, Groschenspiegeln und anderem Gerümpel, das an einen Schiffbruch erinnert, wenn man es auf dem Sande ausbreitet.

Dann füllt der Sklave schweigend den Herd mit trockenen Reisern, haucht auf die Glut, füllt den Kessel und lässt für diese Kinderarbeit Muskeln spielen, die Bäume entwurzeln könnten. Er ist friedfertig; ihm gefällt der Betrieb: Tee kochen, Reittiere pflegen und essen. Am heißen Tag geht man auf die Nacht zu; unter den kalten Sternen aber freut man sich auf den sengenden Tag.

Glücklich sind die nördlichen Länder, denen die Jahreszeiten einen Traum von Schnee für den Sommer und ein Märchen der Sonne für den Winter schenken, während in den bedauernswerten Tropen die Schwitzkammern ständig geheizt sind. Glücklich ist aber auch die Sahara, wo Tag und Nacht den Menschen so einfach von einer Hoffnung zur andern schaukeln.

Manchmal hockt der schwarze Sklave vor der Tür und genießt den Abendwind. Aber in dem schweren Körper steigen keine Erinnerungen mehr auf. Kaum vermag er sich der Stunde der Gefangennahme zu erinnern, der Schläge, der Schreie, der zupackenden Hände, die ihn in seine umnachtete Gegenwart gestürzt haben. Seit jener Stunde dämmert er vor sich hin. Man hat ihm die breit fließenden Ströme des Senegal oder die weißen Städte Südmarokkos genommen; es ist, als wäre er erblindet. Die bekannten und vertrauten Stimmen sind ihm verstummt; es ist, als wäre er plötzlich taub geworden. Er ist nicht unglücklich, er ist krank: Was bleibt ihm von seiner Vergangenheit? Er ist eines Tages in die Kreise des Wanderlebens gezogen worden, er ist gebunden an die Wanderungen eines wilden Stammes, und für sein Leben folgt er den Schnörkeln, die dieser durch die Wüste zieht. Kein Wunder, wenn sein Einst, sein Heim, seine Frau und seine Kinder für ihn tot sind, als wären sie wirklich gestorben.

Menschen, die lange Jahre einer großen Liebe gelebt und diese plötzlich verloren haben, bekommen manchmal die Erhabenheit einsamer Trauer satt. Sie kehren reumütig zum Leben zurück und finden in einer Durchschnittsliebe ihr Glück. Der Sklave befriedigt seinen Ehrgeiz damit, dass er die Glut seines Herrn getreulich schürt. Er hat es für besser gefunden, zu verzichten, sich zu demütigen und seinen Frieden mit der Welt zu schließen.

Manchmal sagt der Herr zum Knecht: »Da, nimm!« Das geschieht meist um die Stunde, in der mancher Besitzer zum Sklaven gut ist, weil alles sich entspannt und abkühlt. Und der Gefangene würde für ein Glas Tee voll tiefer Dankbarkeit die Knie des Herrn küssen.

Der Sklave trägt keine Ketten. Er braucht sie nicht. Er ist treu. Er verleugnet fügsam den entthronten König und ist nur noch glücklicher Leibeigener. Eines Tages freilich lässt man ihn los. Wenn er nämlich so alt ist, dass Nahrung und Kleidung an ihn nur verschwendet wären, dann lässt man ihm völlige Freiheit. Drei Tage lang bietet er sich vergeblich von Zelt zu Zelt rundum an. Täglich wird er schwächer, und gegen Ende des dritten Tages legt er sich ergebungsvoll in den Sand, um nie wieder aufzustehen. Ich habe bei Juby Menschen nackt im Sande sterben sehen. Die Einheimischen gingen achtlos, aber ohne Grausamkeit an ihrem lang währenden Todeskampf vorbei. Ihre Kinder spielten dicht neben dem düsteren Wrack und liefen jeden Morgen nachzusehen, ob es sich noch bewegte. Aber sie verhöhnten den alten Diener nicht. Es war ja die natürliche Weltordnung, als ob man dem Sklaven sagte: »Du hast brav gearbeitet, nun darfst du dich ausruhen; geh zu Bett!« Darum spürte der Mann, der dort lag, nur den Hunger und nicht die Ungerechtigkeit der Menschen. Der Hunger aber ist nur ein Schwindelgefühl, kein großes Leiden. Dreißig Jahre Arbeit und dann das Recht auf Schlaf und ein Fleckchen Erde. Kein Wort der Klage hörte ich bei dem Ersten, den ich so traf. Gegen wen auch hätte er klagen sollen? Ich spürte, dass er im Grunde dumpf einverstanden mit dem war, was ihm geschah. Der verlorene und völlig erschöpfte Bergsteiger bettet sich auf die weiche Fläche und versinkt friedlich in seine Träume und in den Schnee.

Mich bewegte darum auch nicht der Anblick des Leidens; denn ich glaube nicht daran, dass er litt. Aber der Tod eines Menschen lässt eine ganze unbekannte Welt untergehen, und so fragte ich mich, welche Bilder in diesem hier erloschen. Welche Pflanzungen im Senegal, welche hellen Städte Südmarokkos versanken hier langsam in ewiges Vergessen? Nichts ließ erkennen, ob sich in dieser schwarzen Masse nur jämmerliche kleine Alltagssorgen wie Teekochen und Viehtränken dem Ende näherten, ob hier wirklich nur eine Sklavenseele einschlief oder ob die Pracht der Erinnerungen einen Menschen in seiner vollen Größe wieder erweckt hatte und ein solcher in seinem Glanze starb. Der harte knochige Schädel glich den alten Schatzkisten der Mauretanier. Wie diese verriet er nicht, welche bunten Seiden, welche festlichen Gefühle, was für Gefühle, die hier niemand kennt, in diesem dunklen Behältnis dem Schiffbruch entgangen waren. So blieb mir verborgen, welches Stück Welt sich hier in diesem Menschen im schweren Schlaf der letzten Tage auflöste, was in diesem Bewusstsein und diesem Leib langsam in Nacht und Grund versank.

»Ich war Viehtreiber und hieß Mohammed.« Bark, der dunkelhäutige Gefangene, war der Einzige von allen, die ich kannte, der Widerstand leistete. Ihm ging es nicht darum, dass die Araber seine Freiheit genommen und ihn in einem Augenblick ärmer gemacht hatten als ein Neugeborenes. Auch Gottes Stürme vernichten oft in einer Stunde die Ernten der Menschen. Aber sie bedrohten ihn über seinen Besitz hinaus, sie wollten ihm sein Wesen nehmen. Er verzichtete aber nicht auf seine Persönlichkeit, wo doch so viele andere Verschleppte kampflos in sich einen Viehtreiber hätten sterben lassen, der das ganze Jahr schwer schaffen muss, um nur sein tägliches Brot zu verdienen.

Bark lebte sich nicht in die Knechtschaft ein, wie so mancher, des Wartens auf das große Glück überdrüssig, sich in ein Durchschnittsschicksal findet. Er wollte nicht aus der Güte des Sklavenhalters das Glück seiner Leibeigenschaft machen. Er bewahrte treu jenem Mohammed ben Lhaussin das Haus, welches er vor seiner Versklavung in dieser Brust bewohnt hatte, wenn er auch nun scheinbar verreist war. Das Haus trauerte über seine Leere, aber kein neuer Herr wurde hineingelassen. Bark handelte wie jener weißhaarige Torhüter, der im verlassenen Garten und in der Langweile der Einsamkeit an seiner Treue starb.

Er wagte nicht zu sagen: »Ich bin Mohammed ben Lhaussin«, sondern sagte nur: »Ich hieß Mohammed.« Aber er träumte doch von dem Tage, an dem dieser vergessene Mensch auferstehen und mit einem Schlage den Sklaven Bark vernichten würde. Manchmal kamen in der Stille der Nacht die Erinnerungen über ihn mit der Urgewalt eines Kinderliedes. »Mitten in der Nacht«, berichtete uns unser arabischer Dolmetscher, »mitten in der Nacht spricht er plötzlich von Marrakesch und weint.«

In der Einsamkeit entgeht niemand diesen Heimsuchungen durch sein ganzes Ich. Plötzlich erwacht der andere Mensch in Bark, dehnt sich durch alle seine Glieder und ist ohne vorherige Ankündigung da. Dann sucht er plötzlich die Frau an seiner Seite, in dieser Einsamkeit, wo keine Frau je dem Sklaven nahe kommt. Er hört die Brunnen rauschen, in dieser Wüste, wo nie eine Quelle floss. Mit geschlossenen Augen meint er, in einem weißen, ortsfesten Hause zu wohnen, und das in einem Lande, in dem alle Menschen in Häusern aus Zelttuch leben und den Wind jagen.

Und zu mir kam Bark mit der ganzen Last von allem, was er einst geliebt hatte. Er wollte mir sagen, es sei so weit, dass seine alte Liebe nach ihm die Arme ausstreckte, er brauchte nichts mehr als heimzukehren, um seine Liebe an alle zu verschwenden. Ein Zeichen von mir würde genügen. Und Bark lächelte und zeigte mir, wie ich das Ding drehen sollte. Offensichtlich hatte ich noch nicht daran gedacht: »Morgen ist Flugtag. Da versteckst du mich im Flugzeug nach Agadir!« Armer alter Bark! Wir leben doch im Aufstandsgebiet, wie könnten wir ihm da zur Flucht verhelfen! Am Tage darauf hätten die Mauretanier durch irgendeine entsetzliche Bluttat den Raub und die Kränkung vergolten. Ich hatte wohl versucht, ihn loszukaufen, und die Monteure des Flugplatzes, Laubergue, Marchal und Abgrall, hatten mir ihre Hilfe angeboten. Aber es kam eben zu selten vor, dass ein Europäer einen Sklaven kaufen will. So versuchten die Einheimischen es auszunützen und verlangten zwanzigtausend Franken.

»Du willst dich wohl über uns lustig machen?«

»Sieh doch diese starken Arme!«

So waren Monate vergangen …

Endlich wurden die Mauretanier weniger anspruchsvoll, und mithilfe einiger Freunde aus der Heimat, denen ich von diesem Fall geschrieben hatte, sah ich mich in der Lage, den alten Bark zu kaufen.

Das waren schöne Unterhandlungen! Sie dauerten acht Tage. Wir saßen im Kreise, fünfzehn Mauretanier und ich. Ein Freund des Eigentümers von Bark, den auch ich zu meinen Freunden zählen durfte, der Räuber Sin Uld Rhattari, half mir heimlich.

»Verkaufe ihn doch«, riet er auf mein Anstiften, »du behältst ihn doch nicht mehr lange! Er ist krank. Äußerlich sieht man es ihm nicht an. Aber drinnen sitzt es. Warte nur, eines Tages schwillt er plötzlich an. Verkaufe ihn schnell dem Franzosen!« Einem anderen Räuber, Radschi, hatte ich hohe Maklergebühren versprochen, wenn er mir zum Abschluss des Kaufes verhelfen würde. Der lockte nun seinerseits den Eigentümer: »Mit dem Geld kannst du Kamele, Gewehre und Schießbedarf kaufen. Damit kannst du einen Kriegszug ausrüsten und den Franzosen ins Land fallen. Von Atar bringst du dann drei oder vier ganz neue Sklaven mit. Stoße nur den alten da ab!«

Schließlich verkaufte man mir Bark. Ich setzte ihn für sechs Tage in unserer Baracke hinter Schloss und Riegel. Denn hätte man ihn vor Ankunft des Flugzeugs im Freien erwischt, wäre er sofort eingefangen und anderweit verkauft worden.

Aber ich nahm die Knechtschaft von ihm. Die Freilassung war abermals eine schöne Feier. Es erschienen der mohammedanische Ortsgeistliche und der Stammeshäuptling von Juby. Außer diesen beiden, dem Marabut und dem Kaid, kam der ehemalige Besitzer von Bark. Diese drei Gauner, die ihn gerne zwanzig Meter von der Festung in Stücke gehackt hätten, nur um mich zu ärgern, umarmten ihn herzlich und unterzeichneten eine Urkunde.

»Jetzt bist du unser Sohn.«

Er war auch meiner, dem Buchstaben des Gesetzes gemäß.

Und Bark umarmte alle seine Väter.

Bis zu seiner Abreise lebte er nun in angenehmer Gefangenschaft in unserer Baracke. Zwanzigmal am Tage mussten wir ihm die einfache Reise erklären: In Agadir würde er aus dem Flugzeug steigen und bekäme gleich im Flughafen einen Fahrschein für die Kraftpost nach Marrakesch ausgehändigt. Bark spielte in diesen Tagen den freien Mann, so wie Kinder Forschungsreisende spielen. Es war der erste Schritt zum Leben; Kraftpost, Menschenmengen, das alles sollte er nun wiedersehen. Laubergue kam zu mir zugleich im Namen von Marchal und Abgrall. Bark dürfe doch nicht gleich nach der Ankunft Hungers sterben. Sie gaben mir darum tausend Franken für ihn; mit denen in der Tasche habe er dann Zeit, sich Arbeit zu suchen.

Ich musste an die alten Damen der wohltätigen Werke denken, die ihre Nächstenliebe so ausüben, dass sie zwanzig Franken geben und dafür Dank verlangen. Laubergue, Marchal und Abgrall, einfache Flugzeugmonteure, gaben tausend, übten damit keine Nächstenliebe aus und verlangten noch viel weniger einen Dank. Sie handelten nicht einmal aus Mitleid, wie die alten Damen, die wähnen, dauerndes Glück zu spenden. Sie taten nur das Ihre, einem Menschen seine Menschenwürde wieder zu verschaffen. Sie wussten so gut wie ich, wie schnell der Rausch der Heimkehr verfliegt und dass der erste und unzertrennlichste Freund, der sich zu dem Heimkehrer gesellt, die Armut ist. In weniger als drei Monaten wird unser Bark auf einem Bahnkörper in saurem Schweiß Schwellen auswuchten. Er wird dabei sogar weniger glücklich sein, als er bei uns als Sklave in der Wüste war. Aber er darf dann wenigstens wieder er selbst unter den Seinen sein.

»Komm, Bark, sei wieder ein Mensch!«

Das Flugzeug zitterte startbereit. Bark sah ein letztes Mal in die trostlose Weite um Cap Juby. Vor dem Flugzeug standen gut und gern zweihundert Mauretanier, um zu sehen, was für ein Gesicht ein Sklave an der Schwelle des Lebens macht. Im Falle einer Panne hätten sie ihn übrigens schnell wieder.

Wir winkten unserem Kind von vierzig Jahren zum Abschied und sahen seinen Eintritt ins Leben nicht ohne Sorge.

»Leb wohl, Bark!«, riefen wir ihm zu.

Aber er antwortete kurz: »Nein!«

»Wieso nein?«

»Ich bin nicht Bark. Ich bin Mohammed ben Lhaussin.«

Wir hörten noch einmal von ihm durch den Araber Abdallah, der ihm auf unsere Bitte in Agadir weiterhalf. Da die Kraftpost erst abends fuhr, hatte Bark einen ganzen Tag für sich. Erst irrte er so lange und so wortkarg in der kleinen Stadt herum, dass Abdallah seine innere Unruhe spürte und teilnehmend fragte: »Was fehlt dir denn?«

»Nichts«, sagte Bark.

Er schaukelte eben zu plötzlich auf der hohen See seiner Freiheit. Er fühlte seine Auferstehung noch nicht recht. Gewiss war in ihm ein dumpfes Glücksgefühl, aber außer diesem Glücksempfinden gab es keinen Unterschied zwischen seinem gestrigen und heutigen Ich. Und doch hatte er von nun an ein gleiches Recht auf die Sonne wie alle anderen Menschen, er durfte sich wie alle unter die Laubengänge des arabischen Kaffeehauses setzen. Er setzte sich auch hin und bestellte Tee für Abdallah und sich. Das war seine erste Tat als freier Mann. Diese Macht musste ihn doch vor aller Welt verklären. Aber der Kellner schenkte ihm ein, ohne überrascht zu sein, als ob er das täglich tausendmal täte. Er bemerkte gar nicht, dass er einem freien Menschen die Weihe gab.

»Gehen wir weiter!«, murmelte Bark.

Sie stiegen zum alten Sultanschloss, der Kasba, hinauf, das Agadir beherrscht.

Die kleinen berberischen Tanzmädchen kamen zu ihnen. Sie waren so sanft und zahm, dass Bark richtig auflebte. Sie würden ihn, ohne es zu ahnen, im Leben willkommen heißen. Sie nahmen ihn auch bei der Hand, sie boten ihm Tee. Aber sie taten es wie für jedermann. Bark wollte von seiner Auferstehung erzählen; sie lachten freundlich und waren glücklich mit ihm, weil er glücklich aussah. Er fügte stolz hinzu, um sie in Erstaunen zu versetzen: »Ich bin Mohammed ben Lhaussin!« Aber das machte gar keinen Eindruck. Alle Menschen haben einen Namen, und manche kommen von weit her.

So führte er Abdallah wieder nach der Stadt zurück. Er bummelte an den jüdischen Läden vorbei und sah weithin übers Meer. Er war sich bewusst, dass er nach Belieben hingehen konnte, wohin er wollte. Er war ja frei. Aber die Freiheit erschien ihm bitter. Denn durch sie bemerkte er erst, wie er so gar keine Bindungen an die Welt besaß.

Als da ein Kind vorbeikam, streichelte Bark ihm leicht die Backe. Das Kind aber lächelte. Es war eben kein Herrenkind, vor dem man sich schmeichelnd demütigt. Es war ein hilfloses kleines Mädchen, dem Bark eine Liebkosung schenkte. Und es lächelte dafür. Dieses Kind weckte Bark aus dem Zwiespalt seiner Gefühle auf. Er fühlte sich plötzlich wieder als jemand auf der Welt. Ein hilfloses Kind hatte ihm zugelächelt. Ein Gedanke begann in ihm zu arbeiten, und mit großen Schritten ging er weiter.

»Was suchst du?«, fragte Abdallah.

Und nochmals antwortete Bark: »Nichts.«

Aber als er an einer Straßenecke auf eine Gruppe spielender Kinder stieß, blieb er stehen. Das war es! Er sah ihnen schweigend zu. Dann aber lief er zu den Läden und kam wieder, beide Arme voll Geschenke. Abdallah wurde unruhig und riet ihm: »Dummkopf, behalte doch dein Geld!«

Aber Bark hörte schon nicht mehr. Er winkte jedem der Kinder mit ernstem Gesicht. Kleine Hände streckten sich den Spielsachen, Armbänderchen und goldgestickten Pantöffelchen entgegen. Jedes Kind lief schüchtern davon, sobald es seinen Schatz festhielt.

Die anderen Kinder in Agadir hörten alsbald davon und kamen angelaufen. Bark kleidete alle mit goldenen Pantoffeln. Auch in der Umgebung lief das Gerücht um, und in den Dörfern erhoben sich gleichfalls Kinderschwärme und stiegen heran zu diesem schwärzlichen Gott und klammerten sich an seine Sklavenkleider. Alle, alle wollten ihren Teil haben. Und Bark verausgabte sich völlig.

Abdallah meinte, er sei vor Freude verrückt geworden. Ich glaube aber nicht, dass es ihm ein Bedürfnis war, sein Übermaß an Freude mit anderen zu teilen. Das Erlebnis, das sein Handeln bestimmte, würde ich ganz anders erklären. Er war frei und hatte mithin alles, was ein Mensch braucht, das Recht auf Liebe, das Recht hinzugehen, wohin er wollte, und sein Brot mit seiner Arbeit zu verdienen. Das Geld brauchte er dafür nicht. Aber er fühlte mit derselben Stärke, mit der der Hunger über uns kommt, eine Sehnsucht, Mensch unter Menschen zu sein. Die Tänzerinnen von Agadir waren lieb mit dem alten Bark gewesen. Und doch war er von ihnen ebenso leichten Herzens gegangen, wie er gekommen war. Sie brauchten ihn ja nicht. Der arabische Ladendiener, die Leute auf der Straße, alle achteten in ihm den freien Menschen, alle gestanden ihm sein gleiches Recht an der Sonne zu. Aber kein Einziger brauchte ihn. Er war frei, unbegrenzt frei, so frei, dass er nicht mehr fest und lastend auf der Erde zu stehen meinte. Es fehlte ihm die Bindung an andere Menschen, die unser Schreiten hindert mit Tränen, Zank und Freude, mit all dem, was ein Mensch liebkost oder schlägt durch jede Bewegung, die er tut. Es fehlten ihm die hunderttausend Fäden, die uns binden und uns mit ihrer Schwerkraft auf der Erde halten. Jetzt aber lag etwas auf Bark: Tausende von Hoffnungen! Sein Reich begann in der Herrlichkeit des Sonnenuntergangs über Agadir, in der sinkenden Abendkühle, die für ihn so lange Zeit seine einzige Freude, sein einziges Obdach gewesen war. Als die Stunde der Abreise nahte, schritt Bark in einer Flut von Kindern dahin wie weiland unter seinen Schafen. So pflügte er in seinem neuen Leben seine erste Furche auf der Welt. Morgen würde die Armut der Seinen ihn aufnehmen, und die Verantwortung für mehr Menschenleben, als vielleicht seine alten Arme nähren konnten, würde wiederkommen. Aber er hatte seine Erdenschwere wiedergewonnen. Er glich einem vom Himmel herabgestiegenen Engel, der das Leben der Menschen mitleben wollte; da er aber zu gewichtlos war für diese Erde, hatte er zu einem kleinen Betrug gegriffen und sich Bleistückchen in die Kleider genäht. So ging auch Bark mühsam weiter, zu Boden gezogen von tausend Kindern, die so notwendig goldene Pantöffelchen brauchten.

## Die Brunnentaucher

*Sven Lindqvist*

Timimoun ist die einzige Oase, in der ich mir vorstellen könnte zu leben.

Ich mag die engen, verwinkelten Gassen, die ständig ihre Richtung ändern, um den hartnäckigen Sonnenstrahlen zu entkommen. Die Häuser bilden Brücken quer über die schmalen Straßenschluchten, die Straßen werden zu überdachten Tunneln, die Höfe zu tiefen Brunnen, in die die Sonne niemals vordringt. Die Fenster sind kleine Schießscharten, so tief, dass die Sonne nicht hineintreffen kann. Die Fantasie der Jahrtausende hat das einfache Grundprinzip der Wüstenarchitektur variiert: Verteidigung gegen die Sonne.

Ich liebe die blau schimmernden Libellen, die über das grüne, blühende Wasser in den Bewässerungsbecken schweben. Überall plätschert und gluckst es verheißungsvoll. Das Wasser bewegt sich durch ein ausgeklügeltes System aus Rinnen, die einander kreuzen, sich verzweigen oder ineinander übergehen. Schwarze Männer pflanzen Kohl im weichen Schlamm.

Ich liebe die salzweißen Ebenen rund um Timimoun und den stundenglasfeinen Sand. Ich liebe die Berge mit ihren langen, roten Wurzeln aus Sand. Ich liebe die Parabeldünen, wie Sicheln gekrümmt mit scharfen, vom Wind geschliffenen Schneiden.

Der Schatten des Autos mit diesen hohen, wackligen Reifen wirkt wie aus einem Comicheftchen ausgeschnitten, als ich im Sonnenuntergang durch das Dünenmeer nach Timimoun zurückkehre.

Hierher würde ich immer zurückkommen wollen. Hier würde ich die Winter im Hotel El Gourara verbringen, mit meinem Computer und einer kleinen Diskettenbibliothek mit den Klassikern des modernen Egoismus, von Hobbes bis Huysmans. Und bald mit allen anderen Texten online aus sämtlichen Nationalbibliotheken und Datenbanken Europas. Und mit einem weggeworfenen, broschierten und abgegriffenen alten Wüstenroman von Pierre Loti.

Das ist meine Wüstenromantik.

Hier würde ich leben, ungestört durch menschliche Komplikationen, ohne Liebe, aber auch ohne Schmerz.

Von Brot und Datteln leben, die Steinschmätzer und die Wüstenraben beobachten, den Palmtauben lauschen, die im Dattelhain gurren. Im Sonnenaufgang sitzen und über die Salzsümpfe blicken und die Eintönigkeit und Stille der Wüste genießen.

Hier in Timimoun lebte der schwedische Offizier Thorsten Orre, der »Skizzen aus der Wüste« schrieb, das erste schwedische Saharabuch. Ich las Orre zu einer Zeit, als man nur zwei »unterhaltsame« Bücher in der Bücherei ausleihen durfte, aber so viele »Sachbücher«, wie man wollte. Bei meiner Generation etablierten die schwedischen Büchereien mit dieser Rationierung eine oft lebenslange Überzeugung, dass »Tatsachen« nicht »unterhaltsam« sind, dass die Wirklichkeit, als Erlebnis betrachtet, der Fiktion immer unterlegen ist.

Orre war einer jener, die mir über dieses Dogma hinweghalfen. Keine Fantasien übertrafen seine Tatsachen.

In einem kleinen Dorf südlich von Timimoun traf Orre einen Mann namens Abdelkader Ben Mohammed Omar, von

Beruf Rtass – ein magerer und elender Dreißigjähriger, der wie fünfzig aussah. Beide Trommelfelle geplatzt, war er so gut wie taub. Er war der letzte überlebende Brunnentaucher.

Abdelkader zog sich aus und band ein Tuch um seine Hüften. Er rieb seinen Körper mit Butter ein, stopfte talgige Kamelwolle in die Ohren und verrichtete sein Gebet.

Der Brunnen, der gereinigt werden sollte, war bloß acht Meter tief. Orre maß die Leine, an der der Korb befestigt war. Man legte einen schweren Stein in den Korb und ließ ihn hinunter. Abdelkader ging an den Brunnen, stellte sich mit gegrätschten Beinen darüber. Er stemmte seine Füße gegen die Innenseite des Brunnens und kletterte zur Wasseroberfläche.

Dort holte er tief Atem, schlug die Füße zusammen und ließ sich sinken.

Die anderen standen um den Brunnen herum, schweigend und ernst. Die Arbeit eines Rtass ist voller Gefahren. Er nützt sein Leben vorzeitig ab. Obwohl ein Sklave, oder beinahe ein Sklave, wird er als heilig angesehen.

Orre stand mit der Uhr in der Hand bereit. Nach zwanzig Sekunden atemloser Stille fing es an der Leine zu reißen an, als stiege jemand daran hoch.

Ein Schwarm Luftblasen erreicht die Wasseroberfläche, und dann taucht Abdelkaders Kopf auf. Er steigt aus dem Brunnen, hüllt sich in seinen Burnus und sieht schweigend zu, wie die anderen den Korb hochziehen, den er bis oben mit Schlamm vom Grund des Brunnens gefüllt hat.

An dem Morgen taucht er fünfmal hintereinander. Am Nachmittag steigt er wieder in den Brunnen und arbeitet weiter. Nach dem letzten Tauchgang geht er etwas abseits, trocknet sich sorgfältig ab und setzt sich, mit dem Rücken gegen einen Palmenstamm gelehnt, in die Sonnenglut. Er zittert noch am ganzen Körper.

Im flachen Licht der Morgensonne fahre ich zwischen Schwertdünen und Sterndünen weiter Richtung Ouargla. Der Sand rinnt und perlt über die Straße – wie der dünne Wasserfilm am Fenster des Metzgers, als ich klein war.

Die ganze Landschaft baut auf den Kontrast zwischen dem schweren, festen, dunklen Kies, der liegen bleibt und Wüstenfirnis schwitzt und zu diesem unbeweglichen Grund zusammengebacken wird, gegen den sich der leichte, helle, bewegliche Sand abhebt, fein wie Pollen und weich wie Samt.

Hier und da stehen dünne Zweige von schütterem Ginster aus dem Sand, manchmal zu Büschen versammelt, die einer Punkfrisur ähneln.

Ouargla entstand im 16. Jahrhundert. Lange war diese Stadt der äußerste Außenposten im Süden des französischen Reichs, Ausgangspunkt der großen Saharaexpeditionen.

Heute ist Ouargla das administrative Zentrum der Öl fördernden Bezirke im Süden. Aber es gibt auch eine halbe Million Dattelpalmen in der Oase und beinahe genauso viele in den Vororten.

Die alten Häuser in Ouargla sind in einem charakteristischen Stil gebaut, der in der Sahara »sudanesisch« genannt wird. Das Material ist lehmartig, die Formen weich und organisch, die Häuser scheinen wie Pilze gewachsen oder wie Hefeteig aufgegangen zu sein. Die Fenster sind wie schräge Schnitte in das dicke Gewebe der Wände eingebettet. »Als hätten sich die Sonnenstrahlen durch die Wand geschnitten«, denke ich – aber die Schnitte sind natürlich sonnenabgewandt angelegt, um so wenig Sonne wie möglich einzulassen.

Die Vorspeise im Hotel El Mehri besteht aus Spaghetti mit Brot, die Hauptspeise aus Reis mit Kartoffeln. Aber es wird Beethovens Fünfte zum Essen gespielt, und die Serviette ist so schwer und feucht, dass ich die Kühle direkt durch meine Kleidung spüre, als ich sie auf dem Schoß ausbreite.

Die Servietten in der Sahara sind nicht feucht, weil das Wetter nicht zum Wäschetrocknen taugt, sie sind es wegen der Umkehrung aller Werte durch die Wüste. Feuchtigkeit ist das Allerbeste. Die Sahara hat mich gelehrt, die Schwere und Kühle einer richtig nassen Serviette zu Beethovens Fünfter zu lieben.

Nach dem Abendessen gehe ich wie immer hinunter in den Hof des Hotels, um einen letzten Blick auf die Schlösser und Scheinwerfer des Autos zu werfen. Der Parkwächter hat ein kleines Feuer mit gelben Samenkapseln und Dattelpalmwedeln gemacht. Wir kommen ins Gespräch. Er ist ein geborener Ghattasin, wie die Brunnentaucher in Ouargla genannt werden.

Es wird behauptet, dass wir die Nachkommen von zum Tode verurteilten Gefangenen sind. Die Türken ließen sie wählen zwischen sofortiger Hinrichtung oder dem Leben als Brunnentaucher in der Sahara. Als sie herkamen, wurden sie in die Brunnen hinuntergezwungen. Aber wirklich geschickt wurden erst ihre Kinder und Enkelkinder, wir, die wir schon von frühester Kindheit an in der schweren Arbeit trainiert wurden.

Während des Befreiungskrieges wandten die Franzosen eine Art Tortur an, die im Wesentlichen darin bestand, den Kopf des Gefangenen so lange unter Wasser zu halten, bis er fast erstickte. Vielleicht hast du davon gehört? Na ja, so funktioniert es jedenfalls auch, wenn man ein Kind zum Brunnentaucher ausbildet.

Viele starben, so viele, dass der Mangel an Brunnentauchern drohte, die Oasen zu entvölkern.

Unsere Kinder sind nicht hart genug, sagten die Alten, die, die überlebt hatten. Möge »Er-der-alle-Wunder-vollbringt« sich unser erbarmen, sonst wird die Jämmerlichkeit unserer Kinder noch die ganze Oase im Sand begraben.

Es waren die Franzosen mit ihren Tiefenbohrungen, die uns schließlich aus der Sklaverei in den Brunnen befreiten. Das ist eine Seite der französischen Herrschaft, die man auch nicht vergessen darf.

Die erste Tiefenbohrung wurde Ende des 19. Jahrhunderts in Ghardaïa versucht. Man bohrte bis auf 320 Meter hinunter, ohne Wasser zu finden. Das erste kilometertiefe Bohrloch wurde 1927 in Touggourt gemacht, ohne Erfolg. Hier in Ouargla bohrte man 1936 gleich tief, ebenfalls vergeblich.

Die erste erfolgreiche Tiefenbohrung machte man 1946 in Zelfana bei Ouargla.

Wie die meisten Ghattasin war ich sowohl zum Gräber als auch zum Taucher ausgebildet. Das Gefährlichste an den Grabungen waren die geysirartigen Wassereruptionen, die entstanden, wenn wir in großer Tiefe die Sandsteindecke durchstießen. Hier in Ouargla steht die wasserhaltige Schicht unter starkem Druck, und viele Ghattasin starben bei solchen Unfällen. Aber 1946 hörte man auf, Brunnen mit dieser alten, riskanten Methode zu graben.

Übrig blieb die Aufgabe, die bereits existierenden Brunnen zu säubern. Wir verwendeten Talgstöpsel, um uns Ohren und Nasen zu verschließen, und tauchten in sehr große Tiefen. Es war eine gefährliche und qualvolle Arbeit mit niedrigem sozialen Status. Sogar niedriger als jener der Haratin. Früher waren wir als die Helden der Oasen gefeiert worden, in den Tagen der gebohrten Brunnen waren wir nicht mehr so unentbehrlich.

Als das Öl in Hassi Messaoud zu fließen begann, wechselten viele Ghattasin ihre Identität und wurden Ölarbeiter. Das ist weniger riskant und besser bezahlt, mit hohem sozialen Status.

Ich wurde Lkw-Fahrer. Ich lernte Französisch bei den Franzosen. Ich fuhr die Strecke Hassi Messaoud-Constantine. Aber ich bin auch zu abgelegeneren Orten gefahren wie Insalah und Tammanrasset, und einmal war ich in Zinder. Ich habe die Wüste gesehen.

Ich hatte zwei Frauen. Ich habe fünf Söhne, alle bei der Ölgesellschaft angestellt. Ich bin Parkplatzwächter hier im Hotel. Für einen alten Mann ist das eine gute Arbeit. Ich blicke auf ein ereignisreiches Leben zurück (»une vie substantielle«). Ich bin froh, dass ich die Schrecken der Kindheit überlebt habe. Ich bin froh, dass ich meine Kinder nicht auf dieselbe Weise quälen musste.

Das Wasserproblem der Sahara scheint ein für alle Mal gelöst zu sein. Heute bohrt man bis zu viertausend Meter tief und bekommt Tiefenwasser, das fünfzig Grad Celsius hat. Ouargla wird mit fünfzehntausend Liter pro Minute versorgt.

Aber Wasser ist nicht gleich Wasser.

Das Wasser in den Brunnen, die wir einst bauten und säuberten, kam aus sich selbst erneuernden Quellen. Die fünfzehntausend Liter pro Minute, die die Oase heutzutage verbraucht, sind Einwegwasser. Man sagt, dass es durch das Fundament des Atlasgebirges gesickert ist, dreihundertfünfzig Kilometer nördlich von hier. Laut Berechnung soll das Wasser 35 000 Jahre unterwegs gewesen sein.

Für jeden Liter, der verbraucht wird, dauert es also 35 000 Jahre, um ihn mit einem neuen Liter Wasser zu ersetzen.

Das beunruhigt mich. Manchmal frage ich mich, ob in der Sahara nicht doch das Brunnentauchen die wahre Arbeit der Zukunft ist und nicht das Ölbohren.

# Schulstunde in Djanet

*Mouloud Mammeri*

Hier, erläuterte der stellvertretende Bürgermeister, hier befindet sich der Kreis Ajjers. Djanet ist die erste wirkliche Großstadt der Sahara, das werden Sie schnell feststellen. Die Punkte, die Sie bis jetzt passiert haben, sind nur Kreationen des Erdöls, das haben Sie bestimmt bereits bemerkt. Hier sind wir noch etwas zurück. Sie werden das morgen sehen, wenn Sie an der Sébiba teilnehmen, dem traditionellen Dorffest von Djanet. Wir sind zwar in Verzug, doch wir arbeiten hart daran, die Zeit mit großen Schritten aufzuholen, und bald wird Djanet sein wie jede andere Stadt im Norden.

Die von einem jungen Farbigen, der ihnen Kaffee brachte, geöffnete Tür ließ einen Hauch heiße Luft von draußen eindringen. Das Bürgermeisterbüro war klimatisiert.

Mourad erläuterte das Ziel ihres Auftrags.

Nur für den Fall, dass Sie es eilig haben sollten, sagte der Bürgermeister. Sie kennen sicher die Redensart: Will man ein Buch über die Sahara schreiben, dann geht man drei Tage lang dorthin; will man einen Artikel darüber schreiben, bleibt man drei Monate; bleibt man drei Jahre, braucht man darüber kein Wort mehr zu verlieren.

Wir gehören zu den zweiten. Noch ist also nicht alles verloren, bemerkte Amalia.

Was wollen Sie denn genau sehen?

Die Nomaden, rief Boualem plötzlich.

Der stellvertretende Bürgermeister begann zu lachen: Das ist unmöglich!

Gibt es denn keine mehr?

Es gibt schon noch welche, doch wo sollen wir die finden? Schon seit zwei Jahren laufe ich denen hinterher, um mich um sie zu kümmern, sie einzuweisen oder auch nur, um ihnen einen Ausweis zu geben und sie zu zählen. Da kann ich ebenso gut dem Wind hinterherlaufen.

Vielleicht sind sie so glücklicher, bemerkte Amalia.

Der stellvertretende Bürgermeister betrachtete Amalia sehr lange; bevor er antwortete.

Das ist genau das, was einst die Offiziere behauptet haben, die während der Kolonialisierung das Sagen hatten. Die Tuareg haben ihre Kamele, ihre Geigen, ihre Wüste und ihre Glücksbringer, und sie sind glücklich, also soll man sie in Ruhe lassen. Nein! Das lehnen wir ab. Wir behaupten: Man muss sie an ihre Geigen fesseln.

Sie wollen sie also zwingen, nach Vorschrift glücklich zu sein, sagte Mourad.

Vielleicht wollen sie gar keine Veränderung, warf Amalia ein.

In diesem Sinne wollen das die wenigsten, sagte Serge. Wenn die Tuareg tatsächlich nichts anderes kennen als ihr altes Feudalregime, wie soll man es dann anstellen, dass sie ein anderes wünschen?

Es ist doch nicht die Frage, ihnen etwas von oben aufzuerlegen, was immer das auch sei, sagte der stellvertretende Bürgermeister. Wir müssen sie überzeugen, es ihnen erklären, einen ganzen Monat lang auf denselben Nagel einschlagen, ein Jahr lang, ihr ganzes Leben lang, wenn es denn sein muss, bis der Nagel wirklich sitzt.

Er streckte seine Hand nach einem umfangreichen blauen

Aktenbündel aus, welches sich in der Ablage seines Büros befand, und zog ein weißes Blatt daraus hervor. Er reichte das Papier Souad.

Betrachten Sie es. Was ist das Ihrer Meinung nach?

Ein Damespiel.

Fast richtig geraten. Es ist ein Gitter … mit Pfeilen, Zahlen, mit so engen Maschen, dass weder ein Aal, eine Biene, nicht mal eine Mücke hindurchkommt. Sie jedoch passen hindurch. Sie haben höllische Angst vor allem, was sesshaft ist, doch die Zivilisation ist ein Werk der Sesshaften. Allenfalls nutzen die Nomaden gewisse Annehmlichkeiten der Zivilisation, meistens jedoch brechen sie mit ihr, niemals aber bauen sie eine auf. Es tut mir leid, Nomaden kann ich Ihnen in meinem Kreis nicht zeigen.

Vielleicht könnten wir die Schule sehen, sagte Mourad.

Eine exzellente Idee. Die Schule ist ein unvergleichliches Hilfsmittel der nationalen Integration. Denn natürlich sind die Menschen hier Algerier wie Sie und ich, doch wie soll ich sagen? Es gibt hier die Härten des Klimas, eine andere Geschichte, eigene Traditionen.

In dieser Hinsicht, sagte Boualem, sind die Menschen hier etwas begünstigter als die im Norden. Sie sind noch unverdorben.

Sicherlich. Was ich eigentlich sagen wollte, ist, dass der moderne Staat, den wir wollen, seine eigenen Gesetze hat. Die Kolonialmacht hat wenig dazu beigetragen, die Bewohner der Sahara darauf vorzubereiten. Die Wurzeln, die Ordnung, die Arbeit, all dies ist nicht Teil ihrer Traditionen. Ein Tuareg hält es für unstatthaft, eine Spitzhacke, einen Pflug oder einen Hammer zu gebrauchen, doch er legt Hunderte von Kilometern auf dem Rücken eines Kamels zurück, um einer Frau zuzuhören, die in einem Zeltlager Geige spielt. Genauso ist das mit der Schule …

Man hat uns berichtet, dass es die Frauen sind, die den Kindern das Lesen beibringen.

Na und? Wie sollen sie zurechtkommen mit einem Alphabet, welches nur sie alleine verstehen? Im übrigen Algerien rackern die Eltern sich ab, um ihren Kindern den Schulbesuch zu ermöglichen. Hier musste man ihnen erst die Polizei auf den Hals schicken. Am Anfang waren die Schülerzahlen lächerlich gering, und selbst diejenigen, die kamen, blieben ohne rechten Grund plötzlich wieder weg. Doch wir haben dann ein Mittel gefunden, sie zum Kommen zu bewegen: In der Kantine können sie umsonst essen.

Und – sind sie gekommen?

Anfangs ja, doch sobald sie den Hunger vergessen hatten, blieben sie wieder weg. Folglich mussten wir die Schulpläne so ändern, dass es keine freien Tage mehr gab.

Warum denn das?

Die Kinder kehrten in ihre Zeltlager zurück und kamen nicht mehr. Sie zogen es vor, durch die Wüste zu rennen, wenn auch mit hungrigem Bauch.

Und jetzt haben Sie keine Probleme mehr?

Letzte Woche sind zwei Schüler aus dem Internat geflüchtet. Wir haben die Polizei in die Gegend geschickt, wo ihre Familien wahrscheinlich lagern. Wenn wir sie nicht binnen zwei oder drei Tagen gefunden haben, so werden sie wohl verdurstet sein … Generell gesagt, sie lieben die Schule also nicht gerade.

Das Gegenteil wäre auch sehr beunruhigend, sagte Mourad.

Das hängt von der Schule ab, warf Boualem ein.

Ganz genau, bekräftigte Serge.

Würde es sich noch um die frühere Schule handeln, die ihnen beibringen wollte, dass ihre Vorfahren Gallier waren, dann könnte ich es ja verstehen, sagte der Bürgermeister.

Boualem und Serge lachten mit ihm.

Die Schule war ein großes, massiv gebautes Haus, »wie im Norden«, so der stellvertretende Bürgermeister (es gab tatsächlich große, weite Maueröffnungen, durch die von draußen die Hitze eindrang, und gar einen grau zementierten Schulhof). Doch war der Sand mittlerweile in die Türritzen eingedrungen, in den Fensterrahmen blockierte er die Scharniere, verstopfte die Abwasserkanäle, knirschte unter den Füßen, wenn man die Klassenzimmer betrat. Die algerischen Lehrer kamen aus dem Norden, die anderen waren Entwicklungshelfer; die aus dem Mittleren Orient erkannte man am Akzent, teilweise auch an der Kleidung.

Willkommen!

Durch das Fenster, durch das laut vorgetragene Phrasen in ägyptischem Akzent drangen, tauschte Boualem Höflichkeiten mit dem Lehrer aus, bevor er sich wieder der Gruppe zuwandte.

Das ist eine Geschichtsstunde. Der Lehrer gestattet uns einzutreten, mit Eurer Erlaubnis, Herr Direktor.

Der Lehrer fing, nunmehr beamtenmäßig, wieder von vorne an. Er legte höchsten Wert auf seine Aussprache vor diesem Auditorium aus der Hauptstadt. Die Schüler jedoch fühlten sich durch diese Invasion von Marsbewohnern eher gestört. Einige hielten die Nase hoch, aber die meisten hielten die gehetzten Blicke gesenkt. Mourad und Amalia ließen sich in der letzten Bank nieder, neben einem Jüngling, dessen blitzende Augen sich deutlich von seiner stumpfen Haut abhoben.

Neben der donnernden Stimme des Lehrers herrschte vollständiges Schweigen.

Vor dem Islam gab es die Zeit des Unwissens. Die Vorfahren der Araber lebten so, wie heute eure Eltern leben; sie waren Barbaren, sie beerdigten ihre Töchter direkt nach der Geburt. Dann aber kam der Koran, der das Heil brachte, das Wissen und die Zivilisation. Wenn ihr bleiben wollt wie eure Eltern, werdet ihr zu Barbaren und Unwissenden. Also, sagt an … Was wollt ihr sein?

Der lange Stock in der geschlossenen Faust des Lehrers geißelte die Luft. Vierzig Kinder erstarrten in Angst und versuchten, gleichzeitig der Zuchtrute und der Stimme zu entkommen.

Boualem beugte sich zu dem Schüler, der ihm am nächsten saß, hinunter und flüsterte ihm so laut, dass die anderen es verstehen mussten, ins Ohr: Sagt doch, Araber und Muslim.

Also, was seid ihr?, wiederholte der Lehrer.

Die Blicke waren auf die Pulte gesenkt, als wenn die Antwort von dort kommen sollte.

Boualem verschlug es den Atem. Könnt Ihr denn nicht antworten?

Mourad beugte sich zu Souad: Nein, sie können nicht.

Aber das ist doch so einfach.

Sie können es nicht, weil sie gezwungen werden. Sie müssen entweder die Wahrheit oder ihre Gemeinschaft verleugnen. Sie können es nicht. Sie sind noch so jung.

Ich habe alles versucht, sagte der Lehrer, doch ganz alleine ist das ein schwieriges Unterfangen.

Wir wollen die Sache jetzt nicht dramatisieren, warf der Direktor ein.

Herr Lehrer, erlauben Sie?, fragte Boualem. Er deutete mit seinem Finger geradeaus auf einen Jungen mit langen gewundenen Haaren, den er bereits seit seinem Eintritt registriert hatte. Er war nicht vornübergeneigt wie die anderen. Sein Blick erfasste ruhig und mit einem Anflug von gleichgültigem Hochmut die Besucher.

Boualem dachte bei sich: Ein richtiger, aufsässiger Wüstenblick.

Also, du … ja, du … Was willst du später einmal werden? Der dunkle Blick bewegte sich keine Spur.

Wie heißt du?

Ahitaghel.

Sie haben seltsame Namen, warf der Lehrer ein.

Ahitaghel, sagte Boualem, wenn du die Schule beendet hast, was wirst du dann machen?

Der Bogen seiner schmalen Lippen verhärtete sich noch durch die zusammengepressten Zähne. Ahitaghels Blick ruhte einen Augenblick lang auf Boualem, bevor er sich im Widerschein der Sonne verlor, im Himmelsviereck, das hinter dem Fensterrahmen glühte.

Boualems Handgriff schüttelte den dünnen Arm: Nun sag schon!

Die Stimme Ahitaghels war unbeeindruckt und deutlich: Fahrer.

Boualem betrachtete den Lehrer, der den Schüler betrachtete, dann hob er die Arme gen Himmel und ließ sie wieder sinken. Er bemühte sich, Ruhe zu bewahren.

Um Fahrer zu werden, musst du aber nicht zur Schule gehen.

Er wandte sich einem anderen Schüler zu: Und du?

Diesmal kam die Antwort wie aus der Pistole geschossen: Fahrer.

Und du?

Fahrer.

Fahrer.

Während der gebieterische Zeigefinger von Kopf zu Kopf wanderte, kam die Antwort stets sicherer:

Fahrer!

Eine wahnsinnige Wut blähte Boualems Brust, doch er fand keine Worte.

Also gut, sagte der Lehrer, aber erklärt uns doch, warum ausgerechnet Fahrer?

Ahitaghel hob den Finger: Weil man dann dahin kommen kann, wohin man will.

Sein Blick kam stechend wie ein Adlerblick aus seinen halb geschlossenen Augen.

Willst du denn nicht Krankenpfleger, Briefträger, Assistent des Bürgermeisters, Lehrer wie dein Lehrmeister werden? Oder warum nicht Polizist?

Diesmal kam die Antwort überraschend schnell: Kala!

Was sagt er?, fragte Boualem.

Er sagt Nein, erklärte Mourad. Auf Tuareg heißt Kala nein.

Und warum?, wollte Boualem wissen.

Ahitaghels Stimme war heiser und überschlug sich: Nicht Polizist.

Warum denn nicht? Warum? Polizist, das bedeutet Autorität.

Diesmal war es der Jüngling mit den feurigen Augen, der antwortete: Wegen seiner Mutter. Seine Mutter will nicht, dass er Polizist wird. Ahitaghel ist ein Ifoghas.

Und wenn schon? Kann man nicht Polizist werden, wenn man ein Ifoghas ist?

Nein.

Und warum nicht?

Ahitaghel ist aus Mali.

Du bringst ja alles durcheinander, sagte Boualem, er kann doch auch in Mali Polizist sein.

Nein.

Kannst du uns das erklären?, fragte Amalia.

Weil er wegen der Polizei überhaupt erst hier ist. Erzähl schon, Ahitaghel.

Ahitaghel blickte in Boualems Richtung, doch er schien ihn überhaupt nicht wahrzunehmen.

Also gut, sagte der Junge. Als die Polizisten in Ahitaghels Zelt eingedrungen sind, hatte er sehr große Angst, denn es waren nur noch seine Mutter, sein großer Bruder und er selbst dort.

Und was ist mit seinem Vater?, fragte Boualem.

Sein Vater? Sag schon, wo dein Vater ist, Ahitaghel.

Ahitaghel jedoch schien nicht verstanden zu haben.

Sein Vater ist in den Bergen, bewaffnet mit einer Flinte und Wurfspießen, wie alle anderen Männer.

Da haben wirs, schrie Boualem, was treibt er denn in den Bergen, mit seiner Flinte und den Wurfspießen, der Vater von Ahitaghel?

Krieg, wie alle anderen Männer. Los, Ahitaghel, erzähl schon.

Ahitaghel wandte langsam seinen Blick vom Fensterkreuz und begann mit seiner sanften Stimme in einem Stück zu erzählen.

Die Polizisten sind gekommen, um zu fragen, wo der Vater sei. Mutter sagte, sie wisse es nicht. Dann hat einer der Polizisten sie mit seiner Reitpeitsche geschlagen. Die Reitpeitsche ist auf den Boden gefallen. Der Polizist hat seinem großen Bruder in die Augen gesehen, so, als ob er sie aufheben solle. Der große Bruder hat den Polizisten angesehen und ihm dann lachend befohlen: Heb sie auf. Der Rottenführer ist vor Wut fast verrückt geworden. Er hat seine Mutter umgestoßen, ihr ein, zwei Tritte mit seinen Stiefeln verpasst, dann hat er angefangen, sie wie ein Verrückter zu schlagen. Er hat gesagt: Du bist es, du bist es, die ihn so erzogen hat!

Dann hat er den großen Bruder an die Wand gedrückt. Der große Bruder ist, ohne zu schreien, zu Boden gefallen. Nach seinem Tod hat er die Augen offen behalten.

Amalia beugte sich über die zerzausten Haare Ahitaghels und strich sie nach hinten.

Ahitaghel, falls du einen schönen Lastwagen hättest, was würdest du tun?

Er betrachtete sie gierig, so als würde sie ihm sofort einen Lastwagen schenken. Seine Lippen öffneten sich ein wenig, ein Schimmern leuchtete in seinen Augen, dann lächelte er, es war das erste Lächeln in dieser Schulstunde.

Ich würde meine Mutter besuchen fahren.

Das kann ich gut verstehen, doch warum wollt ihr anderen auch Fahrer werden?

Weil wir dann frei sind.

Also los, sagte der Lehrer, ihr seid frei, es ist Pause, geht hinaus.

# Der Blues der blauen Menschen – Das Festival von Timbuktu

*Michael T. Ganz*

»Et le seul combat«, ruft der Minister von der Bühne, »der einzige Kampf, den das malische Volk noch zu kämpfen hat, ist der Kampf für eine Kultur des Friedens!« Weiße, braune, schwarze Hände klatschen Beifall. »Ich glaube«, fährt der Minister fort, während der Wind sein Gewand bläht, »dass sich Kultur, Friede und Entwicklung harmonisch verbinden!« Auf der Sanddüne gegenüber der Bühne sitzen, kauern und stehen Hunderte von Menschen, die Silhouetten von Reitkamelen mit gereckten Hälsen stechen in den Abendhimmel. »Bleiben wir beweglich, tolerant, solidarisch!«, ruft der Minister ins Mikrofon und breitet die Arme aus. »Hiermit erkläre ich das Festival au Désert für eröffnet.«

Man nennt es das abgelegenste Musikfestival der Welt. Seine Bühne steht in der Südsahara, siebzig Kilometer nordwestlich von Timbuktu. Die benachbarte Oase Essakane, fünf Häuser und ein Sendemast, ist auf keiner Touristenkarte eingezeichnet. Eine Straße gibt es nicht von Timbuktu hierher, nur Reifenspuren im Sand. Wer ans Festival au Désert reist, reist lange und beschwerlich.

Für die knapp vierhundert Kilometer vom Flugfeld der zentralmalischen Stadt Mopti bis nach Timbuktu im Nordosten des Landes brauchen wir vierundzwanzig Stunden. Obschon Abdul wie ein Henker fährt. Der klapprige Nissan, dessen Stoßdämpfer längst keinen Stoß mehr dämpfen, hüpft, springt, fliegt von Buckel zu Buckel, wir krachen mit den Köpfen gegen das Fahrzeugdach. »Doucement, Abdul, ne va pas trop vite!« Abdul geht kurz vom Gas, dreht den Kopf, lächelt und tritt erneut aufs Pedal.

Abdul ist anderes gewohnt. Chauffiert er nicht Touristen zum Festival, verdient er wie viele Tuareg ein Zubrot als Schmuggler. Er transportiert amerikanische Zigaretten aus nigerianischer Produktion durch Mali nach Algerien. Um den Grenzpatrouillen zu entwischen, rast Abdul quer durch die Sahara, sechsunddreißig Stunden am Stück oder länger. »Oui, c'est dangereux«, meint er trocken. Die Grenzwächter haben Gewehre, Abdul hat nur seinen Mut und etwas Werkzeug, um den Wagen in Schuss zu halten.

Ein Dutzend Mal steht der Nissan still auf unserer Fahrt nach Timbuktu. Geplatzter Reifen, verklemmtes Differenzial, defekte Kraftstoffpumpe, Wackelkontakte hier und dort. Wortlos kriecht Abdul jeweils unters Auto, während wir sieben europäischen Passagiere im mageren Schatten eines Dornbuschs warten. Die stockende Fahrt durch die Savanne nimmt kein Ende. Mitten in der Nacht bricht der Dachträger und rutscht samt Sack und Pack vom Wagen. Abdul behebt den Schaden mit Tamariskenholz und den wenigen Metern Seil, die ihm bleiben. »In der Wüste«, sagt Abdul, »gibt es keine Ersatzteile. Wir Tuareg wissen uns selbst zu helfen.«

*Route de l'espoir* heißt die harte und holprige Piste, auf der wir Richtung Nordosten rollen. Die Straße der Hoffnung endet am Südufer des Niger, eine kleine Fähre bringt Autos, Tiere und Festivalbesucher ans andere Ufer. Von da ist es nicht mehr weit nach Timbuktu, der einst wichtigsten Stadt der Region, Ausgangs- und Endpunkt aller großen Saharakarawanen und

Zentrum muslimischen Wissens, jener Stadt mit magischem Namen, die den Christen noch bis ins 19. Jahrhundert verboten war und von der die Europäer stets glaubten, ihre Straßen seien mit Gold gepflastert, bis der französische Forschungsreisende René Auguste Caillé – er kehrte 1828 als erster Weißer lebend aus Timbuktu zurück – den Mythos zerstörte.

In Timbuktus Gassen liegt seit alters nur Treibsand, und er liegt jedes Jahr höher. Die Stadt wird allmählich von der Wüste verschluckt. Abdul steuert den Nissan an Eseln und Ziegen vorbei, weicht Kindern aus, die vor Hauseingängen mit Murmeln spielen. Viele der einstöckigen Lehmziegelbauten sind verlassen und verfallen rasch. Timbuktu hat dreißigtausend Einwohner, die Arbeitslosigkeit ist groß, die Menschen sind arm, viel ärmer noch als die Malier im fruchtbareren Süden. Mali zählt zu den ärmsten Ländern der Welt. Auf dem Human-Development-Index der UNO, der die Staaten mit dem geringsten Lebensstandard auflistet, figuriert Mali nach Niger und Sierra Leone auf Platz drei.

Es ist einiges los in Timbuktu an diesem Donnerstag im Januar. Restaurantbesitzer hieven Tische, Stühle und Bier auf Pick-ups mit Allradantrieb, Handwerker packen ihre Holz- und Silberwaren ein, vor den wenigen Hotels und Herbergen zwängen sich Europäer mit Rucksäcken in Geländewagen. Alle haben das gleiche Ziel: die Dünen von Essakane. Vor Sonnenuntergang beginnt das dreitägige Festival au Désert.

Am nordwestlichen Stadtrand geht Timbuktu unmerklich in Wüste über, und hier steht die *Flamme de la Paix,* ein turmhohes Denkmal, das selbst die Moschee überragt. Es erinnert an den Friedensschluss von 1996: An dieser Stelle warfen Kämpfer der Tuareg-Guerilla und Soldaten der malischen Armee ihre Waffen ins Feuer. Der symbolische Akt markierte das Ende eines fünfjährigen Bürgerkriegs. Wer von Timbuktu ans Festival von Essakane fährt, kommt an der steinernen Flamme vorbei. Und das ist gut so, denn in jenem blutigen Konflikt zwischen den Nomaden und der sesshaften Mehrheit im Land hat das Festival seinen Ursprung.

»Restons mobiles, tolérants, solidaires!« Während der Minister von der Bühne abtritt und die Musiker ihre Instrumente stimmen, setze ich mich zwischen die Zuschauer auf der Düne in den feinen weißen Sand. Da sind vor allem Tuareg, einige im traditionellen blauen Gewand, das ihnen die Bezeichnung »hommes bleus« eintrug. Da sind aber auch Schwarze aus Zentral- oder Südmali und aus Nachbarländern wie Mauretanien, Niger und Burkina Faso. Und dazwischen vereinzelt die hellen Gesichter von Europäern, Amerikanern, Australiern.

Von der großen Düne schweift der Blick über das Gelände. Hinter dem Bühnenbau, wo knorrige Tamarisken die Dünen säumen, liegt im letzten Licht der Sonne das Camp: unzählige braune oder sandfarbene Nomadenzelte, eine Kleinstadt aus Tierhaut und Tuch. Zwischen den Zelten stehen Autos, gehen Menschen, liegen Kamele, aus kleinen Feuern steigt Rauch. Im Westen ein ferner Gebirgszug, sonst Wüste, nichts als Wüste, bis zum Horizont.

Dann wird es rasch dunkel. Die Bühne, auf der sich malische Musikgruppen und andere westafrikanische Formationen abwechseln, liegt in grellem Scheinwerferlicht. Der Wind trägt den Klang aus den riesigen Lautsprechern zur Düne herüber, lässt ihn an- und abschwellen. Junge Tuareg bahnen sich einen Weg durchs Publikum und bieten für ein paar westafrikanische Francs Grüntee, Bier und Zigaretten an. Am Fuß der großen Düne glühen Holzkohlestöße und spenden ein wenig Wärme. Die Winternächte in der Sahara werden fast so kalt, wie die Sommertage heiß sind.

Zwei Hitzeperioden in den Siebziger- und Achtzigerjahren lösten in Mali die Tuaregrevolte aus. Es war nicht das erste Mal, dass die Sahel-Nomaden zur Waffe griffen. Sie hatten sich schon gegen die französischen Kolonialherren gewehrt, die ihr Stammesgebiet mit willkürlichen Staatsgrenzen zerschnitten, ihre Bewegungsfreiheit eingeschränkt hatten. Nach 1960, als Mali selbstständig wurde, bekämpften die Tuareg die neue Regierung, die sie zur Sesshaftigkeit zwingen wollte. Die rund eine Million Tuareg, auf grenzüberschreitende Weidegründe angewiesen, in Familienclans organisiert und nie einer Staatsmacht verpflichtet, widersetzten sich den ihnen aufgezwungenen Schranken. So allerdings blieben sie unkontrollierbar und machten sich wenig beliebt.

Dann kamen die Dürren. Die Herden fanden keine Nahrung mehr, den Nomaden drohte der Hungertod. Hilfssendungen und Unterstützungsgelder aus Europa versickerten in der Korruption, und die von der malischen Regierung angekündigten Entwicklungsprojekte – Wiederaufbau des Agrarwesens, Zugang zu Wasser, medizinische Versorgung – verpufften praktisch wirkungslos. 1991 entluden sich Wut und Frustration der Tuareg in bewaffneten Überfällen auf alles, was den Staat repräsentierte: Polizeiposten, Verwaltungsbüros, Gerichte.

Die malische Militärregierung schlug erbarmungslos zurück. Die Armee exekutierte Stammesführer, attackierte Karawanen und brachte wahllos Zivilisten um. Viele Nomadenfamilien flohen in die nördlichen Nachbarländer und lebten jahrelang in Flüchtlingslagern. Junge Tuaregkämpfer verschanzten sich westlich von Timbuktu – nicht weit von Essakane also – in verlassenen Nomadensiedlungen, Regierungstruppen in den Kleinstädten am Niger. Die Scharmützel dauerten über ein Jahr. Mit einem wenig ausgereiften »Pacte National« versuchte die Regierung 1992, den Krieg zu beenden, doch nicht alle kämpfenden Tuareggruppen akzeptierten das Friedensangebot. Der Konflikt dauerte an und wurde endgültig zum Bürgerkrieg, als einige Tuareg Dörfer schwarzer

Volksstämme überfielen, um Geld und Nachschub zu erpressen. Nun wuchs eine schwarze Volksarmee heran, und bald hatten die Nomaden im Nordosten ganz Mali gegen sich.

Die Grausamkeiten gipfelten 1994 im Pogrom von Goa. Schwarze Milizionäre löschten ein Dorf sesshafter Tuareg aus, weit über hundert Menschen kamen ums Leben. Der Schock war groß, und die Kriegsparteien erkannten endlich den Wahnsinn ihres Tuns; sie stellten die Kämpfe ein und begannen zu verhandeln. Zwei Jahre später wurde mit der Waffenverbrennung von Timbuktu der Friede besiegelt, und die geflohenen Tuareg kehrten aus ihren Zufluchtsländern nach Mali zurück.

»Früher«, erzählt Mohamed Lamine Ag N'Dégéou, einer der Organisatoren des Festivals, den ich am nächsten Morgen beim Eingangstor treffe, »früher versammelten wir Tuareg uns alljährlich zu einem großen Fest, dem Temakanit. Am Temakanit tauschten wir uns aus, sprachen über die Probleme des Nomadenlebens, über Politik und Gesellschaft, es gab Musik, Tanz und Kamelrennen. Dann kam die Revolte, der Krieg, die Leute flohen, niemand dachte mehr an ein Temakanit. Nach dem Frieden von 1996 beschlossen wir, die Tuaregtreffen wieder aufleben zu lassen, um den Frieden zu festigen und unsere alten Bräuche wiederzufinden. Die Tuareg, die aus den Flüchtlingslagern zurückkamen, sollten sich in ihrer Kultur wieder zu Hause fühlen. Das ist der Ursprung des Festivals, das Sie hier sehen.«

Initianten des Festival au Désert, das 2001 zum ersten Mal stattfand, sind zwei politisch und kulturell tätige Nichtregierungsorganisationen der Tuareg. Die malische Regierung hat die Schirmherrschaft übernommen und entsendet Minister und andere Notabeln. Unterstützt wird der Anlass von europäischen Hilfs- und Kulturorganisationen. Die Bühne zum Beispiel verdanken die Organisatoren der Deutschen

Gesellschaft für Technische Zusammenarbeit (GTZ), die EU wiederum förderte den Bau von Toiletten europäischen Zuschnitts; eine Solarpumpe im Sodbrunnen liefert Wasser für die Spülung.

So zumindest war die Idee. Doch dass brauchbare Dinge, die an dreihundertzweiundsechzig Tagen des Jahres unbenutzt herumstehen, in einem so armen Land nicht unbenutzt bleiben, versteht sich von selbst. Längst sind Spülkästen, Rohre und Halterungen verschwunden; es bleiben die Schüsseln, in denen der Kot überquillt – ein Beispiel gut gemeinter, aber falsch gedachter Entwicklungshilfe.

Das Gehen ist mühsam im Sand, das Gelände ist groß. Mein Morgenspaziergang führt mich vom Tor an den ausgeschlachteten Klos vorbei zum improvisierten Markt. Da gibt es Tuareghandwerk, Gebrauchtelektronik, traditionelle Arzneien, vor allem aber Schmuck. »Dies hier ist das Kreuz des Südens und das die Hand der Fatima«, erklärt mir ein junger Targi, dessen Familie neben der Tierzucht auch Schmuck herstellt. »Und hier ist eine Hochzeitskette, die haben wir aus Kamelzahn gemacht. Wenn eine Frau geheiratet hat, zieht sie die an. Es ist das Zeichen: Voilà, die Hochzeit ist vorbei. D'accord? Ça marche, mon ami!«

Ich beginne, den Geist des alten Temakanit zu erahnen. Vor ihren Zelten sitzen Nomadenfamilien beisammen und diskutieren in ihrer rau klingenden Sprache, dem Tamaschek. Männer begutachten Kamelsättel, Frauen braten Erdnusspastenbällchen, Kinder füttern ihre kleineren Geschwister. Von den Ästen der Tamarisken hängen große rohe Fleischstücke, Vorrat für das dreitägige Fest. Auf einer Düne sitzen schwarz gekleidete Tuaregmädchen im Kreis, klatschen in die Hände und singen, eine Tänzerin wirbelt durch den Sand, krümmt ihren Körper, lässt sich zu Boden fallen, schnellt wieder hoch. Zwischen den Dünen messen sich Reiter mit ihren Dromedaren; die schlaksigen Tiere sind im Galopp pfeilschnell, lautlos trommeln ihre weichen Hufe über den Sand und lassen ihn in alle Richtungen stieben.

Zwischen den Dünen lerne ich Ahmed kennen. Er lädt mich in sein Zelt zum Tee. Ahmet ist mit einer Salzkarawane aus Taoudenni ans Festival gekommen, »vierzig Kamele und fünf Begleiter, der Salzhändler, der Kamelführer, der Koch, der Teezubereiter und ich«. Taoudenni ist eine kleine Minenstadt rund siebenhundert Kilometer nördlich von Timbuktu, die abgelegenste malische Siedlung überhaupt. Dort werden aus vertrockneten Seen Salzplatten geschnitten; Kamele tragen die Platten in sechzehn Tagen nach Timbuktu und ans Nigerufer, wo man sie auf große Pinassen verlädt und zu den Märkten am Fluss – zum Beispiel nach Mopti – bringt.

»Ich bin auch gekommen«, sagt Ahmed, »um hier am Festival allerlei Dinge zu verkaufen, denn das Festival ist gut fürs Geschäft. Und ich bin gekommen, um mit anderen Tuareg Ideen auszutauschen, das ist wichtig. Auch mit Menschen, die von weither kommen, comme toi, mon ami.« Er gießt vom starken süßen Tee nach und hält, damit dieser schäumt, das Kännchen hoch übers Glas. »Und dann bin ich natürlich auch für die Musik gekommen, für den Tanz, für die Kamelrennen. Das alles mögen wir gern.« Nach dem Festival wird Ahmed wieder sechzehn Tage und Nächte durch den Sand laufen, neben den vierzig Kamelen her, bis nach Taoudenni, wo es kaum Fremde gibt.

Drei-, vier-, vielleicht auch fünftausend Gäste sind dieses Jahr am Festival, die genaue Zahl kennt niemand. Etwa fünfhundert davon sind Touristen und Journalisten aus nichtafrikanischen Ländern, und es werden von Jahr zu Jahr mehr. »Man muss das Festival noch genießen, bevor es allzu bekannt wird. Es ist schon touristisch genug«, meint eine Besucherin aus England, die an einem der vielen Verpflegungsstände Kaffee trinkt. Festivalorganisator Mohamed Lamine Ag N'Dégéou sieht es anders. »Wir wollen uns der Welt öffnen«, hat er gesagt, »an diesem Festival sollen andere Menschen unsere Kultur entdecken und wir die Kultur der andern.«

Die Tuareg – zumindest ihre Vertreterorganisationen – machen mit dem Festival gezielt Politik. Sie suchen den Dialog mit der Welt, vor allem aber mit ihren eigenen Landsleuten, den schwarzen Maliern aus dem Südwesten. Denn der Bürgerkrieg ist noch nicht vergessen, der Friede von 1996 fragil. Kaum ein Jahr ist es her, dass selbst ernannte Tuaregkämpfer zwei malische Militärlager überfielen und damit Ängste schürten, der alte Konflikt könnte wieder aufflammen. Heute noch warnen Behörden Saharareisende vor bewaffneten Tuareggruppierungen in der Wüste.

Die Tuareg sind ein freundliches, friedfertiges Volk. Doch sie sind stolz, und wer sie kränkt, macht sie sich zum Feind. Als die malische Regierung nach den Dürren der Siebziger- und Achtzigerjahre die Bitten der Nomaden nicht erhörte, wanderten viele junge Tuareg nach Libyen aus und ließen sich in Ghadhafis Trainingslagern zu Guerillakämpfern ausbilden; sie wurden später die Anführer der Tuaregrevolte. Einer von ihnen war Alhousseini Abdoulahi, genannt Abdallah. Heute ist Abdallah Gitarrist der Gruppe Tinariwen, und Tinariwen sind die unbestrittenen Stars des Festival au Désert, Idol und Sprachrohr der Tuareg zugleich.

Die Zelte der auftretenden Künstler stehen etwas abseits vom Rummel, sind aber genauso spartanisch wie alle anderen im Camp. Ich setze mich zu Abdallah unter die zusammengenähten Schafhäute, draußen brennt die Mittagssonne auf den Sand. Abdallah lockert seinen indigofarbenen Tagelmust, den Turban, mit dem die Tuaregmänner – und nur sie, nicht die Frauen – Kopf und Gesicht verhüllen. »Ich ging 1987 nach Libyen ins Ausbildungscamp«, erzählt Abdallah, »und traf dort die anderen. Sie machten schon seit vier Jahren Musik, hatten Tinariwen bereits gegründet, ich stieß dazu. Anfang der Neunzigerjahre kamen wir gemeinsam nach Mali zurück und kämpften für die Sache der Tuareg.«

»Wo habt ihr gekämpft? Wie habt ihr gekämpft?«

Abdallah winkt ab, will nicht darüber reden. »Wir waren Soldaten, Komparsen der Rebellion, mehr nicht. Dann kam der Friede von 1996, und viele Tuaregkämpfer schlossen sich der malischen Armee an. Wir aber wollten das nicht. Wir suchten eine neue Lebensform und machten nur noch Musik.«

In Libyen – ausgerechnet in Libyen! – lernten die jungen Männer von Tinariwen den amerikanischen Rock'n' Roll kennen. Sie verschmolzen den harten Klang der elektrischen Gitarre mit traditioneller Tuaregmusik und dem Blues des schwarzen malischen Sängers Ali Farka Touré, kreierten daraus ihren eigenen Stil, einen lauten und kämpferischen Sahara-Sound, der dem rebellischen Geist der Tuareg Ausdruck verlieh. Tinariwen wurden zum »Untergrundtelefon des Widerstands«, wie sie selbst von sich sagen, ihre Musikkassetten waren in Mali verboten. Sie, die über der einen Schulter das Gewehr und über der anderen die Klampfe trugen, waren für die Tuareg Helden im Kampf um Freiheit und Recht.

Tinariwens Lieder handeln von Krieg und Entbehrung, aber auch von den Sorgen des Alltags und von der Liebe, sie beklagen den Niedergang des nomadischen Stammeslebens und machen Hoffnung auf ein besseres Leben. Der Blues der blauen Menschen. Mit ihm touren Tinariwen heute durch die ganze Welt. »Wir sind die Botschafter unseres Volkes«, sagt Abdallah. »Ich weiß nicht, ob die Leute, die uns hören, unsere Botschaft verstehen, aber wir geben uns Mühe, dass sie es tun. Wir kämpfen weiter für unsere Rechte als freie Nomaden. Viele der Probleme, die 1991 zur Tuaregrevolte führten, sind bis heute nicht gelöst. Wasser, Arbeit, Selbstständigkeit. Es ist deshalb schwer zu sagen, ob der Krieg tatsächlich schon zu Ende ist.«

Sonntag früh gegen drei. Zum letzten Mal auf der Düne, zum letzten Mal den Sand in den Händen, die Sterne über dem Kopf. Die Bühne leuchtet und bebt, Tinariwen, die Stars mit Turban und Gitarre, beschließen das Festival au Désert. Wieder ist ein Temakanit zu Ende, die weißen, braunen, schwarzen Hände klatschen Beifall. »Der einzige Kampf, den das malische Volk noch zu kämpfen hat, ist der Kampf für eine Kultur des Friedens«, hat der Minister gesagt. Morgen werden Lautsprecher, Bierdosen, Kamele, Generatoren, Zelte, Autos und Menschen verschwinden. Bis zum nächsten Jahr, so Gott will, Inschallah.

Abdul fährt uns zurück nach Mopti, noch in derselben Nacht. Und wieder ist die Reise stockend und lang. Abdul bastelt und flickt – auch den zweiten Dachträger, der, genau wie der erste, irgendwann bricht und verrutscht. Und dann, gegen Ende der Fahrt, ein seltsames Geräusch. Wir steigen aus und staunen: Eine Blattfeder ist entzwei, die Vorderachse hängt schräg, lose, verschoben. Da verliert sogar Abdul ganz kurz die Geduld: »Je suis fatigué avec cette voiture«, murmelt der Targi in seinem gebrochenen Französisch. Dann hantiert er mit Blech, Zange und Schnur. Wir erreichen das Flugzeug zur rechten Zeit.

## Schnee in der Sahara – Wie südamerikanisches Kokain nach Europa gelangt

*Kurt Pelda*

Es ist ein Bewohner der malischen Stadt Gao, der dem Besucher als Erster von den Kokainsüchtigen in der Sahara erzählt. »An Brunnen in der Wüste kann man heute junge Kokser antreffen«, sagt der Mann, der viel in der Sahara herumkommt. Mit den Koksern meint der Malier nicht irgendwelche Süchtige, sondern die Fahrer und die jungen Bewaffneten, die den »Schnee«, das weiße Puder aus Südamerika, durch die Sahara schmuggeln, von West nach Ost, von Mauretanien bis nach Ägypten. Selbst das United Nations Office on Drugs and Crime (UNODC) schreibt in seinen Berichten, dass die Kokainmafia ihre afrikanischen Helfer mit Kokain bezahle. Ein Teil davon wird offenbar an Ort und Stelle konsumiert, während der Rest hauptsächlich auf dem Luftweg per Kurier nach Europa gelangt – zum Beispiel vom Flughafen der malischen Hauptstadt Bamako aus.

Gao liegt am Rand der Sahara und zugleich am Ufer des mächtigen Niger-Flusses. In der Stadt gebe es plötzlich teure Autos, und große Häuser schössen aus dem Boden, fährt der Informant fort. Ähnliches sei in Kidal zu beobachten, einer kleinen Ortschaft im Nordosten des Landes, mitten in der Sahara. »Es gibt kaum noch Touristen in der Gegend, und auch der Schmuggel gestohlener Autos aus Europa ist praktisch zum Erliegen gekommen. Woher also kommt der neue Reichtum?«, fragt der Mann und gibt die Antwort gleich selber: »Das Geld stammt aus dem Drogenhandel, dem Entführungsgeschäft und dem Schmuggel afrikanischer Migranten quer durch die Wüste.«

Szenenwechsel in die rund siebenhundert Kilometer weiter nordöstlich gelegene algerische Sahara. Dort brettert ein Pick-up mit hundertsechzig Kilometern pro Stunde über den Sand und zieht dabei eine lange Staubfahne hinter sich her. Am Steuer sitzt ein Targi in Jeans und mit einem schwarzen Turban auf dem Kopf. Aufmerksam späht der Mann in die flimmernde Luft über der unsichtbaren Piste, um Bodenwellen und herumliegenden Felsbrocken auszuweichen oder rechtzeitig abzubremsen. Auf dem Beifahrersitz hält sich Ibrahim mit beiden Händen fest, damit sein Kopf bei den harten Schlägen nicht gegen das Dach des Führerhauses knallt. Er ist der Chef der beiden Schmuggler und kennt die Wüste so gut wie seine Hosentasche. Ibrahim gehört zu einer weitherum bekannten Tuaregfamilie. Den Toyota hat sich Ibrahim von einem algerischen Drogennetzwerk ausgeliehen. Das sagt einiges über die Beziehungen des jungen Targi aus. Was er schmuggelt, verrät Ibrahim nicht. Die Staatsgrenzen in der Sahara sind höchst durchlässig, und mit dem illegalen Handel von Treibstoff, Zigaretten, Waffen und Drogen lässt sich viel Geld verdienen. In den schwarzafrikanischen Ländern Mali und Niger zum Beispiel kostet Benzin fast zehnmal so viel wie weiter nördlich in Algerien oder Libyen.

**Drogenmafia in neuen Pick-ups**

Das Innere von Ibrahims geliehenem Auto ist zum Teil noch mit der Plastikfolie des Herstellers überzogen. Durch die Verwendung praktisch fabrikneuer Pick-ups unterscheidet sich die Drogenmafia von den gewöhnlichen Benzin- und Zigarettenschmugglern in der Sahara. Die Drogen – Haschisch aus Marokko und Kokain aus Südamerika – müssen möglichst rasch durch die Wüste transportiert werden. Für die – in Luftlinie – rund 3200 Kilometer lange Reise von der mauretanischen bis zur ägyptischen Grenze benötigt ein Kokainkonvoi gerade einmal eine Woche. Mit ihren schnellen Autos versuchen die Schmuggler zudem, Patrouillen der Sicherheitskräfte aus dem Weg zu gehen. Dank den starken Benzinmotoren sind ihre Toyotas den meist schwerer beladenen Fahrzeugen von Armee oder Banditen überlegen. Die kostbare Fracht wird zudem von bewaffneten Eskorten begleitet.

Weil die algerischen Behörden von der Vorliebe der Schmuggler für leistungsstarke Benzinmotoren wissen, darf man in Südalgerien Benzinkanister nur mit einer Sondergenehmigung füllen. Für die zwei großen Fässer, die auf der Ladefläche des Pick-ups mit Seilen festgezurrt sind, musste Ibrahim deshalb mehrmals zu Tankstellen, um die beiden im Auto eingebauten Tanks vollzutanken. Danach füllte er das Benzin bei sich zu Hause mit einem Schlauch in die Fässer um. Den 160 Kilometern pro Stunde zum Trotz wäre Ibrahim lieber mit einem noch schnelleren Auto unterwegs. Er denkt dabei an jene Toyota-Modelle, die in der Sahara als »huit-huit« bekannt sind, weil sie statt der üblichen sechs über acht Zylinder verfügen. Diese kraftvollen Fahrzeuge, die bis zu 220 Kilometer pro Stunde schaffen, sind typisch für die Kokainmafia. Nach zwei, höchstens drei Reisen quer durch die Sahara würden diese Autos nicht mehr für den Drogenschmuggel eingesetzt, erzählt ein Geschäftsmann, der sich im Dreiländereck zwischen Algerien, Mali und Niger bestens auskennt. Die Strapazen seien einfach zu groß, bei weiteren Fahrten riskiere man deshalb Pannen, die bei den hohen Geschwindigkeiten für Fahrer und Fracht gefährlich würden.

Der Geschäftsmann, ebenfalls ein Targi, erzählt weiter, er habe einmal einen Konvoi auf einer Reise von der mauretanischen bis zur ägyptischen Grenze begleitet. Welche Waren dabei transportiert wurden, behält er für sich, doch gibt er unumwunden zu, dass er viel über die Drogenmafia weiß. »Es gibt zwei Netzwerke für marokkanisches Haschisch und eines für Kokain.« Die Kokaintransporteure seien wesentlich besser organisiert als die Haschischschmuggler. Während jeder Pick-up rund fünfhundert Kilogramm Haschisch transportiere, seien es beim Kokain nur etwa zweihundertfünfzig Kilo. »Die Kokainschmuggler sind höchst gefährlich für alle, die ihnen auf der Reise in die Quere kommen. Die machen kurzen Prozess.« Der Unternehmer breitet eine große Michelin-Landkarte auf einem Kaffeetisch aus. Mit dem Finger zeigt er im Westen der Sahara auf das Dreiländereck zwischen Mauretanien, Algerien und Mali. »Das in Marokko produzierte Haschisch wird durch die Wüste Erg Shesh transportiert, während das Kokain von Mauretanien nach Mali gelangt. Die beiden Schmuggelrouten laufen bei al-Khalil südlich der algerischen Grenzstadt Bordj Mokhtar zusammen. In al-Khalil werden die Fahrzeuge mit Treibstoff aus Algerien aufgetankt.« Die bewaffneten Eskorten werden laut dem Informanten anfänglich von Angehörigen der Erguibat gestellt. Diese sind die größte Gruppe innerhalb des Sahraoui-Volkes, das vor allem in der marokkanisch besetzten Westsahara und daneben auch in Algerien, Mauretanien und Mali lebt.

Laut anderen unbestätigten Berichten hat die mauretanische Regierung eine Art Stillhalteabkommen mit der Kokainmafia im Norden des Landes geschlossen: Die Sicherheitskräfte lassen die Drogenschmuggler gewähren, solange diese die Terroristen von *al-Qaïda aux pays du Maghreb islamique (Aqmi)* aus dem Nordosten des Landes fernhalten. Die Armee und westliche Ausländer sind in Mauretanien immer wieder Opfer blutiger Anschläge geworden, die alle auf das Konto von Aqmi gingen. Ihr Rückzugsgebiet haben die Terroristen vor allem in der malischen Sahara.

Der erwähnte Geschäftsmann unterhält gute Beziehungen zu einem arabischen Stamm, der in der Gegend der alten Salzmine von Taoudenni siedelt und Aqmi Gastrecht gewährt. Der Mann glaubt deshalb sagen zu können, dass Aqmi – im Gegensatz zu einigen Tuaregrebellen in der Region – nicht am Kokainschmuggel beteiligt sei. »Die Erguibat bringen das Kokain bis nach Adrar Bous in Niger«, fährt der Unternehmer fort. Dort würden die Drogen von Tuareg übernommen. Adrar Bous ist ein kleines Gebirge, das im Einflussbereich der Tuaregrebellen des *Mouvement des Nigériens pour la Justice (MNJ)* liegt. Der Geschäftsmann meint allerdings, es seien nur untere Chargen des MNJ in den Schmuggel verwickelt. Die Tuareg begleiten das Kokain dann weiter nach Osten, durch die Ténéré-Wüste. Irgendwo im Grenzgebiet zwischen Niger und Tschad übernehmen Toubou-Nomaden die Ladung. Die Toubou leben nicht nur in Tschads Norden, sondern auch im Süden Libyens. Die Route verlaufe nördlich des tschadischen Tibesti-Gebirges und südlich der libyschen Oase Kufra nach Ägypten, erzählt der Informant weiter. Auf seiner eigenen Reise auf diesem Schmuggelpfad sei der Konvoi von einem libyschen Armeehauptmann mit Treibstoff versorgt worden.

Während marokkanisches Haschisch schon seit Langem durch die Sahara nach Ägypten gelangt, ist der Kokainschmuggel ein relativ neues Phänomen. Wie alles, was in der Wüste geschieht, ist der heimliche Handel den in Algerien, Mali und Niger lebenden Tuareg nicht entgangen. Unter ihnen werden wilde Gerüchte herumgeboten, was mit den Drogen am Schluss geschieht. Einige glauben, das Kokain sei für Israel bestimmt. Andere wollen wissen, dass der israelische Geheimdienst Mossad und die CIA die arabischen Golfstaaten damit unterwandern und destabilisieren wollen. Ein westlicher Drogenexperte hat eine ganz andere Erklärung: »In Ägypten wird das Kokain in Containern versteckt und nach Osteuropa verschifft.«

In einer Ladung, die aus Alexandria oder Port Said stammt, würden wohl die wenigsten europäischen Zollbeamten Kokain aus Südamerika vermuten. Das ist genau der Grund, warum die Drogenmafia den gewaltigen Umweg durch die Sahara in Kauf nimmt. Die direkte Route von Lateinamerika nach Europa ist riskant. Darum bringt die Mafia das weiße Puder auf dem See- und Luftweg zuerst nach Westafrika, wo es zwischengelagert wird. Von dort gelangte früher wohl ein ansehnlicher Teil auf dem Seeweg oder über Marokko nach Spanien, doch ist diese Route seit dem Zustrom von afrikanischen Migranten und den darauffolgenden Abwehrmaßnahmen der Spanier weitgehend versperrt. Heute macht das Kokain deshalb unter anderem den Umweg über nordafrikanische Staaten wie Ägypten, aber auch Algerien und Libyen.

Politische Veränderungen wie der Putsch in Guinea, einem der neuen westafrikanischen »Narko-Staaten«, oder der Sieg der Opposition bei den ghanesischen Präsidentenwahlen scheinen die Kokainmafia in Westafrika allerdings verunsichert zu haben. Von den Putschisten in Guinea unter Druck gesetzt, gestand der Sohn des verstorbenen Diktators Lansana Conté vor laufenden Fernsehkameras, mit der Drogenmafia zusammengearbeitet zu haben. Auch Contés Schwager gab zu, große Geldbeträge von der kolumbianischen Mafia erhalten zu haben. Und in Ghana, wo der Einfluss der Kokainbarone unter Präsident Kufuor bedrohlich zugenommen hatte, ließ der neue Staatschef Atta-Mills die Polizeikräfte säubern. Diese hatten zunehmend mit der Drogenmafia zusammengearbeitet.

Antonio Mazzitelli vom UNODC in Senegals Hauptstadt Dakar glaubt, dass sich die Anstrengungen zur Bekämpfung der Drogenmafia zumindest in einigen westafrikanischen Staaten langsam bezahlt machten. Es sei denkbar, dass die Drogenmafia angesichts der politischen Umwälzungen vorerst eine abwartende Haltung einnehme. Dies könnte der Grund sein, weshalb die Menge des in Westafrika beschlagnahmten Kokains in letzter Zeit stark rückläufig sei. Das UNODC schätzt den Großhandelswert des Kokains, das über Westafrika nach Westeuropa gelangt, auf mindestens eine Milliarde Dollar nach knapp zwei Milliarden Dollar im Jahr 2007. Steigende Kokainpreise könnten die Narko-Mafia jedoch schon bald dazu bringen, ihre afrikanischen Schmuggelrouten zu diversifizieren. Die wirtschaftlichen Anreize für die lokalen Netzwerke sind dabei enorm: Einen fabrikneuen Pick-up im Wert von etwa 30 000 Euro kann ein ortskundiger Unternehmer in der Sahara für umgerechnet 150 000 Euro an die Kokainmafia vermieten – für eine einzige Fahrt von Mauretanien nach Ägypten.

# Zohra und Bouhaloufa

*Malika Mokeddem*

Sie war ein kleines Persönchen mit tätowierter brauner Haut. Mit dunkelgrünen Tätowierungen an allen denkbaren Stellen: Kreuze auf den Backenknochen, einen Zweig auf der Stirn zwischen ihren langen Augenbrauen, geschwungen und schmal wie zwei Halbmonde, zwei Striche auf dem Kinn. Sogar auf den Handgelenken und Knöcheln hatte sie welche, zu Armbändern und Kholkhal ziseliert.

»Schmuck, der nicht viel kostet und den mir niemand nehmen kann«, pflegte sie zu sagen, während sie ihre Hände betrachtete.

Geschmeidig und hager, ohne ein Gramm Fett, hatte sie einen flinken Gang voll lebhafter Anmut. Lockere Arme, tanzender Magroun, schweifender Blick, ein Schritt, zwei Schritte, Fußabdrücke auf dem glitzernden Lauf der langen Stunden, die tagaus, tagein verrannen. Wie alt war sie, die Beduinin?

»Ich bin im Jahr der ganz großen Dürre geboren. Ein Jahr ohne einen Tropfen Wasser!«, sagte sie kategorisch.

Im Jahr der ganz großen Dürre? Gab es in der Wüste eines, für das dies nicht galt? Aber nicht ein Funken Ironie schimmerte in den Augen der Großmutter. Nein. Ein Schleier aus Unmut verdüsterte sie. Sie gehörte nicht zu diesen unbeweglichen Menschen, die versuchten, die Stunden zu zähmen und zu zählen. Nein, sie war in dem Treiben, das mit den Stunden vorbeiglitt und wie sie dahinfloss, gleich einer Feluke auf einem ruhigen Wadi. Sie spürte die Stunden nicht. Sie zählte sie nicht! Bestürmte man sie aus unsinniger Neugier mit Fragen, zuckte sie missmutig die Achseln. Warum wollte man sie immerzu an die Zeit fesseln? Die Zeit war doch nur das Joch der Sesshaften. Sie machte dann eine ungefähre Angabe, mit der sie auf ihre Weise dieses leidige Kapitel abschloss: »Ich dürfte jetzt fünfundsiebzig sein … Das heißt … ungefähr.«

Sie war jahrelang fünfundsiebzig. War sie zehn, zwölf oder fünfzehn Jahre älter? Es hatte wirklich keinerlei Bedeutung. Was ihr etwas bedeutete, war ihr Leben der Wanderschaft durch die Wüste: Selbsterforschung oder Flucht vor sich selbst? Eine Suche, die sich keinen Regeln beugte, am Saum der Träume, in der Unvergänglichkeit der Sahara, dort, wo jede Buchführung über die Schritte nur beweist, dass das Vergehen nah und das Leben nur eine lange Reihe von Zufällen ist. Jedes Jahr, das heimtückisch in die Stille hineintropfte, fügte der Leere eine Spanne hinzu. Dahinter das Nichts. Davor das Nichts. Und in dieser Welt voller Hohn war man höchstens ein Traum, der sich emporschwang und dahinschwand auf dem Spinngewebe der Horizontalen, die sich ihre Sandwüste woben und ihn für immer einfingen …

Doch die Umstände hatten die Frau mit den dunklen Tätowierungen zum sesshaften Leben gezwungen. Sie hatte die Wanderung vor der Ankunft abgebrochen, war vor ihrem Tod aus dem normalen Lauf ihres Lebens ausgeschert wie eine Emigrantin. Ihre Wüste erlebte sie nicht mehr. Die war ein Stachel in ihrem Fleisch, setzte ihr quälende Bilderkarawanen in den Kopf, die zu einer Suche aufgebrochen waren, an der sie keinen Anteil mehr hatte. Aber in Augenblicken des Glücks oder der Wut war sie in ihr, die Wüste, ganz und gar, mit ihren

Trommeln und ihrer Fülle von Sand, mit der Hülle ihrer versiegelten Stille.

Sie war die Wüste.

Oft setzte sie sich im Schneidersitz vor die Haustür: Die Ellbogen auf ihre Knie gestützt, schaute sie die Wüste unverwandt an. Der Schatten der Versuchung tanzte wie ein Palmzweig in ihren düster gelassenen Augen. Dieses ständige Locken verzehrte sie mit seinem Feuer. Ein trauriges Lächeln hing an ihren Lippen. Der Horizont füllte sich in ihrem Kopf mit Bildern. Eine große Zeit wurde in ihr noch einmal lebendig. Ihre Stirn zog sich um ihre Tätowierung herum in höchster Konzentration in Falten. Sie schien angespannt, ganz versunken in eine Erinnerung, bemüht, sie vollständig wiederzufinden oder ein wenig mehr zu verklären.

Der Sitz ihres Chèche war ein hervorragendes Stimmungsbarometer. War sie wütend, stieß sie ihn auf ihren Scheitel hoch: entblößte tätowierte Stirn, feurige Augen und scharfe Worte. Saß er gerade und war genau über den Augenbrauen mehrmals ordentlich um ihren Kopf geschlungen, so verriet dies Nachdenklichkeit, Würde. Der sittsame Chèche, langsame Bewegungen und der tiefsinnige Blick unterstrichen die Besonnenheit ihrer Äußerungen. Wenn sie guter Laune war, hellte sich ihr Gesicht auf, und der Turban rutschte ihr tief über das linke Auge. Der schelmische Chèche und temperamentvolle Blick begleiteten eine schmeichelnde Rede. War er zu einem Drittel gelöst und hing in wohldosierter Lässigkeit fächerförmig auf ihren Nacken herunter, so verhieß dies Vergnügen, Freude oder Koketterie. Der Chèche wippte, streichelte sanft ihre schmalen Schultern. Nahm sie ihn ab, wobei ein Schal in leuchtend roten Farben zum Vorschein kam, und schwenkte ihn mit ausgestreckten Armen, so waren Gesang und Bendire nicht weit. Der ausgelassene Chèche als Reif um einen biegsamen Körper in glückstrunkenem Taumel.

Die Frau mit den dunklen Tätowierungen hieß Zohra. Die Emigrantin der Zeit besaß ein unvergleichliches Erzähltalent. Ihre tiefe Stimme hauchte den Worten ihr Leben ein. Wie echte Schauspieler wetteiferten Zohras Worte in ihrem Mund, schlugen die Zuhörer in ihren Bann und gewährten ihnen eine Begegnung mit ihren Nomadenvorfahren. Auf ihrer Bühne entdeckte man eine Welt, auf der die Armut stets ein Kleid aus Größe und Würde trug. Eine Welt, deren Unmaß nur zum Ziel hatte, Demut einzuflößen. Eine Demut, die der Wüste ihren Stempel aufdrückte: ihre Kargheit, ihre Trockenheit. Während sie mit dem Oberkörper leicht vor- und zurückschaukelte, als wollte sie ihre Erinnerungen wiegen, erzählte sie:

»Nun setzt euch. Entspannt euch. Genießt ein Glas Minztee. Und macht es euch vor allem richtig bequem. Ich nehme euch mit auf die Reise. Ich fühle mich im Moment so alt wie meine Geschichten. Mein Kopf ist mit Worten beladen, von Bildern schwer. Die Worte mitsamt den Erinnerungen, die sie tragen, haben nicht alle dieselbe Größe und dasselbe Gewicht. Einige dörren aus, verschrumpeln, werden welk und fallen schnell in die Schale des Vergessens. Sie machen der Vergangenheit den Aufbruch leichter. Gedächtnis und Vergessen sind die zwei Schalen einer Waage. Sie leben und gedeihen jeweils auf Kosten des anderen. Die Worte ... können herb und ranzig sein, ein Taumel und ein Tanz oder Triller in unseren Köpfen wie das Aufsteigen eines Schwarms seraphischer *Youyou-Rufe*. Sie tragen bisweilen geliebte Stimmen und hätscheln die Erinnerung im Flaum ihres Klagelieds. Die Worte ... Manche wirbeln und funkeln wie Myriaden von Sternen. Einige sind Sonnenstäubchen. Sie bezaubern unser Denken, dann hüpfen unsere Herzen aus den eintönigen Pfaden heraus. Andere sind heftig, als würden sie ständig von einem furchtbaren Sandsturm mitgerissen. Sie schwirren in uns und peitschen unsere Erinnerungen. Oder aber sie sind eine erdrückende Last. Der Tod am

Hebel einer Presse, die das Leben erstickt, zerquetscht. Ich will euch vom Gewicht der Worte berichten. Ich will mich vor dem großen Schlaf erleichtern. Erzählen ist eine vornehme Aufgabe, und ich muss sie ehrenvoll erfüllen. Unsere Kinder und Kindeskinder müssen wissen, wo ihre Wurzeln sind. Sie sollen sie in ihrem Kopf tragen, um sie ihrerseits weiterzugeben. Mit Macht muss das Bewusstsein ihrer Identität von ihnen ausstrahlen. Nur so lebt das Wandern der Menschen von Generation zu Generation fort. Aber der Erzähler ist auch Künstler. Wenn das Alltägliche trocken und ohne Reiz ist, dann mischt er seinen Geschichten eine Prise Fabel und Zauberei bei. Mit dem Glas Tee bietet er einen Traum an. Darin ein paar Minzeblättchen, darüber eine Lichtgirlande, obendrein ein Hauch lieblichen Parfüms: Wohlgeruch, Gaumenfreuden und der Himmel. Ein Zauberer, der auf die ausgebreiteten Flügel der Entspannung bläst.

Als unsere Vorfahren im 11. Jahrhundert aus Arabien kamen, um Nordafrika zu erobern, stießen sie auf eine andere Wüste, die der ihren ähnelte. Sie wurden dort ansässig. Viele verfielen den Spielen mit der Waffe. Sie überquerten das Meer mit Kurs auf das Land Spanien … Andere flohen die Küstengebiete, seit Anbeginn der Zeiten das bevorzugte Ziel fortwährender Invasionen, und drangen mehr und mehr ins Landesinnere vor. Von ihnen stammen wir ab, von den Menschen, die wandern. Sie lebten genügsam, durchstreiften die Wüste … Teekarawanen, Salzkarawanen, Baumwollkarawanen! Ein Leben aus Wanderschaft, Schweiß, Durst und Erschöpfung … Zuweilen die Rast an einer Oase. Zuweilen eine Sebkha, ein Sonnensplitter, der von Weitem Jagd auf den Blick machte und in das vom weißen Licht blinde Auge stach … Die Salzkarawanen bleiben für mich ein Märchen aus Stille und silbernem Licht! Eines Tages werde ich euch von ihnen erzählen … Seit damals hatten unsere Vorfahren an derselben Lebensweise festgehalten. Sie wanderten. Das Brennen des Lichts in der Tiefe des Blicks, die Haut gegerbt vom Schrothagel der Sandstürme und Staub bis in die Seele … Sie wanderten, während eine Höllenglut den Himmel verbrannte, bis sie seine blaue Seide zerfraß. Der Orgasmus der Stille, von ohrenbetäubender Stärke, konnte sie in den Wahnsinn treiben und den Kopf mit schreienden Hirngespinsten, mit Trommeln der Sandwüste erfüllen! Von ihnen, von den Menschen, die wandern, stammen wir ab. Sie besaßen ein paar Schafe, Ziegen und Kamele und trieben Handel. Der Handel bestand vor allem aus Tauschgeschäften. Teppiche, Burnusse, Djellabas, Khaidous, Kheimas … Eingetauscht gegen Weizen, Tee, Zucker, Öl oder Salz … Das Salz war ein Zahlungsmittel. Sie holten es von den Sebkhas und brachten es dorthin, wo es fehlte. Keim des Geschmacks, Essenz des Lichts, Licht meiner Wüste, Reichtum meiner Träume …«

Aber das bemerkenswerteste Abenteuer, das Zohra mit Vorliebe erzählte, war das von Djelloul, genannt »Bouhaloufa«, der Mann mit dem Schwein. Eine wahre Geschichte. Niemand wagte je, Zohra zu fragen, ob sie selbst Bouhaloufa wirklich gekannt hatte. Das wäre höchst unnötig und ungeschickt gewesen. Wer im ganzen Clan konnte sich schon rühmen, ihn so sehr zu lieben wie sie? Einen solchen Feuereifer daranzusetzen, seine Lebensgeschichte den Nachkommen der Ajalli nahezubringen, ausgerechnet jenen, deren Ahnen ihn mit Schmach überhäuft und aus ihrem Clan verstoßen hatten? Mit glänzenden Augen erzählte die Frau mit den dunklen Tätowierungen sie tausendmal mit ihrer rauen und eindringlichen Stimme, die sich bei ihren Worten mit Stolz erfüllte. Und so groß waren die Heldentaten und die Magie ihres Erzählens, dass ihre Zuhörer allein schon beim Namen Bouhaloufa jauchzten und sich verzaubern ließen wie beim ersten Mal.

Djelloul Ajalli war der Bruder von Zohras Schwiegervater,

der Onkel ihres Mannes Ahmed des Weisen. Von klein auf grenzte sich Djelloul von den anderen Jungen ab, die alle hervorragende Reiter und Krieger zu werden versprachen. Er war ein Einzelgänger, ein Träumer ... Doch in dieser Wüste, wo jede orangefarbene Düne, jede Oase wie lichtgebadete goldene Inseln vor dem Blick auftauchten und die Fantasie anregten, hatte man eine panische Angst vor der Fantasie. Fanden die von der Leere verdorrten und von den kargen Linien erschöpften Augen endlich etwas, worauf ihr Blick ruhen konnte, erfüllte der Schatten dieses so sehr erwarteten Rastplatzes sie mit Zweifel. Sie schlossen sich. Misstrauisch forschten die Reisenden in ihrem Sinn, fürchteten, es wäre wieder einmal nur eine Frucht des Verlangens, die aus dem Stoff der Träume bei den langen Wanderungen erwachsen war. Denn in dieser Sahara, wo die Linien und die Horizontalen ein gleichförmiges Raster woben, in das sich die quälendsten Fantastereien, die tiefsten Betrachtungen hineinspinnen ließen, war der Traum ein Verstoß wider die Männlichkeit, eine Fessel für den Mut, eine Gefahr für das Überleben!

Eines Tages schloss sich ein Taleb der Karawane an, die unter einem weiß glühenden, die rote Erde versengenden Himmel die Salzstraße entlangzog. Er wollte nach Mauretanien. Djelloul war sofort von diesem Mann fasziniert, der Talismane herstellte und bei jeder Rast ein dickes Buch hervorholte, dessen Seiten von der Zeit und vom Gebrauch verblasst und zerfleddert waren. Niemand hatte Djelloul je etwas von der Schrift gesagt! Er bat den Mann, ihm zu erzählen, was er las. Oh köstliches Meisterwerk, es waren die *Geschichten aus Tausendundeiner Nacht.* Wie konnten so viele Erzählungen, so viele Intrigen, so viele Kämpfe und so viel Schönes in diesen vergilbten Seiten enthalten sein? Durch welches Wunder strömte aus diesen reglosen Buchstaben dieses ungeheure Leben auf das augenblicklich unerträgliche Nichts seines Lebens? Djellouls Tage wurden unter dem Hauch der geschriebenen Worte reich, farbig und dicht. Die langen Märsche schreckten ihn nicht mehr ab; denn am Ende erwartete ihn die Oase der Worte. Mit schelmischem Blick und den Kopf voll von deren sprühendem Witz, hüpfte er an der Spitze der Karawane. Ab und zu kehrte er um und vergewisserte sich, dass der Taleb immer noch in der Gruppe der Männer war. Der Weise war da, mit dem Schnurrbart eines Gelehrten, wachem Blick und feinem Gaumen. Das Kind konnte es kaum erwarten, dass der vorderste Mann sein Kamel zum Ende der Karawane hin wendete und als Zeichen zum Halt den Sattel auf die Erde legte. Djelloul zündete dann eine Öllampe an und gesellte sich flink zu dem gebildeten Mann. In der Geborgenheit des schwachen, flackernden Lichts hielt der alte Mann gleich Scheherazade den gebannten kleinen Jungen in Atem. In der armseligen Kheima, die man in aller Eile für ein paar Ruhestunden aufgebaut hatte, in der Kälte und Stille, entdeckte Djelloul, während sich die Männer wie versteinert von der einbrechenden Nacht starr um die Braseros kauerten, eine Welt der Paläste. Eine ihm bislang unbekannte Welt. Er war verzaubert von der Raffiniertheit Scheherazades, entzückt, die Macht der Worte entdeckt zu haben. Die tapferen kleinen Kobolde entrissen dem Tod Nacht für Nacht einige Stunden des Lebens! Ihn rissen sie aus seiner Langeweile. Eine einmalige Reise, eine Zauberkarawane, wundervolle, von der Magie der Worte erfüllte Abende. Aber eines furchtbaren Morgens verließ der Taleb die Karawane. Er ging allein Richtung El-Aiun, nahm sein märchenhaftes Buch mit und, vor allem, das Ende der Geschichte! Oh weh! Wie lange hatte Scheherazade noch standgehalten? Wer konnte es ihm in dieser Wüste sagen? Niemand! Djelloul verspürte eine unerträgliche Leere, einen tiefen Trübsinn. So begann er, am Ende der Karawane zu trödeln und nachzudenken. Er betrachtete diese schwarz oder blau gekleideten Menschen, die gingen, als zöge sie unablässig der Ruf der Ferne an:

»Was suchen sie? Sie halten Ausschau nach etwas«, er wusste nicht recht, wonach. »Sie wissen es vielleicht selbst nicht, aber sie suchen. So wandern sie vom Sonnenaufgang bis zum Sonnenuntergang, in Schweigen gehüllt und in Licht getaucht. Wenn sie müde sind, schlagen sie eilig ein Lager auf und beginnen zu warten. Was erhoffen sie? Worauf warten sie so zusammengekauert und bewegungslos? Auf etwas, das wahrscheinlich nie kommen wird!«, dachte das Kind verzweifelt. »Aber sie stellen sich keine unnützen Fragen. Sie sind enthaltsam bis in den Gebrauch ihrer Worte. Schweigend wandern sie oder warten. So fließt ihr Leben wie eine lange Suche, ein endloses Warten dahin. Und wenn der Tod sie dann überrascht, wie sie sitzen oder auf Wegen aus Sand wandern, ihr düsterer Blick magnetisiert vom Ruf der Wüste, und wenn ihr armseliger, schnell vertrockneter Körper zu Staub wird, werden andere immer noch warten, vergeblich, ein ganzes Leben lang. Hier ist das Warten endlos!«

Das Kind hatte Angst. Es spürte, wie der Wirbelwind der Leere aus seinem tiefsten Inneren emporstieg und in seinem Kopf das Tosen eines Sturms auslöste. Es wollte den Trugbildern der Wüste, dem Reich der Hitze, des Sandes, des Schweigens und der Einsamkeit entfliehen, etwas anderes erleben als Warten, in andere Taumel geraten. Die geschriebenen Worte hatten ihm ihre Arabesken eingeprägt. Male, die der überraschende Aufbruch des Talebs zum Glühen brachte. Die Schrift, die gerade erst vor seinen Augen zum Leben erwacht war, war bereits ein sechster Sinn, der seinen Hunger hinausschrie und dessen stummes Gellen in seinem trunkenen Geist ertönte. Djelloul wurde das mit schmerzlicher Freude bewusst. Worte und Träume, ebenso unabdingbare Nahrung wie die Kamel- oder Schafmilch, Brot und Datteln. Er wurde noch schweigsamer und wich allen Jungenspielen aus. Stundenlang lag er bäuchlings im Sand und zeichnete, versuchte, die Märchen erzählenden Zeichen wiederzugeben.

Eines Morgens in aller Frühe, als die noch fern am Himmel stehende Sonne um die Kheimas ein zinnfarbenes Licht ausgoss, wurde Djelloul durch die furchtbare frühmorgendliche Kälte der Wüste geweckt. Eine beißende Kälte. Ihre zahllosen eisigen Stacheln bohrten sich durch die Decken in die Haut, fraßen sich in den Körper hinein und rissen sogar den Schlaf auseinander. Djelloul fröstelte, drehte sich auf seinem Lager und wickelte sich in die Decke. Plötzlich durchflutete ihn ein glänzender Gedanke mit einem Glücksgefühl. Ein strahlendes Geschenk, ein Gedankenjuwel, den das kalte Morgengrauen in das Schatzkästlein seines vom Schlaf ganz leeren Kopfes legte. Warum hatte er nicht früher daran gedacht? Was war er doch dumm! Er würde bis zu den Ursprüngen der Schrift zurückgehen! Er würde sich bilden! So könnte er die schönsten Geschichten der Welt lesen. So könnte er in einer Gedankenwelt schwelgen und seine trübe Einsamkeit aufhellen. Aber um 1840 in dieser Wüste, in der die mündliche Tradition zu Hause war, lesen lernen zu wollen, war ein Luxus, eine Extravaganz, ein Sandkorn im Hirn. Seit Jahrhunderten hatte sich niemand im Clan je der Schrift bedient. Den Koran kannten sie Vers für Vers und bis zum Hadith auswendig. Ihre Geschichte sprudelte von selbst hervor und rann in stetigem Fluss von Mund zu Mund, von Generation zu Generation. Und selbstverständlich fügte jede Nachkommenschaft ihre Wadis hinzu, mit ihrem gemächlichen Verlauf in sonnigen und beschaulichen Windungen, mit dem Rasen ihrer Hochwasser … Aber der sonderbare Djelloul mit den wunderlichen Wünschen ließ sich nicht davon abbringen. Seine Dickköpfigkeit und sein mehr und mehr aufsässiges Wesen gaben Anlass zur Sorge …

Zahlreiche Djemaas, verschiedene Meinungen, die in der Reglosigkeit um die Braseros peinlich genau abgewogen wurden, ließen jedoch schließlich die Überlegungen reifen. Der unter Druck gesetzte Familienclan entschloss sich endlich, seiner Bitte zu entsprechen. Alles in allem war es vielleicht keine so schlechte Idee, einen Taleb in der Familie zu haben, trösteten sie sich. Wenn man es recht bedachte, mochte ein Mann, der den Koran lesen und schreiben konnte – was sonst sollte man lesen? –, sogar von einigem Nutzen sein. Zumindest wären sie auf diese Weise alle in gebührender Form vor dem bösen Blick und dem Teufelswerk der Djinns geschützt. Das würde gewiss auch den Handel der ehrbaren Leute erleichtern. Außerdem durfte man die lukrative Seite der Angelegenheit nicht außer Acht lassen. Eines schönen Tages, nachdem ihre Entscheidung gefallen war, legten sie ihre Kheimas zusammen, um nach Norden zu ziehen …

Der Stamm schlug sein Lager im Hochland oberhalb von Mecheria auf. Nur einige Männer sollten das eigenartige Kind weiter nach Norden bringen. Der übrige Clan sollte sich weit vom immer noch verderblichen Tell fernhalten! Nach den Türken war dieser Tell von den Roumis heimgesucht worden. Sie eigneten sich das Land an und verjagten die Menschen von ihrem Besitz! Es gab Aufstände und Massaker, hatte man ihnen erzählt. Was für Zeiten! Die Männer sollten sich nur so lange in der Stadt aufhalten; bis sie Djelloul einem Taleb anvertraut hatten.

Nach mehreren Tagesmärschen kamen sie nach Tlemcen. Eine Gruppe schweigsamer Männer, in ihre Burnusse gehüllt und steif vor Würde. Vom Chèche verborgene Gesichter, wilde, pechschwarze Augen, beunruhigt durch die Nähe des Städters, dieser gelähmten, merkwürdigen Gestalt! Das Wort Stadt war für sie gleichbedeutend mit leichtem und lasterhaftem Leben. Wie ihre Kamele ließen sie einen hochmütigen Blick über die

Vorübergehenden schweifen. Wie konnte man so erstarrt hinter diesen Mauern leben? Warum so viele Schranken? Sicher, um unsittliches Tun zu verbergen … Tlemcen war die Stadt der Medersas, das kulturelle Zentrum Westalgeriens. Sie erkundigten sich nach dem Ruf der verschiedenen Schulen. Ihre Wahl fiel auf eine, deren Ansehen, wie man ihnen versicherte, jeder Prüfung standhielt.

Djelloul wurde an der Medersa eingeschrieben und einem der Talebs anvertraut. Dieser musste ihn gegen einige Zuwendungen der Familie beherbergen und seine Ausbildung vervollkommnen. Nachdem der seltsame Wunsch des nicht weniger seltsamen Jungen erfüllt war, schlossen sich die Männer wieder dem Rest des Familienclans an, der wieder zu einem normalen Leben aufbrach, welches nur kurze Zeit gestört worden war …

Von Zeit zu Zeit, wenn ihre Wanderungen die Ajalli in den Norden des Hochlands führten, wurden einige Männer des Clans ausgeschickt, um Djelloul zu holen und seinem Taleb eine neue Spende zu machen. Der junge Knabe verbrachte dann einige Tage im Kreis seiner Familie.

Das Kind brachte seinem Lehrer, einem liebenswürdigen, hochgebildeten Mann, eine grenzenlose Verehrung entgegen. Das städtische Leben kostete er mit Genuss aus. Die rosafarbenen, zinnenbewehrten Mauern, die die Gärten umschlossen, weckten seine Neugier. Aus ihnen strömten Wohlgerüche, die seine Sinne quälten. Djelloul schlenderte oft durch die Gassen der Medina und den Souk. Überall, so schien ihm, war der betäubende Duft einer unbekannten Frau! Bei ihm zu Hause waren alle Frauen Schwestern, Cousinen, Tanten … Er kannte sie alle und sah bis auf wenige Gelegenheiten nur sie. Welch köstliches Gefühl, Fremder in einer unbekannten Stadt zu sein! Jede hinter ihrem Schleier verborgene Spaziergängerin, die an den Mauern entlangstrich, wurde zu einem erregenden Rätsel! Die Medina war ein Bienenstock, in dem es von raschelnden Haiks und weiblichen Gerüchen wimmelte. Ihr verlockender Schatten zog ihn magisch an. Ein seltsames Pulsieren in seinem jungen Körper, lief er durch den Ksar. Der Geruch einer Frau! Geruch eines frischen, vom Staub des Schweigens befreiten Schattens, wo mit perlendem Lachen besetzte Khassas plätscherten! Lieblicher Geruch von Moschus und Ambra, in kleinen, durchbrochenen Phiolen bewahrt und zwischen schweren Brüsten getragen. Geruch von Leben und Lust. Aber der Platz, der seine Fantasien am meisten anregte, war der Hamam, das maurische Bad! Der einzige Zeuge der Nacktheit und der Vertraulichkeiten der Frau. Sammelbecken des Imaginären! Sein blühender, heißblütiger Geist peinigte Djelloul. Pein und Ekstase. Ekstase an der Grenze zum Schmerz! Er setzte sich vor den Hamam, lauerte auf das Herauskommen der Frauen, atmete sie ein mit den ganzen Wonnen des Blicks, dem ganzen bebenden Körper, dem ganzen erwachenden Verlangen!

Djelloul sah seine Familie nur durchschnittlich einmal im Jahr. Jedes Jahr schien ihm, er hätte sich etwas weiter von ihnen entfernt. Auch die Ajalli waren sich dessen bewusst. Was sollten sie später mit ihm machen? Könnten sie ihn erneut an ihr Nomadenleben in der Wüste gewöhnen? Ihre Besorgnis war so groß, dass sie sie zu verdrängen suchten, indem sie ihre Fragen nicht aussprachen.

Als sie wieder einmal in Tlemcen vorbeikamen und Djelloul bereits seit zehn Jahren bei seinem Lehrer lebte und ein schöner Jüngling geworden war, waren die Männer entsetzt über seine Lebensweise und die »Lasterhaftigkeit«, der er immer mehr verfiel. Sie hatten gewünscht, er möge, wenn nicht asketisch, so doch wenigstens maßvoll sein, im Koran bewandert und Verehrer des islamischen Hadith. Nun aber sog er sich voll mit den teuflischsten Genüssen und begeisterte sich sogar für die Poesie des Jahili, der vorislamischen Zeit, einer Zeit des Fetischismus und vieler Glaubenslehren. »Die Zeit der Unwissenheit« nannten die Muslime sie später. Aber mochte man ihr auch lange abgeschworen haben, so war die arabische Poesie doch niemals so reich, stark und unbändig gewesen; gerade weil sie freizügig, außer Reichweite für den kastrierenden Dogmatismus der monotheistischen Religion war. Djelloul tauchte mit Freude in diese Freiheit ein. Er genoss in ihr die langen Ritte, den Wein und die trunkenen Nächte, das Preisen aller Vergnügen, des ganzen Lebens ohne Beschränkung.

Wehe! Das also war nun das Ergebnis dieser geschlossenen Städte, wo die Menschen verkamen, wo die schwachen Gemüter verdarben und wo der Nährboden für alle Torheiten war. Es wurde beschlossen, Djelloul unverzüglich wegzubringen, diesen Träumer dem Einfluss seines zügellosen Lehrers zu entziehen, seine in Wollust gefangene Seele zu retten, indem man ihn auf die Bahn des läuternden Marschs der Nomaden trieb. So nahmen sie ihn trotz seiner heftigen Proteste mit sich.

Unterwegs jammerte Djelloul unter Schluchzern und langen Weinkrämpfen über die schmerzliche Trennung, die sein Herz bluten ließ. Und das Verschwinden der schönen Stadt, der Wiege seiner Träume, machte seine Augen lange Zeit blind für alles andere. Sollte er für immer des Nektars der Poesie beraubt sein?

Lang und eintönig war sein Weg, scharf und den Füßen feindlich die Steine des Reg, die sie absteckten. Bald trottete der Jüngling weinend neben seinem Esel, bald bestieg er ihn, und mit jedem Rütteln seines Trotts stieß er einen Schluchzer aus. Voll Bitterkeit fiel sein Blick auf den Rücken der Männer, die vor ihm auf ihren Kamelen schaukelten. Er verwandelte sie zu Stein, dort, auf der roten Erde zwischen den spärlichen ausgedörrten Gräsern, und kehrte um, machte sich wieder auf zu der rosafarbenen Stadt, zu ihren Frauendüften. Aber die Menschen, die wandern, waren unüberwindlich und unempfindlich wie ihre Wüste. Sie dachten nicht einmal an den Kummer, den sie ihm bereiteten, sie wanderten. Und der Schweiß rann über ihre zerfurchten Gesichter, durchnässte ihren Chèche und ihr Gewand, das der bereits dunklen Haut eine Indigofarbe gab. Sie waren nur eine blaue Fata Morgana, die im intensiven Licht über einer kupfernen, von Sandstürmen geschliffenen Erde zitterte.

Einmal, bei der Durchquerung eines Buschwalds, stießen sie auf einen Frischling. Die Wildform des Schweins, das nach Auffassung des Islam für den Verzehr nicht geeignet, ja sogar ein nach Nutzlosigkeit stinkendes Tier ist, würde von den Menschen verachtet. Wenn es auf ihrem Wege auftauchte, töteten sie es und ließen es als Futter für die Schakale zurück oder gaben es ihren Hunden. Aber an jenem Tage stellte sich Djelloul zwischen sie und das junge Wildschwein. Sie waren keine Menschen, die Sinnloses taten. Warum also dieses Blutbad? Er nahm das Tierchen in seine Arme und bot den Männern herausfordernd die Stirn. Also verzichteten sie darauf, sich noch einmal gegen ihn zu stellen. Es war nicht der Mühe wert. Sie machten kehrt und nahmen ihren Marsch wieder auf.

Djelloul streichelte den Frischling lange, bevor er ihn zurück auf die Erde setzte. Dann stieg er wieder auf seinen Esel und folgte den Männern. Als er sich nach einer Weile umdrehte, sah er, wie ihm das Tierchen mit der Schnauze am Boden folgte. »Es muss seine Mutter verloren haben, man muss ihm helfen, andernfalls wird es sterben«, dachte er gerührt. So kehrte er um, stieg ab und nahm es wieder auf. Die Packtaschen aus Alfa, mit denen sein Esel gesattelt war, enthielten seine wenigen persönlichen Sachen und seine paar Bücher. In einer von ihnen fand er Platz, um seinen Schützling hineinzuzwängen. Die Männer versuchten zu protestieren, aber der

Jüngling beachtete sie nicht. So kehrte er mit seinen Büchern, seinem Schwein und den Kopf schwirrend von der verbotenen Poesie zu seiner Familie zurück.

Es gab sehr schnell viele Meinungsverschiedenheiten zwischen ihm und den anderen Männern des Clans. Das Leben der Menschen, die über eine Erde in Flammen wanderten, war ihm unerträglich. Er wollte dieses Licht nicht mehr, das so intensiv war, dass die Augen selbst nachts, geschlossen, noch unter dem Mal seines Brennens schmerzten. Er wollte über seinem Kopf den raschelnden Sonnenschirm der Bäume, auf der Haut den Segen ihres Schattens, in der Nase berauschende Düfte, vor den Augen Jungfrauen mit sinnlichem Hüftschwung, die die Gassen mit weißen Haiks säumten, und Huren, die die Gärten mit dem Lachen aller Sünden verdammten ... Er wollte köstliche Worte in seinem Mund, um all diese Freuden zu preisen. Nein, nicht mehr diese Kälte ohnegleichen. Nicht mehr diese Kälte unter einer zu schweren und zu steifen Decke, die, statt zu schützen, den Lebensfunken in einem klammen Körper erstickte. Nicht mehr diese beißende Kälte, die sich wie ein Raubvogel auf das Beste des Schlafs stürzte. Nicht mehr diese Leere in sich und um sich in einer steinernen Welt. Einer riesigen Welt, halb metallblau, halb kupfern, die durch die Einförmigkeit ihrer unendlichen Weiten einschloss und bedrängte. Nicht mehr diese Stille ... Warum sollte er dieses karge Leben erdulden? Warum klammerten sich die Menschen weiter an eine Erde, auf der ein Fluch lastete, eine Erde ohne Leben seit Anbeginn des Lebens? Ihre dunklen Kheimas mit kleinen schwarzen Öffnungen waren wie verkohlte Schädel, aus denen leere Augenhöhlen gähnten. Die spärlichen Dornensträucher, die sie auf ihrem Weg antrafen, waren wie verbrannte Stümpfe und schienen für alle dasselbe Schicksal vorauszusagen. Und die vom Wind oder von einem Schakal entblößten Menschen- und Tiergerippe, die aus dem Sand herausragten, verhießen dasselbe. Das versengte Fleisch wurde, kaum dass es seine letzten Zuckungen getan hatte, zu Staub, ohne auch nur die geringste Verwesung zu erfahren. Die nackten Knochen, in den Sand gespießt wie Finger, die auf die Lebenden zeigten, sahen aus wie Kreide. Bei der geringsten Berührung zerfielen sie knirschend, so als stießen sie einen letzten Klagelaut aus, bevor sie völlig in das steinerne Reich eintraten.

Djelloul nahm sich vor, diese Welt in ständiger Bewegung, im Schmerz und Wind, der ihn auf das Nichts zutrieb, zu fliehen. Sein Traum, den zu verraten er sich hütete, war, nach Tlemcen zurückzukehren oder sogar noch weiter fortzugehen ... Sein Wildschwein wuchs heran und folgte ihm überallhin. Jeder, der es zu ärgern wagte, setzte sich seinem gerechten Zorn aus. Im Übrigen teilte er mit den anderen Männern nur noch Streitigkeiten. Man sah ihn überall mit seinem Halouf, wie er Gedichte vortrug und jede weitere Gesellschaft mied. Er war der Irre, der Verrückte, der Unverschämte, den sie verachteten und dem sie den Beinamen Bouhaloufa, »der Mann mit dem Schwein«, gaben, in der Hoffnung, ihm mit diesem schmutzigen Schimpfwort die größte Schmach zuzufügen.

Ein »schlimmer« Vorfall brachte die andauernde Spannung zur Explosion. Was geschah eigentlich? Zohra wich dieser Frage stets geschickt aus. Sie sagte nur: »Es war schlimm, sehr schlimm.«

Aber vielleicht kannte Frau Zohra den wahren Sachverhalt selbst nicht, vielleicht hatte sie auch dieselben Ausflüchte auf ihre Fragen erhalten. Doch um nichts in der Welt hätte die Frau mit den dunklen Tätowierungen zugegeben, dass ihr Repertoire an Geschichten gewisse Lücken hatte. Also gab sie sich so, als sei sie plötzlich wie erdrückt von der schweren Bürde des Geheimnisses. Einen Augenblick fehlten ihr die Worte. Sie ließ einen gequälten Blick über ihre Zuhörer schweifen.

Geheimnisse wurden ängstlich gehütet, sobald sie die Würde des Clans auf irgendeine Art beschmutzen konnten. Sie unterließ es nicht, mit Nachdruck daran zu erinnern.

Wie dem auch sei, als Ergebnis dieses noch immer unter dem Siegel der Verschwiegenheit stehenden Vorfalls wurde Bouhaloufa aus dem Stamm ausgeschlossen. Er sattelte sein nun ausgewachsenes Halouf mit Alfakörben, packte seine Djellaba, seine Bücher, eine Gerba voll Wasser hinein und zog in Richtung Nordwesten, mit dem entschlossenen Schritt eines endlich freien Mannes. Seine Familie sollte ihn niemals wiedersehen.

Mehrere Jahre später erfuhren die Ajalli von Karawanen, die häufig die Verbindungsroute zwischen Algerien und Marokko nahmen, dass Djelloul lange dieses Nachbarland durchstreift hatte. Er ging von Stadt zu Stadt, ein Nomade der Siedlungen, auf der Jagd nach neuen Frauendüften, auf den Spuren weiterer Freuden. Abends las er Gedichte oder Geschichten bei reichen Marokkanern vor, die ihn sich empfehlen ließen. Dann ließ er sich in der Stadt treiben, auf der Suche nach neuem Sinnentaumel. Tagsüber saß er im Souk, vor sich eine Meida, und arbeitete als öffentlicher Schreiber, sog alle Wohlgerüche der Medina mit Wonne ein. Tag und Nacht kostete er das Vergnügen aus und gab damit seiner Poesie neue Nahrung.

Mehr als zwanzig Jahre zog er durch den Mittleren Osten. Als er nach Marokko zurückkehrte, war er ein wohlhabender Mann, und wenn er nun auch ein schneeweißes Haupt hatte, so war sein Körper noch in vollem Saft, und seine Gesichtszüge blieben schelmisch: wache Augen, in denen ein beißender Witz glomm. Da er sich gern mit Geheimnissen umgab, blieb die Herkunft seines Vermögens ein Rätsel. Er ließ sich in Oujda nieder, einer marokkanischen Stadt nahe der algerischen Grenze, und kaufte dort einen Bauernhof direkt am Ausgang der Stadt, an der kleinen Straße, die wenige Kilometer weiter nach Algerien führte. Er nahm sie niemals, diese Straße zu seiner Vergangenheit. Aber sie war da, in unmittelbarer Nähe des Hofs. Sie schlängelte sich vergnügt im Schatten der großen Johannisbrotbäume. Eine Möglichkeit, die sich mit so viel Nachdruck darbot, schläferte seine Sehnsüchte ein, und sein Verlangen wurde nebenbei gestillt. Hätte in diesem Mann voller Widersprüche das Verschwinden dieser Möglichkeit nicht sofort eine unersättliche Lust entfacht, sein Verlangen geweckt? Als er schließlich eine Frau nahm, war es ein heiratsfähiges Mädchen, das man ihm, dem wohlhabenden Mann in den Sechzigern, anbot. Aber dennoch bekam er nur drei Kinder: ein Mädchen und zwei Jungen. Seine Söhne, Mohamed und Hamza, besuchten ihrerseits die Medersa. Er erzählte ihnen oft von seiner Familie dort in der Wüste.

»Harte, stolze, aufrechte und edle Leute. Das sind die Menschen, die wandern. Sie laufen, solange das Leben zu schnell in ihnen läuft. Sie suchen wahrscheinlich irgendetwas. Sie wissen nicht, was, und ahnen sogar, dass sie es niemals finden werden, daher schweigen sie und gehen still voran. Der Himmel mag noch so sehr eine einzige Flamme sein, die Erde ein Schmelzofen und ihr armer Körper zerschlagen, ausgedörrt und rissig wie ihr Reg, nichts, nein nichts stoppt das langsame Vorrücken der Menschen, die wandern. Sie sind das bisschen konzentrierte Blut, das noch eine verbrannte Erde bewässert. Sie verkörpern die Verstandeskraft der ersten Menschen, die begriffen, dass man in Bewegung sein musste, um zu leben. Sie werden die der letzten Menschen verkörpern, die die Grauen der Unbeweglichkeit fliehen und versuchen werden, wenn nicht die Reinheit, so doch zumindest die Ruhe wiederzufinden in ihrem Marsch über eine Erde, die offen ist für die dahineilenden Gedanken. Sie sind daher Menschen ohne Ketten … Freiheit, eine gewisse Freiheit«, sagte er mit nachdenklicher Miene.

# Die Ehebrecherin

*Albert Camus*

Eine kümmerliche Fliege torkelte schon eine ganze Weile im Überlandbus umher, obwohl sämtliche Fenster geschlossen waren. Sie hatte sich hierherverirrt und taumelte nun lautlos und erschöpft von einer Ecke zur anderen. Janine verlor sie aus den Augen, dann sah sie, dass sie sich auf der unbeweglichen Hand ihres Mannes niederließ. Es war kalt. Die Fliege zitterte, sooft der sandgeladene Wind knirschend gegen die Scheiben peitschte. Im kargen Licht des Wintermorgens rollte das schwankende Gefährt scheppernd und ächzend dahin und kam doch kaum von der Stelle. Janine betrachtete ihren Mann. Mit den tief in die enge Stirn reichenden, angegrauten Haarbüscheln, der breiten Nase und dem unregelmäßig gezeichneten Mund glich Marcel einem schmollenden Faun. Bei jeder Unebenheit der Straße stieß er mit einem Ruck gegen sie. Dann ließ er seinen schweren Oberkörper wieder vornüber auf seine gespreizten Beine fallen und starrte von Neuem mit leblosem, abwesendem Blick vor sich hin. Nur die klobigen, unbehaarten Hände, die besonders kurz wirkten, weil der graue, aus den Hemdärmeln hervorguckende Flanell bis über die Handgelenke reichte, schienen zu leben. Sie hielten ein zwischen die Knie geklemmtes Leinwandköfferchen so fest umklammert, dass sie das zögernde Wandern der Fliege nicht zu spüren schienen.

Auf einmal hörte man den Wind laut aufheulen, während der Steinstaub den Bus noch dichter umhüllte. Der Sand prasselte jetzt wie von unsichtbaren Händen geworfen gegen die Scheiben. Die Fliege rieb einen frierenden Flügel, duckte sich und flog davon. Der Bus verlangsamte die Fahrt und schien anhalten zu wollen. Dann ließ der Wind offenbar etwas nach, der Dunst lichtete sich ein wenig, und man fuhr wieder rascher. Vereinzelte Lichtlöcher gaben den Durchblick auf die im Staub versinkende Landschaft frei. Zwei oder drei schmächtige, weiß überpuderte Palmen, die aus einer Metallfolie ausgeschnitten schienen, tauchten hinter dem Fenster auf, um alsogleich wieder verschluckt zu werden.

»Was für ein Land!«, sagte Marcel.

Der Bus war voll von Arabern, die sich in ihre Burnusse gehüllt hatten und zu schlafen schienen. Einzelne hatten ihre Füße untergeschlagen und schwankten stärker als die anderen im Schaukeln des Wagens. Janine fand ihr Schweigen und ihre Teilnahmslosigkeit nachgerade bedrückend; ihr war, als reiste sie schon seit Tagen mit dieser stummen Eskorte. Dabei war der Bus erst im Morgengrauen von der Endstation der Bahn abgefahren und rollte nun seit zwei Stunden in der Kälte der Frühe über eine steinige, öde Hochebene, die wenigstens anfänglich ihre Geraden bis zum rötlich glimmenden Horizont ausgeschickt hatte. Aber dann war der Wind aufgekommen und hatte nach und nach die ganze unendliche Weite aufgesogen. Von diesem Augenblick an hatten die Reisenden nichts mehr von der Landschaft gesehen. Einer nach dem anderen waren sie verstummt, schweigend kreuzten sie in einer Art weißen Nacht; bisweilen wischten sie sich die Lippen und die vom eindringenden Sand gereizten Augen.

»Janine!« Sie fuhr zusammen. Wie schon so oft dachte sie, dass dieser Vorname für eine Frau von ihrer Stattlichkeit eigentlich lächerlich war. Marcel begehrte zu wissen, wo sich der

Musterkoffer befinde. Sie erforschte mit dem Fuß den leeren Raum unter ihrem Sitz, bis sie an einen Gegenstand stieß, der das gesuchte Köfferchen zu sein hatte, denn sie konnte sich nicht gut bücken, ohne ein wenig unter Atemnot zu leiden. Dabei war sie in der Schule Erste im Turnen gewesen und hatte eine unerschöpfliche Atemkraft besessen. War das denn schon so lange her? Fünfundzwanzig Jahre waren so viel wie nichts, da es ihr doch vorkam, es sei erst gestern gewesen, als sie zwischen Unabhängigkeit und Heirat schwankte, erst gestern, als sie voll Angst an den Tag dachte, da sie vielleicht allein würde altem müssen. Sie war nicht allein, und jener Student der Rechte, der ständig um sie sein wollte, befand sich jetzt an ihrer Seite. Sie hatte ihn schließlich doch erhört, obwohl er ein bisschen klein gewachsen war und obwohl ihr sein gieriges, abgehacktes Lachen nicht eben gefiel, so wenig wie seine zu stark hervortretenden schwarzen Augen. Aber sein Lebensmut gefiel ihr, den er mit den anderen Franzosen dieses Landes gemein hatte, und auch sein entgeistertes Gesicht, wenn er sich durch die Ereignisse oder die Menschen in seinen Erwartungen getäuscht sah. Vor allem aber gefiel es ihr, geliebt zu werden, und er hatte sie mit Aufmerksamkeiten überschüttet. Indem er sie so unzählige Male spüren ließ, dass sie für ihn da war, verlieh er ihrem Dasein Wirklichkeit. Nein, sie war nicht allein …

Mit lautem Gehupe bahnte der Bus sich einen Weg durch unsichtbare Hindernisse. Im Inneren des Wagens rührte sich indessen niemand. Plötzlich spürte Janine, dass jemand sie anblickte, und wandte den Kopf nach der Sitzreihe jenseits des Mittelgangs. Dieser Mitreisende war kein Araber, und sie wunderte sich, dass sie ihn nicht schon bei der Abfahrt bemerkt hatte. Er trug die Uniform der französischen Saharaeinheiten, und über seinem langen und spitzen, wettergebräunten Schakalgesicht saß ein Käppi aus ungebleichter Leinwand. Aus seinen hellen Augen musterte er sie unverwandt mit einer Art Verdrossenheit. Sie errötete unvermittelt und rückte wieder näher zu ihrem Mann, der unentwegt in Dunst und Wind hinausstarrte. Sie kuschelte sich in ihren Mantel. Aber noch stand ihr das Bild des französischen Soldaten vor Augen, groß und schlank, so schlank in seinem eng auf Taille geschnittenen Waffenrock, dass er aus einer trockenen, spröden Masse gebaut schien, einer Mischung aus Sand und Knochen. In diesem Augenblick gewahrte sie auf einmal die hageren Hände und die verbrannten Gesichter der vor ihr sitzenden Araber und bemerkte gleichzeitig, dass sie trotz ihrer weiten Gewänder auf den Sitzen, die ihr und ihrem Mann kaum genug Raum boten, reichlich Platz zu haben schienen. Sie zog die Falten ihres Mantels näher an sich. Dabei war sie gar nicht so besonders dick, sondern einfach hochgewachsen und füllig, aus Fleisch und Blut, und – sie fühlte es wohl unter den Blicken der Männer – noch immer begehrenswert, mit dem Gegensatz zwischen ihrem etwas kindlichen Gesicht, den kühlen, klaren Augen und ihrem großen, wie sie wohl wusste, warmen und Ruhe verheißenden Körper.

Nein, es war wirklich nicht so, wie sie es sich vorgestellt hatte. Als Marcel sie auf seine Geschäftsreise mitnehmen wollte, war sie zunächst gar nicht einverstanden. Er hatte diese Reise schon lange geplant, genau gesagt seit Kriegsende, als das Geschäftsleben sich wieder normalisiert hatte. Die kleine Stoffhandlung, die er von seinen Eltern übernahm, als er das Studium der Rechte aufgab, hatte sie vor dem Krieg eher recht als schlecht ernährt. In einer Küstenstadt können die jungen Jahre eine Zeit des Glücks sein. Aber er war kein besonderer Freund körperlicher Anstrengung und hatte sehr bald darauf verzichtet, mit ihr an den Strand zu gehen. Ihr kleines Auto führte sie nur zur sonntäglichen Spazierfahrt aus der Stadt. Im Übrigen zog er es vor, in seinem mit bunten Stoffen gefüllten Laden zu bleiben, der sich unter den Arkaden eines halb eingeborenen, halb europäischen Viertels befand. Ober dem Laden lag ihre mit arabischen Wandbehängen und Warenhausmöbeln eingerichtete Dreizimmerwohnung. Ihre Ehe war kinderlos geblieben. Im gewollten Dämmer hinter den halb geschlossenen Fensterläden waren die Jahre vergangen. Sommer, Strand, Spaziergänge, ja selbst der Himmel waren fern. Marcel schien sich ausschließlich für sein Geschäft zu interessieren. Sie glaubte, seine wahre Leidenschaft entdeckt zu haben, nämlich das Geld, und das missfiel ihr, ohne dass sie recht wusste, warum. Letzten Endes fuhr sie gut dabei. Er war nicht geizig, im Gegenteil, er war freigebig, besonders ihr gegenüber. »Wenn mir etwas passieren sollte«, pflegte er zu sagen, »wäre deine Zukunft gesichert.« Und es ist in der Tat richtig, wenn man sucht, sich vor der Not zu sichern. Aber wo soll man sich vor dem, was nicht die alleralltäglichste Not ist, in Sicherheit bringen? Das war es, was sie in seltenen Stunden dunkel empfand. Unterdessen half sie Marcel bei der Buchhaltung und vertrat ihn zuweilen im Laden. Am mühsamsten war es im Sommer, wenn die Hitze sogar das angenehme Gefühl der Langeweile zerstörte.

Da, auf einmal, ausgerechnet mitten im Sommer, der Krieg; Marcel eingezogen und bald darauf ausgemustert, Warenmangel, Stillstand der Geschäfte, heiße, verödete Straßen. Wenn jetzt etwas passierte, gab es keine Sicherheit mehr für sie. Aus diesem Grund hatte Marcel im Augenblick, da wieder Stoffe auf den Markt kamen, den Plan gefasst, in die Dörfer der Hochebenen und des Südens zu fahren, um den Zwischenhandel zu umgehen und seine Ware direkt den arabischen Händlern zu verkaufen. Er hatte sich in den Kopf gesetzt, Janine mitzunehmen. Sie wusste, dass die Verbindungen schlecht waren, und sie litt an Atembeschwerden; es wäre ihr lieber gewesen, zu Hause auf ihn zu warten. Aber er war starrköpfig, und sie hatte schließlich nachgegeben, weil es zu anstrengend gewesen wäre, bei ihrem Nein zu bleiben. Jetzt waren sie unterwegs, und wahrhaftig, nichts war so, wie sie es sich vorgestellt hatte. Sie hatte sich vor der Hitze gefürchtet, den Schwärmen von Fliegen, den schmutzstarrenden Hotels, wo alles nach Anis roch. Sie hatte nicht an die Kälte gedacht, den schneidenden Wind, die Polarlandschaft der moränenübersäten Hochplateaus. Auch von Palmen und weichem Sand hatte sie geträumt. Nun musste sie einsehen, dass die Wüste anders war, dass sie nur aus Stein bestand, Stein allüberall: auf der Erde, wo im Gestein nur dürre Gräser wuchsen, wie im Himmel, wo der kalte, knirschende Staub des Gesteins allmächtig herrschte.

Plötzlich blieb der Bus stehen. Der Fahrer sagte ein paar an niemand gerichtete Worte in der Sprache, die sie ihr Leben lang gehört hatte, ohne sie je zu verstehen. »Was ist los?«, fragte Marcel. Der Fahrer erklärte, diesmal auf Französisch, der Sand habe offenbar den Vergaser verstopft, und von Neuem verwünschte Marcel das Land. Der Fahrer lachte über das ganze Gesicht und versicherte, es sei nur eine Kleinigkeit, er werde den Vergaser reinigen, und dann werde man weiterfahren. Er öffnete die Tür, der kalte Wind stürmte in den Wagen und schleuderte ihnen augenblicklich tausend Sandkörnchen ins Gesicht. Die Araber verbargen die Nase im Burnus und krochen in sich zusammen. »Mach die Tür zu!«, brüllte Marcel. Der Fahrer lachte, als er zum Eingang zurückkam. Gelassen holte er sein Werkzeug unter dem Armaturenbrett hervor und entfernte sich, ohne die Tür zu schließen, wieder nach vorne, eine im Dunst verschwindende, winzige Gestalt. Marcel seufzte: »Ich möchte wetten, dass er in seinem Leben noch keinen Motor gesehen hat.« – »Reg dich nicht auf!«, sagte Janine. Plötzlich fuhr sie zusammen. Auf dem Damm, ganz nahe am Bus, standen unbeweglich ein paar vermummte Gestalten. Man sah unter der Kapuze des Burnus und hinter dem Wall der Schleier nur ihre Augen. Sie waren aus dem Nichts aufgetaucht und betrachteten stumm die Reisenden. »Hirten«, sagte Marcel.

Im Inneren des Wagens herrschte Totenstille. Mit gesenktem Kopf schienen alle Fahrgäste der Stimme des Windes zu lauschen, der ungehemmt über die endlosen Hochebenen dahinbrauste. Janine stellte auf einmal überrascht fest, dass ungefähr kein Gepäck vorhanden war. An der Endstation der Bahn hatte der Fahrer ihren großen Koffer und ein paar Ballen auf das Dach geladen. Drinnen sah man in den Netzen nur knotige Stöcke und flache Körbe aus Zwergpalmen blättern. All diese Leute aus dem Süden reisten offenbar mit leeren Händen.

Aber jetzt kehrte der nach wie vor gut gelaunte Fahrer zurück. Man sah nur seine lachenden Augen über den Schleiern, mit denen auch er das Gesicht bedeckt hatte. Er verkündete, nun werde man weiterfahren. Er schloss den Schlag, der Wind brach ab, und man hörte den Sandregen wieder deutlicher auf den Scheiben. Der Motor spuckte und stand seufzend still. Nach langem Drängen des Anlassers begann er endlich zu drehen, und aufs Gas tretend, ließ der Fahrer ihn aufheulen. Mit einem hustenden Ruck setzte der Bus sich wieder in Bewegung. Aus der immer noch reglosen, zerlumpten Gruppe der Hirten hob sich eine Hand und verschwand gleich darauf hinter ihnen im Dunst. Beinahe gleichzeitig begann das Fahrzeug auf der schlechter gewordenen Fahrbahn zu holpern. Die durchgerüttelten Araber schaukelten unablässig hin und her. Janine spürte, wie trotz allem der Schlaf sie allmählich übermannte, als unvermittelt eine kleine, gelbe, mit Katechus gefüllte Schachtel vor ihr auftauchte. Der Schakal-Soldat lächelte ihr zu. Sie zögerte, nahm eines und bedankte sich. Der Schakal steckte die Schachtel wieder ein und schluckte augenblicks sein Lächeln hinunter. Jetzt starrte er geradeaus auf die Straße. Janine drehte sich nach Marcel um, sah aber nur seinen kräftigen Nacken. Er schaute durch die Scheiben in den sich verdichtenden Dunst, der von den bröckeligen Erddämmen aufstieg.

Seit Stunden rollten sie so dahin, und die Müdigkeit hatte im Wagen jede Lebensäußerung erstickt, als draußen Schreie ertönten. In Burnusse gekleidete Kinder, die sich wie Kreisel um ihre eigene Achse drehten, Sprünge vollführten und in die Hände klatschten, umschwärmten den Bus. Er fuhr jetzt durch eine lange, von niederen Häusern gesäumte Straße; man gelangte in die Oase. Der Wind wehte noch immer, aber die Mauern hielten die Sandkörnchen ab, sodass sie das Licht hier nicht mehr verdunkelten. Indessen blieb der Himmel bedeckt. Inmitten des Geschreis und des gewaltigen Kreischens der Bremsen hielt der Bus vor den Pisee-Lauben eines Hotels mit schmutzigen Scheiben. Janine stieg aus; als sie auf der Straße stand, wankte der Boden unter ihren Füßen. Sie gewahrte über den Häusern ein schlankes, gelbes Minarett. Zu ihrer Linken erhoben sich bereits die ersten Palmen der Oase, und zu ihnen hätte sie gehen mögen. Aber obwohl es schon nahezu Mittag war, herrschte bittere Kälte; der Wind ließ sie frösteln. Sie wandte sich nach Marcel um und sah zuerst den Soldaten, der auf sie zukam. Sie erwartete sein Lächeln oder seinen Gruß. Er ging an ihr vorbei, ohne sie anzublicken, und verschwand. Marcel war damit beschäftigt, sich den großen, schwarzen Feldkoffer mit den Stoffen vom Dach des Busses herunterreichen zu lassen. Das schien Schwierigkeiten zu bereiten. Der Fahrer musste sich allein um das Gepäck kümmern; er unterbrach denn auch bereits seine Bemühungen und richtete sich auf dem Dach auf, um dem Kreis der um den Wagen versammelten Burnusse hochtrabende Reden zu halten. Von Gesichtern umgeben, die alle aus Knochen und Leder geschnitzt schienen, von kehligen Schreien bestürmt, fühlte Janine unvermittelt ihre Müdigkeit. »Ich gehe hinein«, sagte sie zu Marcel, der sich ungeduldig beim Fahrer Gehör zu verschaffen suchte.

Sie betrat das Hotel. Der Besitzer, ein hagerer, wortkarger Franzose, kam ihr entgegen. Er führte sie in den ersten Stock und über eine die Straße überblickende Galerie in ein Zimmer, das augenscheinlich nichts anderes enthielt als ein Eisenbett, einen weiß lackierten Stuhl, eine vorhanglose Kleidernische und hinter einem aus Schilf geflochtenen Wandschirm die Waschecke mit einem von feinem Sandstaub überzogenen Becken. Als der Wirt die Tür hinter sich geschlossen hatte, spürte Janine die Kälte, die von den kahlen, weiß getünchten Wänden ausging. Sie wusste nicht, wo sie ihre Handtasche abstellen, wo sie sich selbst niederlassen sollte. Man musste sich hinlegen oder stehen bleiben und auf jeden Fall frieren. Sie blieb stehen, behielt die Tasche in der Hand und blickte unverwandt auf eine Art Schießscharte, die sich nahe an der Decke auf den Himmel öffnete. Sie wartete, ohne zu wissen, worauf. Sie empfand nur ihre Einsamkeit und die Kälte, die sie durchdrang, und ein schwerer lastendes Gewicht in der Herzgegend. In Wahrheit träumte sie, beinahe taub für die von der Straße aufsteigenden Geräusche, in die sich zuweilen Marcels laute Stimme mischte; ihr Bewusstsein erschloss sich vielmehr dem flussgleichen Raunen, das aus der Schießscharte zu ihr drang und das der Wind den, wie ihr vorkam, jetzt ganz nahen Palmen entlockte. Dann schien der Wind an Heftigkeit zuzunehmen, und das sanft plätschernde Wasser wurde zur brandenden Flut. Sie sah hinter den Mauern ein Meer von aufrechten, biegsamen Palmen, die im Sturm wogten. Nichts war so, wie sie es sich vorgestellt hatte, aber diese unsichtbaren Wellen erfrischten ihre müden Augen. Schwerfällig stand sie da, mit hängenden Armen, leicht vornübergeneigt, und die Kälte kroch an ihren plumpen Beinen empor. Sie träumte von den aufrechten, biegsamen Palmen und von dem jungen Mädchen, das sie einmal gewesen war.

Nachdem sie sich gewaschen hatten, begaben sie sich in den Speisesaal. Auf die nackten Wände hatte jemand Kamele und Palmen gemalt, die in rosa-violetter Marmelade ertranken. Der Arkaden wegen ließen die Fenster nur spärliches Licht einfallen. Marcel erkundigte sich beim Besitzer des Hotels nach den verschiedenen Händlern. Dann brachte ein alter Araber, der auf seinem Kittel eine militärische Auszeichnung trug, das Essen. Marcel hing seinen Gedanken nach und zerkrümelte sein Brot. Er hielt seine Frau davon ab, Wasser zu trinken. »Es ist nicht abgekocht. Nimm Wein.« Das war ihr gar nicht recht, der Wein machte sie schwer. Und zudem gab es Schweinefleisch. »Der Koran verbietet es. Aber der Koran wusste nicht, dass gar gekochtes Schweinefleisch keine Krankheiten verursacht. Wir verstehen es zum Glück, richtig zu kochen. Woran denkst du?« Janine dachte an nichts, oder vielleicht an diesen Sieg der Köche über die Propheten. Aber sie musste sich beeilen. Sie wollten am nächsten Morgen zeitig weiterfahren, weiter südwärts; es galt daher, alle wichtigen Händler noch am Nachmittag zu besuchen. Marcel forderte den alten Araber auf, den Kaffee ein bisschen schnell zu bringen. Der andere nickte, ohne zu lächeln, und entfernte sich gemessenen Schritts. »Gemach am Morgen, nicht zu hastig am Abend«, sagte Marcel lachend. Aber schließlich wurde der Kaffee doch gebracht. Sie nahmen sich kaum Zeit, ihn hinunterzustürzen, und traten auf die staubige, kalte Straße hinaus. Marcel rief einen jungen Araber herbei, um sich beim Tragen des Feldkoffers helfen zu lassen; aber aus Prinzip suchte er die Entlöhnung herunterzuhandeln. Seine Meinung, die er Janine zum hundertsten Male mitteilte, ließ sich in der Tat in den undurchsichtigen Grundsatz fassen, dass sie immer das Doppelte forderten, um ein Viertel zu erhalten. Janine folgte den beiden Männern mit einem unbehaglichen Gefühl. Sie hatte eine wollene Jacke unter ihren dicken Mantel angezogen und hätte sich gerne ganz schmal gemacht. Zudem bereiteten ihr das Schweinefleisch, auch wenn es gar gekocht war, und das Tröpfchen Wein, das sie zu sich genommen hatte, Beschwerden.

Sie gingen durch eine kleine Anlage staubbedeckter Bäume. Araber, die ihnen begegneten, traten, scheinbar ohne sie zu sehen, beiseite und schlossen dabei die Falten ihrer Burnusse enger um sich. Selbst wenn sie in Lumpen daherkamen, entdeckte Janine einen Stolz in ihrem Gehaben, den die Araber ihrer Heimatstadt nicht besaßen. Sie folgte dem Koffer, der ihr einen Weg durch die Menge bahnte. Sie kamen durch das Tor eines Festungswalls aus ockerfarbener Erde und gelangten auf einen kleinen Platz, wo wieder die gleichen versteinerten Bäume wuchsen. Im Hintergrund, an der Breitseite des Platzes, sah man einen Saum von Bogengängen und Läden. Aber sie hielten auf dem Platz selber vor einem kleinen, blau getünchten Gebäude, dessen Form an eine Granate erinnerte. In dem einzigen Raum, der sein Licht nur durch die Eingangstür erhielt, stand ein alter Araber mit weißem Schnurrbart hinter einem Ladentisch aus poliertem Holz. Er war gerade dabei, Tee einzuschenken, und hob und senkte die Kanne über drei kleinen, bunten Gläsern. Noch ehe Marcel und Janine irgendetwas anderes im Halbdunkel des Ladens erkennen konnten, empfing sie der frische Duft des Minztees. Marcel trat durch den Eingang mit seinen sperrigen Girlanden aus zinnernen Teekannen, Tassen und zwischen drehenden Postkartenständern schwingenden Teebrettern, und schon stand er am Ladentisch. Janine blieb im Eingang stehen. Sie trat ein bisschen beiseite, um dem Raum kein Licht wegzunehmen. Dabei gewahrte sie im Halbdunkel hinter dem alten Händler zwei Araber, die auf prallen, den ganzen hinteren Teil des Ladens ausfüllenden Säcken saßen und die Neuankömmlinge lächelnd betrachteten. An den Wänden hingen rote und schwarze Teppiche und gewirkte Tücher, auf dem Boden standen überall Säcke und wohlriechende Körner enthaltende kleine Kisten. Auf dem Ladentisch reihten sich neben einer Waage mit blank geputzten Kupferschalen und einem alten Metermaß mit stark verwischten Eichmarken Zuckerhüte, deren einer von seinen dicken blauen Papierwindeln entblößt und an der Spitze angebrochen war. Der in der Luft schwebende Geruch nach Wolle und Spezereien machte sich durch den Duft des Tees hindurch bemerkbar, als der Händler jetzt die Teekanne auf den Tisch stellte und Guten Tag sagte.

Marcel sprach hastig auf ihn ein, leise, wie immer, wenn er von Geschäften redete. Dann öffnete er den Koffer, zeigte seine Stoffe und Halstücher, schob Waage und Metermaß beiseite, um seine Ware besser vor dem Alten ausbreiten zu können. Er ereiferte sich, sprach mit größerem Stimmaufwand, lachte ohne Grund; er benahm sich wie eine Frau, die gefallen möchte und der es an Selbstvertrauen mangelt. Nun mimte er mit weit geöffneten Händen Kauf und Verkauf. Der Alte schüttelte den Kopf, reichte das Teebrett den beiden hinter ihm sitzenden Arabern und sagte bloß ein paar Worte, die Marcel zu entmutigen schienen. Er packte seine Stoffe zusammen, verstaute sie im Koffer und wischte sich den vermutlich nicht vorhandenen Schweiß von der Stirn. Dann rief er nach dem kleinen Träger, und sie zogen weiter zu den Bogengängen. Im nächsten Laden hatten sie ein bisschen mehr Glück, obwohl der Händler anfänglich dieselbe Unnahbarkeit an den Tag legte. »Sie halten sich alle für den lieben Gott persönlich«, sagte Marcel, »aber schließlich müssen sie auch etwas zu verkaufen haben! Wir haben es alle schwer.«

Janine folgte ihm, ohne zu antworten. Der Wind hatte sich beinahe völlig gelegt. Fleckenweise wurde der Himmel sichtbar. Ein kaltes, gleißendes Licht drang aus den blauen Brunnen, die sich in den dicken Wolkenmassen auftaten. Sie hatten den Platz jetzt verlassen und gingen durch enge Gassen, an

Erdmauern entlang, über die erfrorene Dezemberrosen oder hie und da einmal ein vertrockneter, wurmstichiger Granatapfel herunterhingen. In diesem Viertel roch es überall nach Staub und Kaffee, nach schwelender Palmrinde, Stein und Schaffleisch. Die aus den Mauern gehöhlten Läden lagen weit auseinander; Janine spürte, wie ihre Beine schwer wurden. Aber die Laune ihres Mannes besserte sich allmählich, er fing an, seine Ware loszuwerden, und zeigte auch mehr Entgegenkommen; er nannte Janine »Kleines«, die Reise würde nicht umsonst sein. »Natürlich«, sagte Janine, »es ist besser, sich direkt mit ihnen zu verständigen.«

Durch eine andere Straße gelangten sie wieder ins Zentrum. Der Nachmittag war schon fortgeschritten, der Himmel nun beinahe wolkenlos. Auf dem Platz blieben sie stehen. Marcel rieb sich die Hände, er betrachtete mit liebevollem Blick den Koffer zu ihren Füßen. »Schau«, sagte Janine. Vom anderen Ende des Platzes her kam ein großer, hagerer, sehniger Araber; er trug einen himmelblauen Burnus, Handschuhe und weiche, gelbe Schaftstiefel; sein braun gebranntes Adlergesicht blickte stolz. Nur das lange, zum Turban geschlungene Tuch erlaubte, ihn von den französischen Verbindungsoffizieren zu unterscheiden, die Janine manchmal bewundert hatte. Er kam mit gleichmäßigen Schritten auf sie zu, schien jedoch über sie hinwegzublicken, während er langsam den einen Handschuh auszog. »Na«, sagte Marcel achselzuckend, »das scheint mir auch einer, der sich für einen General hält.« Gewiss, alle trugen sie eine stolze Miene zur Schau, aber dieser hier übertrieb es nun wirklich. Obwohl der Platz rings um sie menschenleer war, schritt er geradenwegs auf den Koffer zu, ohne ihn zu beachten, ohne sie zu beachten. Dann wurde die Entfernung schnell kleiner, und der Araber stieß schon beinahe mit ihnen zusammen, als Marcel plötzlich den Koffer beim Griff packte und zurückzog. Scheinbar ohne im Geringsten etwas wahrzunehmen, ging der andere vorbei und entfernte sich mit unveränderter Gemessenheit in Richtung auf die Wälle. Janine blickte ihren Mann an, er machte wieder sein entgeistertes Gesicht. »Sie meinen jetzt, sie dürften sich alles erlauben«, sagte er. Janine gab keine Antwort. Sie verabscheute die alberne Überheblichkeit dieses Arabers und fühlte sich auf einmal unglücklich. Sie wollte fort, sie sehnte sich nach ihrer kleinen Wohnung. Der bloße Gedanke an die Rückkehr ins Hotel, in das eiskalte Zimmer, lähmte sie. Unvermittelt fiel ihr ein, dass der Wirt ihr geraten hatte, auf die Terrasse des Forts hinaufzusteigen, weil man von dort die Wüste sehen konnte. Sie machte Marcel diesen Vorschlag, den Koffer konnten sie im Hotel lassen. Aber er war müde und wollte vor dem Abendessen noch ein bisschen ruhen. »Bitte«, sagte Janine. Er schaute sie mit plötzlich wacher Aufmerksamkeit an. »Aber natürlich, Liebes«, sagte er.

Sie wartete auf der Straße vor dem Hotel. Die weiß gekleidete Menge wurde immer dichter. Es fand sich keine einzige Frau darunter, und Janine hatte den Eindruck, noch nie so viele Männer gesehen zu haben. Dabei schaute sie keiner an. Scheinbar ohne ihrer zu achten, wandten Einzelne ihr langsam das magere, wettergegerbte Gesicht zu, um dessentwillen sie in ihren Augen alle gleich aussahen, der französische Soldat im Bus, der Araber mit den Handschuhen – ein zugleich verschlagenes und stolzes Gesicht. Sie kehrten dieses Gesicht der Fremden zu, sie sahen sie nicht, und dann gingen sie leichtfüßig und lautlos rechts und links an ihr vorbei, während ihre Knöchel immer mehr anschwollen. Und ihr Unbehagen, ihr Verlangen, fortzukommen, wuchs. »Warum bin ich hierhergekommen?« Aber schon war Marcel zurück.

Als sie die Treppe zum Fort hinaufstiegen, war es fünf Uhr nachmittags. Der Wind hatte sich ganz gelegt. Der völlig wolkenlose Himmel war jetzt von verwaschenem Blau. Die wieder schärfere Kälte brannte auf ihren Wangen. Auf halber Höhe der Treppe fragte ein alter, an der Mauer liegender Araber, ob sie einen Führer wünschten, aber er fragte, ohne sich zu rühren, als wäre er im Voraus ihrer Ablehnung gewiss. Die Treppe war endlos und steil, obwohl man hie und da auf einen Absatz aus gestampfter Erde gelangte. Je höher sie stiegen, desto mehr weitete sich der Raum, und sie erhoben sich in ein immer grenzenloseres, kälteres und trockeneres Licht, in dem jedes Geräusch der Oase rein und deutlich zu ihnen drang. Die helle Luft schien rings um sie in Schwingung zu geraten, eine zunehmend länger anhaltende Schwingung, als entlocke ihr Schritt dem Kristall des Lichts eine stets weitere Kreise ziehende Klangwelle. Und im Augenblick, da sie auf die Terrasse traten und ihr Blick sich unvermittelt jenseits des Palmenhains in der Unendlichkeit des Horizonts verlor, kam es Janine vor, als erdröhne der Himmel in einem einzigen, kurzen, schmetternden Ton, dessen Widerhall nach und nach den ganzen sich über ihr wölbenden Raum ausfüllte, um dann wie auf einen Schlag abzubrechen und sie in Stummheit der grenzenlosen Weite anheimzugeben.

In der Tat konnte sie ihren Blick langsam von Osten nach Westen wandern lassen, ohne in dieser vollkommen geschwungenen Bahn einem einzigen Hindernis zu begegnen. Zu ihren Füßen lag das Gewirr der blauen und weißen Terrassen der arabischen Stadt, in die das dunkle Rot der an der Sonne trocknenden Pfefferfrüchte blutige Flecken streute. Man sah keinen Menschen, aber aus den Innenhöfen stiegen mit den Düften des röstenden Kaffees lachende Stimmen und undeutbares Fußgetrappel empor. Dahinter breitete sich der durch Lehmmauern in ungleiche Rechtecke geteilte Palmenhain, und in den Kronen rauschte ein Wind, den man auf der Terrasse oben schon nicht mehr spürte. In etwas weiterer Ferne begann das bis zum Horizont gedehnte, ocker und grau getönte Reich der Steine, in dem man nichts Lebendiges wahrnahm. Erst in einiger Entfernung von der Oase gewahrte man gegen Sonnenuntergang, nahe bei dem an den Palmenhain grenzenden Wasserlauf, große, schwarze Zelte. Ringsum stand reglos eine Herde Kamele, die aus dieser Entfernung winzig wirkten und auf dem grauen Boden die dunklen Zeichen einer seltsamen Schrift bildeten, deren Sinn es zu entziffern galt. Das über der Wüste liegende Schweigen war unumschränkt wie der Raum.

Janine lehnte mit ihrem ganzen Gewicht gegen die Brüstung, keines Wortes mächtig, unfähig, sich von der Leere loszureißen, die sich vor ihr auftat. Marcel neben ihr trat unruhig von einem Fuß auf den anderen. Ihm war kalt, er wollte wieder hinunter. Was gab es denn hier zu sehen? Sie aber vermochte ihren Blick nicht vom Horizont zu lösen. Dort drüben, noch weiter südlich, wo Himmel und Erde in einer reinen Linie ineinander übergingen, dort drüben, so schien ihr auf einmal, wartete etwas auf sie, das sie bis zu diesem Tag nicht gekannt und das ihr doch seit jeher gefehlt hatte. Im weiter vorschreitenden Nachmittag verlor das Licht unmerklich an Spannung; es war Kristall, jetzt verflüssigte es sich. Zur gleichen Zeit begann im Herzen einer Frau, die allein der Zufall hierhergeführt hatte, ein von den Jahren, der Gewohnheit und der Langeweile geschürzter Knoten sich langsam zu lösen. Sie betrachtete das Lager der Nomaden. Sie hatte seine Bewohner nicht einmal zu Gesicht bekommen, nichts rührte sich zwischen den schwarzen Zelten. Und dennoch musste sie jetzt unablässig an diese Menschen denken, von deren Existenz sie bis dahin kaum etwas geahnt hatte. Ohne Haus, ohne Verbindung mit der Welt zogen sie in kleinen Gruppen durch das weite Land, das der Blick ihr entdeckte und das doch nicht mehr war als ein winziger Teil einer noch größeren Weite, deren schwindelerregende Flucht erst Tausende von Kilometern weiter südlich endete, dort, wo der erste Fluss endlich Fruchtbarkeit bringend den Wald erzeugt. Über die trockene, bis auf den Knochen aufgekratzte Erde dieses Landes ohne Maß zog seit jeher ruhelos eine Handvoll Menschen, die nichts besaßen, aber niemandem hörig waren, elende und freie Herren eines fremdartigen Reiches. Janine wusste nicht, warum diese Vorstellung sie mit einer so sanften und allumfassenden Traurigkeit erfüllte, dass sie die Augen schließen musste. Sie wusste nur, dass ihr dieses Reich seit Anbeginn der Zeiten verheißen war und dass sie es dennoch nie besitzen würde, nie mehr, außer vielleicht in diesem flüchtigen Augenblick, da sie die Augen wieder aufschlug, den mit einem Mal unbeweglichen Himmel gewahrte und die Fluten erstarrten Lichts, während die aus der arabischen Stadt aufsteigenden Stimmen jäh verstummten. Da schien ihr, dass der Lauf der Welt eben zum Stillstand gekommen sei und dass von dieser Sekunde an niemand mehr altern, niemand mehr sterben werde. Allüberall war von nun an das Leben angehalten, außer in ihrem Herzen, wo im selben Augenblick jemand Tränen des Kummers und des ungläubigen Staunens vergoss.

Aber das Licht begann sich zu bewegen, die klare, wärmelose Sonne neigte sich gen Westen, wo der Himmel sich leise rosa färbte, während im Osten eine graue Woge entstand und sich anschickte, sich langsam über die unermessliche Weite zu ergießen. Ein erster Hund heulte auf, und sein fernes Bellen erhob sich in die noch kälter gewordene Luft. Da merkte Janine, dass ihre Zähne aufeinanderschlugen. »Man holt sich ja den Tod!«, sagte Marcel. »Du bist unverantwortlich. Wir wollen zurück.« Aber er fasste unbeholfen nach ihrer Hand. Fügsam wandte sie sich jetzt von der Brüstung ab und folgte ihm. Der alte Araber auf der Treppe schaute ihnen unbeweglich nach, während sie zur Stadt hinunterstiegen. Ohne die Vorübergehenden zu sehen, schritt Janine vor sich hin, von einer plötzlichen, unendlichen Müdigkeit gebeugt, und schleppte ihren Körper, dessen Gewicht ihr nun unerträglich vorkam. Ihre Gehobenheit war verflogen. Jetzt fühlte sie sich zu groß, zu dick und auch zu weiß für die Welt, in die sie eben eingetreten war. Ein Kind, ein junges Mädchen, der dürre Mann, der leise Schakal waren die einzigen Lebewesen, die lautlos über diese Erde gehen konnten. Was sollte sie hier in Zukunft, außer sich dahinschleppen bis zum Schlaf, bis zum Tod?

Sie schleppte sich denn auch bis zum Restaurant, begleitet von ihrem plötzlich wortkargen Mann, der höchstens seiner Müdigkeit Ausdruck verlieh, während sie selbst ohne rechte Willenskraft gegen die Erkältung und das Fieber ankämpfte, das sie in sich aufsteigen spürte. Sie schleppte sich noch bis zum Bett, in das Marcel ihr nachfolgte; er löschte sofort das Licht, ohne sie erst zu fragen. Die Luft im Zimmer war eisig. Janine spürte, wie die Kälte von ihr Besitz ergriff, während gleichzeitig das Fieber rasch anstieg. Sie konnte kaum atmen, das Blut pulste in ihren Adern, ohne sie zu erwärmen. So etwas wie Angst wuchs in ihr. Sie drehte sich um, das alte Eisenbett ächzte unter ihrem Gewicht. Nein, sie wollte nicht krank werden. Ihr Mann schlief bereits, und auch sie wollte schlafen, sie musste. Der dumpfe Lärm der Stadt drang durch die Schießscharte bis zu ihr. Die ausgeleierten Fonografen der maurischen Cafés näselten Melodien, die ihr bekannt vorkamen und die sich mit dem Raunen einer langsam wogenden Menge vermischten. Sie musste schlafen. Aber sie zählte die schwarzen Zelte; hinter ihren Lidern weideten reglose Kamele; unendliche Einöden drehten sich im Kreis. Ja, warum war sie hierhergekommen? Ober dieser Frage schlief sie ein.

Ein wenig später erwachte sie. Rings um sie herrschte völlige Stille. Aber am Rand der Stadt heulten heisere Hunde in die stumme Nacht. Janine fröstelte. Sie drehte sich wieder um, spürte die harte Schulter ihres Mannes an der ihren und schmiegte sich plötzlich halb im Schlaf an ihn. Sie trieb an der

Oberfläche des Schlafes dahin, ohne in ihn hinabzusinken, sie klammerte sich mit unbewusster Gier an diese Schulter wie an ihre sicherste Zuflucht. Sie sprach, aber kein Ton drang aus ihrem Mund. Sie sprach, aber sie hörte kaum selber, was sie sagte. Sie spürte nur die von Marcel ausgehende Wärme. Seit über zwanzig Jahren war es so, jede Nacht, immer in seiner Wärme, immer sie beide, selbst wenn sie krank waren, selbst auf Reisen wie heute … Was hätte sie übrigens allein zu Hause tun sollen? Kein Kind! War es nicht gerade das, was ihr fehlte? Sie wusste es nicht. Sie folgte Marcel, weiter nichts, und war froh zu spüren, dass jemand sie nötig hatte. Er schenkte ihr keine andere Freude als das Bewusstsein ihrer Notwendigkeit. Gewiss liebte er sie nicht. Die Liebe, selbst die Hassliebe, zeigt kein so mürrisches Gesicht. Aber welches ist ihr wahres Gesicht? Sie pflegten sich nachts zu lieben, tastend, ohne sich zu sehen. Gibt es eine andere Liebe als die der Dunkelheit, eine Liebe, die sich am hellheiteren Tag laut kundtäte? Sie wusste es nicht, aber sie wusste, dass Marcel sie nötig hatte und dass sie selbst dieses Nötigsein nötig hatte, dass es sie am Leben erhielt, in der Nacht wie am Tag, aber vor allem in der Nacht, jede Nacht, wenn er nicht allein sein wollte, nicht alt werden, nicht sterben, immer mit jenem eigensinnigen Ausdruck, den er anzunehmen pflegte und den sie manchmal in anderen Männergesichtern entdeckte – einziger gemeinsamer Ausdruck all dieser Narren, die sich mit dem Anschein der Vernunft tarnen, bis der Wahnsinn sie packt und verzweiflungsvoll dem Leib einer Frau entgegenschleudert, auf dass sie, ohne Verlangen zu spüren, all das Grauen in ihm verbergen, das Nacht und Einsamkeit ihnen zeigen.

Marcel bewegte sich ein wenig, wie um von ihr abzurücken. Nein, er hatte sie nicht lieb, er hatte bloß Angst vor allem, was nicht sie war, und sie und er hätten sich schon längst trennen sollen, um bis zum Ende allein zu schlafen. Aber wer vermag immer allein zu schlafen? Es gibt vereinzelt solche Menschen; sie hat Berufung oder Unglück von den anderen abgesondert, und nun schlafen sie jeden Abend im gleichen Bett wie der Tod. Marcel wäre nie dazu fähig, gerade er nicht, dieses schwache und wehrlose Kind, das jeder Schmerz verstörte, ihr Kind eben, das sie nötig hatte und das in diesem Augenblick eine Art Stöhnen vernehmen ließ. Sie schmiegte sich ein bisschen enger an ihn und legte ihm die Hand auf die Brust. Und still für sich rief sie ihn bei dem Kosenamen, den sie ihm in früheren Zeiten gegeben hatte und den sie noch hie und da ganz gedankenlos gebrauchten, wenn sie allein waren.

Sie rief ihn mit der ganzen Kraft ihres Herzens. Letzten Endes hatte auch sie ihn nötig, seine Kraft, seine kleinen Schrullen, auch sie hatte Angst vor dem Sterben. »Wenn ich diese Angst überwinden könnte, wäre ich glücklich …« Alsogleich überflutete sie eine unnennbare Beklemmung. Sie rückte von Marcel ab. Nein, sie überwand nichts, sie war nicht glücklich, in Wahrheit würde sie sterben, ohne erlöst worden zu sein. Ihr Herz tat ihr weh, sie erstickte unter einem ungeheuren Gewicht, das sie, wie sie plötzlich entdeckte, seit zwanzig Jahren mit sich schleppte und gegen das sie sich nun mit aller Kraft wehrte. Sie wollte erlöst werden, selbst wenn Marcel, selbst wenn alle anderen der Erlösung nie teilhaftig werden sollten! Hellwach richtete sie sich im Bett auf und lauschte auf einen Ruf, der aus der nächsten Nähe zu kommen schien. Aber aus der Tiefe der Nacht drangen nur die erschöpften und unermüdlichen Stimmen der Hunde der Oase. Es war wieder ein schwacher Wind aufgekommen, und sie hörte sein leises Wispern in den Palmen. Er kam von Süden, von dort, wo Nacht und Wüste sich jetzt unter dem von Neuem unbeweglichen Himmel vermengten, wo das Leben stillstand, wo niemand mehr alterte oder starb. Dann versiegten die Wasser des Windes, und sie war nicht einmal mehr sicher, überhaupt etwas gehört zu haben, außer einem stummen Ruf, den sie schließlich nach Belieben schweigen heißen oder wahrnehmen konnte, aber dessen Sinn sie nie mehr erfahren würde, wenn sie ihm nicht augenblicklich folgte. Augenblicklich, ja, das wenigstens war gewiss!

Sie erhob sich leise und blieb unbeweglich neben dem Bett stehen, während sie auf den Atem ihres Mannes lauschte. Marcel schlief. Sogleich wich die Wärme des Bettes von ihr, und die Kälte überfiel sie. Sie tastete im schwachen Licht der Straßenlampen, das durch die geschlossenen Rollläden sickerte, nach ihren Kleidern und zog sich langsam an. Mit den Schuhen in der Hand schlich sie zur Tür. Sie verharrte noch ein paar Sekunden abwartend im Dunkeln, dann begann sie, sie sachte zu öffnen. Der Türknauf quietschte, sie blieb wie erstarrt stehen. Ihr Herz schlug wild. Sie lauschte gespannt, nichts rührte sich; beruhigt drehte sie wieder ein wenig am Knauf. Das Öffnen schien endlos lange zu dauern. Endlich war es so weit: Sie schlüpfte hinaus und schloss die Tür wieder mit derselben Behutsamkeit. Dann presste sie die Wange gegen das Holz und wartete. Nach einem Weilchen vernahm sie Marcels ferne Atemzüge. Sie wandte sich um, die eisige Nachtluft peitschte ihr ins Gesicht, sie lief über die Galerie. Der Eingang des Hotels war geschlossen. Während sie sich mit dem Riegel abmühte, erschien mit verschlafenem Gesicht der Nachtportier oben an der Stiege und sagte etwas auf Arabisch. »Ich bin gleich zurück«, erklärte Janine und stürzte sich in die Nacht.

Sternengeschmiede rankten vom schwarzen Himmel über die Palmen und Häuser herab. Sie lief durch die kurze, jetzt menschenleere Hauptstraße, die zum Fort führte. Die Kälte, die nicht mehr gegen die Sonne zu kämpfen brauchte, hatte von der Nacht Besitz ergriffen; die eisige Luft brannte in Janines Lungen. Aber halb blind rannte sie weiter durch die Dunkelheit. Nun tauchten am oberen Ende der Straße Lichter auf, die sich im Zickzack abwärtsbewegten und auf sie zukamen. Sie blieb stehen und vernahm ein Geräusch wie Flügelschwirren, dann sah sie endlich hinter den immer größer werdenden Lichtern mächtige Burnusse, unter denen die zerbrechlichen Speichen von Fahrrädern aufblitzten. Die Burnusse streiften sie; drei rote Schlusslichter leuchteten in der schwarzen Nacht hinter ihr auf und verschwanden alsbald. Sie begann wieder zu laufen, dem Fort entgegen. Auf halber Höhe der Treppe wurde das Brennen der Luft in den Lungen so scharf, dass sie anhalten wollte. Ein letzter Anlauf schleuderte sie willenlos bis auf die Terrasse und an die Brüstung, die jetzt hart gegen ihren Leib drückte. Sie keuchte, alles verschwamm vor ihren Augen. Das Laufen hatte sie nicht erwärmt, sie zitterte noch immer an allen Gliedern. Aber die kalte Luft, die sie stoßweise in sich aufnahm, strömte bald gleichmäßig in sie ein, und inmitten der Schauer begann eine laue Wärme sich schüchtern auszubreiten. Endlich öffneten sich ihre Augen vor den Weiten der Nacht.

Nichts störte die Einsamkeit und Stille, die Janine umgaben, kein Hauch, kein Geräusch, außer zuweilen dem dumpfen Knacken der Steine, die die Kälte zu Sand zerrieb. Nach einer Weile hatte sie indessen das Gefühl, der Himmel über ihr werde gleichsam von einer schwerfällig kreisenden Bewegung mitgezogen. In der Dichte der spröden und kalten Nacht bildeten sich unablässig Tausende von Sternen, und ihre schimmernden, sogleich losgelösten Eiskristalle begannen unmerklich dem Horizont entgegenzugleiten. Janine vermochte sich nicht von der Betrachtung dieser dahintreibenden Lichter loszureißen. Sie kreiste mit ihnen, und das gleiche unbewegliche Ziehen verband sie allmählich mit ihrem tiefinnersten Wesen, wo Kälte und Verlangen nun im Widerstreit lagen. Die Sterne vor ihren Augen fielen einer nach dem anderen herab und erloschen dann inmitten der Steine der Wüste, und jedes Mal erschloss Janine sich ein bisschen weiter der Nacht. Sie atmete frei, sie vergaß die Kälte, die menschliche Schwere, das wahngepeitschte oder erstarrte Dasein, die lange Bangigkeit des Lebens und des Sterbens. Nachdem sie so viele Jahre lang, vor der Angst fliehend, blindlings und ziellos dahingestürmt war, hielt sie nun endlich inne. Gleichzeitig hatte sie das Gefühl, zu ihren Wurzeln zurückzufinden, der Saft stieg wieder in ihren jetzt nicht mehr zitternden Körper empor. Den Leib fest an die Brüstung pressend, dem sich fortbewegenden Himmel entgegengespannt, wartete sie, dass ihr noch immer aufgewühltes Herz ebenfalls die Ruhe finde und es still werde in ihr. Die letzten Sterne ließen ihre Trauben tiefer unten über dem Horizont der Wüste fallen und verhielten unbeweglich. Da begann mit unerträglicher Milde das Wasser der Nacht Janine zu erfüllen, es begrub die Kälte unter sich, von dem geheimen Mittelpunkt ihres Wesens stieg es nach und nach empor und drang in ununterbrochener Flut bis in ihren von Stöhnen übergehenden Mund. Im nächsten Augenblick breitete der ganze Himmel sich über ihr, die rücklings auf der kalten Erde lag.

Als Janine wieder mit derselben Behutsamkeit zurückkehrte, schlief Marcel immer noch. Aber er brummte, als sie sich niederlegte, und richtete sich ein paar Sekunden später jäh auf. Er sagte etwas, aber sie konnte seine Worte nicht verstehen. Er stand auf und zündete das Licht an, das sie wie eine Ohrfeige mitten ins Gesicht traf. Er ging schwankend zum Waschbecken und trank lange aus der Flasche Mineralwasser, die dort stand. Er wollte eben wieder unter die Decke schlüpfen und hatte schon ein Knie auf das Bett gestützt, als er sie anschaute, verständnislos. Sie weinte fassungslos, ohne ihren Tränen Einhalt gebieten zu können. »Es ist nichts, Liebling«, sagte sie, »es ist nichts.«

## Nachwort

Wo beginnen, wo rasten, wo ankommen auf einer Lesereise durch die Sahara? Ihr Bild durch die Jahrhunderte ist so unterschiedlich und auch widersprüchlich, als stehe sie wie eine gigantische, lockende Fata Morgana am Südhorizont Europas – eine flirrende Sinnestäuschung, die jedem eine Ausgeburt seiner eigenen Fantasie vorgaukelt. Seit je eignet sie sich gut als Projektionsfläche. Den kolonialen Forschungsreisenden, die sich »Entdecker« nannten, war sie bis ins 20. Jahrhundert hinein ein letzter, riesenhafter weißer Fleck auf der Weltkarte, den sie im Dienste ihrer geografischen Gesellschaften und Kolonialministerien auffüllen wollten. Ihre Reiseberichte wurden daheim zu Bestsellern und begründeten das Genre der abenteuerlichen Wüstenliteratur, das bis heute üppig blüht – inzwischen als Bericht vom Kameltreck, von der Wüstenrallye, vom Motorrad-Challenge, vom Selbstfindungsraum auf der Suche nach Unendlichkeit und Einsamkeit.

Ein Großteil der Literatur über die Sahara ist geprägt von Hast, Kilometerfresserei und Panzerung durch ausgeklügelte Überlebenstechnik (jedes Jahrhundert pflegte seine eigene Form von Survivalkits). Eine abgezirkelte Tagesplanung verstellt aber den Blick für die Lebensregeln dieses Kulturraums, der seinen eigenen Rhythmen folgt. Der Berberschriftsteller Mouloud Mammeri überliefert das alte Diktum: »Will man ein Buch über die Sahara schreiben, geht man drei Tage dorthin; will man einen Artikel darüber schreiben, bleibt man drei Monate; bleibt man drei Jahre, braucht man darüber kein Wort mehr zu verlieren.« Die Regel ist also: Je länger man verweilt, je langsamer man sich bewegt, je tiefer man eintaucht, desto größer werden die Rätsel und das Staunen.

Suchen wir also Texte, die aus Nähe und Vertrautheit entstanden sind und es gerade darum schafften, Verborgenes an den Tag zu bringen.

Da sind zunächst die Autorinnen und Autoren aus dem Kulturraum selbst. In Ibrahim al-Koni hat die Sahara ihren literarischen Großmeister gefunden – eine glückliche Fügung, denn nicht jede Landschaft findet den Schriftsteller, der sie zur Weltbühne macht. Seine Wüste ist belebt und beseelt von Menschen, Tieren, von Naturgewalten und von diesseitigen und jenseitigen Mächten. Auch der Tuaregaktivist Mano Dayak ist, wie al-Koni, im Zelt aufgewachsen. Seine Erinnerungen sind inzwischen zum anrührenden Dokument einer unberührt traditionellen Kindheit geworden. Die Marokkanerin Malika Mokeddem stammt aus einer Familie vom Nordrand der Sahara und zehrt in ihrem Werk von den Überlieferungen der »blauen Menschen«.

Darf man auch Albert Camus in diese Reihe stellen? Seine Familie war seit zwei Generationen in Algerien ansässig, und sein schriftstellerischer Blick wie seine politische Aktivität verstießen gegen die Regeln der französischen Kolonialpolitik. Seine Novelle erzählt von einem Erwachen aus der Leere europäischer Konvention. Die Konfrontation mit der Weite, der Fremdheit, der allgegenwärtigen Glut einer Oase wirft Janine auf sich zurück – wie schon manch Reisender in der Wüste sich selbst wiederbegegnet ist.

Weil die Sahara immer schon Durchgangsgebiet, Rückzugszone und Schmelztiegel war, ist sie vielen »Zugewandten« zur zweiten Heimat geworden. Der französische Ordensmann Charles de Foucauld lebte zehn Jahre unter den Tuareg und erforschte ihre Sprache und Tradition, bis er 1916 wegen seiner unseligen Verquickung mit der französischen Kolonialherrschaft von Aufständischen ermordet wurde. Auf seinen Aufzeichnungen beruhen die Tuaregliebeslieder dieses Bandes. Nur wenige Jahre später erlebt im letztlich gleichen Spannungsfeld der französische Pilot Antoine de Saint-Exupéry seine Liebe zur Sahara – auch zu den Menschen der »unerobеrten Gebiete«. Er berührt mit seiner Geschichte vom Freikauf des Sklaven Bark die Tragödien der Sklaverei, die bis ins 20. Jahrhundert hinein als dunkle Kehrseite ebenso zur Sahara gehörten wie der stolze Widerstandsgeist ihrer Herren. Grausam kann auch die majestätisch-gelassene Natur werden. Bei einem Flugzeugabsturz, der ihn an den Rand des Todes führte, hat er es selbst erfahren: Gegen die Gesetze dieser Natur kann nur bestehen, wer sich ihr weise unterwirft und anpasst. Der große Wüstenforscher Théodore Monod, der sein Leben der Sahara gewidmet hat, schreibt es ihm ins Logbuch: »Man verdurstet nur, wenn man unvorsichtig ist.« Monod wie auch Rainer-K. Langner berichten über die vielen unscheinbaren Naturwunder und Anpassungskünste in der Wüste, die dem Kundigen alles bereithält, was er zum Leben braucht.

Die Berichte von Forschern und Ethnologen wie Monod haben in langen Jahren von Teilnahme und Beobachtung vieles dokumentiert, das dem Reisenden verborgen bleibt. Gerd Spittler verbrachte insgesamt über sechs Jahre am Südrand der Sahara, er führt uns ein in die hohe Kunst und die große Mühe der Hirtenarbeit und konnte zudem seinen Gesprächspartnerinnen Details zu überraschenden nächtlichen Sitten entlocken. Ines Kohl gibt eine Ahnung von den komplexen sozialen Abstufungen der Tuareggesellschaft, in der sich Spuren der alten Standesordnung mit modernen Entwicklungen überlagern. Sven Lindqvist lässt die Erinnerung an die Brunnenbauer der Sahara aufleben, Abhängige und Sklaven auch sie, ohne die es keine Oasenwirtschaft gegeben hätte.

Im Kern jeder Erkenntnis über die Sahara steht die Einsicht: Sie war niemals »leer« und »unerschlossen«. Henri Lhote, der ihre Felsbilder für das staunende Kunstpublikum Europas dokumentierte, stellt in seinem zweiten Text die jahrhundertealten Karawanenrouten vor. Die Karte in der vorderen Klappe dieses Bandes soll dies visualisieren: Sie verzeichnet die Routen der traditionellen Handels- und Salzkarawanen und die historischen Handelsplätze ebenso wie die zeitgenössischen Verkehrswege und Siedlungen. Kaum stellt man das Dromedar gleichberechtigt neben den Motor, ersteht das Bild eines Kontinents, den seine Menschen mit genialer Anpassungsfähigkeit in alle Richtungen erschlossen und belebt haben.

Die Reportagen von Kurt Pelda und Michael T. Ganz aus unseren Tagen zeigen erneut diese Anpassungskunst in alle Richtungen. In den Rückzugsgebieten der malischen Rebellen entstand der Tuareg-Funk, der inzwischen von Timbuktu aus in die Weltmusik Einzug gehalten hat und Furore macht. Und die Drogenkartelle lassen ihren Stoff quer durch die Sahara fahren, weil die angeblich »lebensfeindliche Wüste« heute durchlässiger geworden ist als die Kontrolle an der Südgrenze des Schengenraums.

Mehr als einige Impressionen kann eine Auswahl wie diese nicht bieten. Vielleicht gibt sie eine Ahnung von der Größe und Großartigkeit dieses Lebensraumes – als sichtbarer Grashalm, unter dem sich in die Tiefe und die Weite ein ungeahntes Wurzelwerk verzweigt.

*Lucien Leitess*

# Worterklärungen

*Ahal* Festlichkeit, Liebeswettstreit
*Alfa* Gras der Hochebene
*Balanites* Wüstendattelbaum
*Brasero* eisernes Becken mit Holzkohle, das zum Kochen benutzt wird
*Burnus* Mantel mit Kapuze, aus Wolle oder Fell
*Chèche* langer Stoffschal
*Djellaba* Übergewand aus Wollstoff mit langen Ärmeln und Kapuze
*Djinn / Dschinn* guter und böser, für den Menschen unsichtbarer Geist
*Erg* Sandwüste mit oder ohne Dünen
*Feluke* kleines Segelschiff
*Hadith* den Koran ergänzende religiöse Überlieferung
*Haik* Umhang der nordafrikanischen Frauen
*Halouf* Schwein
*Hamada* Fels- oder Steinwüste
*Imzad* einsaitige Geige
*Kaaba* zentrales Heiligtum des Islam in Mekka
*Khaidou* Umhang aus gefärbter Wolle
*Khassa* Fontäne, Springbrunnen
*Kheima* Nomadenzelt, meist aus Wolle und Kamelhaar
*Khol* schwarze Farbe zum Schminken
*Kholkhal* silberner Fußreif
*Ksar* befestigtes Dorf in Oasen
*Magroun* Umhang aus durchsichtigem feinen Stoff
*Medersa* Hochschule, Bildungsstätte
*Medina* Altstadt in arabischen Städten
*Mehari* Reitkamel
*Meida* niedriger Tisch
*Morkeba* ein Gras
*Mufflon* Wildschaf
*Rezzou* Beutezug
*Roumi* Römer, arabische Bezeichnung für Christen
*Souk* Basar
*Taleb* Lehrer an einer Koranschule
*Tamaschek / Tamasheq* Sprache der Tuareg
*Wadi* Wüstenfluss in Nordafrika und Arabien, der meist trocken liegt

# Autorinnen und Autoren

Mit * gekennzeichnete Titel wurden für diese Anthologie vom Verlag neu gesetzt.

*Ibrahim al-Koni*

geboren 1948, Tuareg aus der Libyschen Wüste, arbeitete nach dem Studium der Literatur am Gorki-Institut Moskau als Journalist in Warschau und in Moskau. Seit 1993 lebt er in der Schweiz. Sein Werk umfasst etwa sechzig Bände. Ibrahim al-Koni wurde mehrfach ausgezeichnet: für den Roman *Blutender Stein* mit dem Literaturpreis der Stadt Bern, für *Die Magier* mit einem Buchpreis des Kantons Bern, für sein Gesamtwerk mit dem Libyschen Staatspreis für Kunst und Literatur sowie dem Großen Literaturpreis des Kantons Bern. Zudem wurden ihm der Preis der französisch-arabischen Freundschaft und 2008 der renommierte Scheich-Sajed-Buchpreis verliehen.
»Der Segen der Vögel und der Dämon der Flut«*, aus: Ibrahim al-Koni, *Die verheißene Stadt. Roman aus der Sahara.* © Lenos Verlag, Basel 2005. Aus dem Arabischen von Hartmut Fähndrich.
»Die Gazelle und der Mufflon«*, aus: ders., *Blutender Stein. Roman aus Libyen.* © Lenos Verlag, Basel 1995. Aus dem Arabischen von Hartmut Fähndrich.

*Albert Camus*

geboren 1913 in Mondovi, Algerien, gestorben 1960 in Villeblevin, Frankreich. Camus stammte aus einer seit Generationen in Algerien ansässigen Familie. Er lebte und arbeitete bis 1940 in Algerien und engagierte sich gegen die französische Kolonialherrschaft und den Faschismus. Für sein Werk erhielt er 1957 den Nobelpreis für Literatur.
»Die Ehebrecherin«, aus: Albert Camus, *Das Exil und das Reich. Erzählungen.* © 1966 by Rowohlt Verlag GmbH, Reinbek bei Hamburg. Aus dem Französischen von Guido G. Meister.

*Anonym*

»Liebeslieder der Tuareg«*, aus: Heike Miethe Sommer (Hrsg.), *Tuareg-Poesie,* Wendelin Niedlich Verlag, Stuttgart 1994. © Heike Miethe Sommer 1994.

*Mano Dayak*
geboren um 1950, besuchte die Nomadenschule und ein Gymnasium in Agadez, studierte in den USA und in Paris. Er war ein Vorkämpfer der Tuaregbewegung und für den Friedensvertrag, der am 24. April 1995 von der Regierung des Niger und den Tuaregrebellen unterzeichnet wurde. Dayak starb im selben Jahr bei einem Flugzeugunglück.
»Geboren mit Sand in den Augen«, aus: Mano Dayak, *Geboren mit Sand in den Augen. Die Autobiographie des Führers der Tuareg-Rebellen.* © Unionsverlag, Zürich 1998. Aus dem Französischen von Sigrid Köppen.

*Michael T. Ganz*
geboren 1955 in Zürich, studierte Sprachen in Zürich und unterrichtete Deutsch in England. Anschließend Redakteur und Fotoreporter, seit 1991 ist er selbstständiger Journalist, Buchautor und Ausbildner bei Schweizer Radio DRS.
»Der Blues der blauen Menschen – Das Festival von Timbuktu«, aus: *Neue Zürcher Zeitung*, 13. April 2007. © Michael T. Ganz 2007.

*Ines Kohl*
geboren 1974 in Graz, Österreich. Die Sozialanthropologin, die sich besonders mit Afrika, vor allem den Tuareg, beschäftigt, ist am Institut für Kultur- und Sozialanthropologie in Wien tätig und arbeitet als Reiseführerin in Libyen und dem Niger.
»Die feinen Abstufungen von Weiß bis Schwarz – Noble, Eingesessene und Zugewanderte«* (»Nationale Identität, tribale Zugehörigkeit und lokale Konzeptionen im Fezzan-Libyen. Eine Farbenlehre«), aus: Johann Heiss (Hrsg.), *Veränderung und Stabilität. Normen und Werte in islamischen Gesellschaften.* © Verlag der österreichischen akademischen Wissenschaften, Wien 2005.

*Rainer-K. Langner*
geboren 1942. Der freiberufliche Autor und Publizist, Literatur- und Theaterkritiker lebt in der Nähe von Berlin. Er arbeitet für Presse, Hörfunk und Fernsehen.
»Strategien des Überlebens – Kamel, Akazie, Springmaus, Distelfalter«*, aus: Rainer-K. Langner, *Das Geheimnis der großen Wüste. Auf den Spuren des Saharaforschers Gerhard Rohlfs.* © S. Fischer Verlag GmbH, Frankfurt a. M. 2004.

*Henri Lhote*
geboren 1903, gestorben 1991, war ein französischer Autor, Ethnograf und Experte für prähistorische Höhlenmalerei. Er hat durch seine aufsehenerregenden Forschungsarbeiten über die Felsbilder der Sahara neue Erkenntnisse über die Geschichte dieser Gegend vermittelt.
»Jabbaren mit fünftausend Figuren«, aus: Henri Lhote, *Die Felsbilder der Sahara. Entdeckung einer 8000-jährigen Kultur.* © Verlag Andreas Zettner, Würzburg 1958. Aus dem Französischen von Irene Steidle.
»Handel und Wandel seit Jahrtausenden – Der Kontinent der Karawanen«* (»Karawanen und Handel«), aus: ders., *Sahara.* © Kümmerly und Frey, Bern 1980. Aus dem Französischen von Hans Leuenberger.

*Sven Lindqvist*
geboren 1932 in Stockholm. Der schwedische Autor und Literaturhistoriker hat zahlreiche Reisen durch Afrika, Asien und Lateinamerika unternommen. Für seine Bücher und Essays hat er namhafte Preise gewonnen. Seit 1990 ist er Honorarprofessor an der Universität Uppsala, Schweden.
»Die Brunnentaucher«, aus: Sven Lindqvist, *Wüstentaucher. Auf den Spuren von Dichtern, Träumern und Generälen,* Unionsverlag, Zürich 2004. © Haymon Verlag, Innsbruck 2002. Aus dem Schwedischen von Sandra Nalepka.

*Mouloud Mammeri*
geboren 1917 in einem Dorf der Kabylei, studierte in Algier und Paris. Sein erster Roman *Verlorene Hügel* spielte in seiner Heimatregion. Als Schriftsteller, Forscher, Anreger und Verfechter einer autonomen Berberkultur in Nordafrika wurde Mammeri zu einer Schlüsselfigur der Berberbewegung. Zu seinem Begräbnis 1989 versammelten sich über 200 000 Menschen.
»Schulstunde in Djanet«*, aus: Mouloud Mammeri, *Die Überfahrt.* © Verlag Donata Kinzelbach, Mainz 1997. Aus dem Französischen von Andreas J. Guth.

*Malika Mokeddem*
geboren 1949 in Kenadsa in Algerien, besuchte als erstes Mädchen ihres Clans das Gymnasium. Das in Oran begonnene Medizinstudium schloss sie 1977 im Exil in Paris ab. Mokkedem lebt als Schriftstellerin und Ärztin für Immigranten in Montpellier.

»Zohra und Bouhaloufa«, aus: Malika Mokeddem, *Die blauen Menschen,* Unionsverlag, Zürich 2003. © eFeF-Verlag, Zürich–Dortmund 1993. Aus dem Französischen von Barbara Rösner-Brauch.

*Théodore Monod*

geboren 1902 in Rouen, gestorben 2000 in Versailles. Monod bereiste die Sahara seit den Zwanzigerjahren, studierte dort die Tier- und Pflanzenwelt und entdeckte das Skelett eines prähistorischen Menschen. Von 1938 an leitete er das Institut français d'Afrique noire in Dakar, das er zu einem Forschungszentren in Westafrika aufbaute. Seine Veröffentlichungen gelten noch heute als Standardwerke.
»Die unzähligen Wasser der Wüste«, aus: Théodore Monod, *Wüstenwanderungen. Spurensuche in der Sahara*, National Geographic Adventure Press im Goldmann Verlag, München 2002. © 2000 Piper Verlag GmbH, München. Aus dem Französischen von Stefanie Mierswa.

*Kurt Pelda*

geboren 1955 in Basel, reiste als freier Journalist in Konfliktherde wie Afghanistan, Angola, Eritrea und Moçambique. Er schrieb für die *NZZ* und die *Financial Times Deutschland,* für die er als Korrespondent in New York arbeitete. Seit 2002 lebt er in Nairobi als Korrespondent für die *NZZ,* zuständig für die afrikanischen Staaten südlich der Sahara.
»Schnee in der Sahara – Wie südamerikanisches Kokain nach Europa gelangt«*, aus: *Neue Zürcher Zeitung,* 13. August 2009. © Kurt Pelda 2009.

*Antoine de Saint-Exupéry*

geboren 1900 in Lyon, gestorben 1944. Nach dem Besuch der Jesuitenschule leistete er Militärdienst in einem Fliegerregiment, wo er seinen Beruf fand. Er übernahm die Linie Toulouse–Casablanca, zwei Jahre später wurde er Direktor der Luftpost von Buenos Aires, anschließend Versuchsflieger. 1935 stürzte er über der ägyptischen Wüste ab, was er in seinem Roman *Wind, Sand und Sterne* beschreibt. Im Zweiten Weltkrieg emigrierte er in die USA. Als die Alliierten 1942 in Nordafrika landeten, schloss sich Saint-Exupéry ihnen an. Von einem Aufklärungsflug mit Start in Korsika im Jahr 1944 kehrte er nicht mehr zurück.
»Der Freikauf des Sklaven Bark«* und »Flugzeugabsturz in der Wüste«*, aus: Antoine de Saint-Exupéry, *Wind, Sand und Sterne.* © Karl Rauch Verlag, Düsseldorf 1956. Aus dem Französischen von Henrik Becker.

*Gerd Spittler*
geboren 1939 in Donaueschingen, studierte Soziologie, Ethnologie, Volkswirtschaft und Geschichte. An der Universität Freiburg hatte er von 1980 bis 1988 den Lehrstuhl für Soziologie inne. Von 1988 bis zu seiner Emeritierung 2004 war er Ordinarius für Ethnologie an der Universität Bayreuth. Seit 1967 hielt er sich insgesamt sechs Jahre zu Feldforschungen bei Tuareg und Hauser in Niger und Nigeria auf.
»Unterwegs mit den Hirtinnen und Hirten – Spurenlesen, Kunst der Hirtinnen, nächtliche Besuche«* (»Spurenlesen«, »Ein Weidegang mit Guzzel«, »Gute und schlechte Hirtinnen«, »Nächtlicher Besuch«), aus: Gerd Spittler, *Hirtenarbeit. Die Welt der Kamelhirten und Ziegenhirtinnen von Timia.* © Rüdiger Köppe Verlag, Köln 1998.



Die Schreibweisen der Personen- und Ortsnamen und der lokalsprachlichen Begriffe entsprechen der jeweiligen Schreibweise in den Originaltexten. Da Bezeichnungen im Laufe der Zeit wechselten und es keine einheitlichen Transkriptionen gibt, wurde auf eine Vereinheitlichung verzichtet.

# Der Herausgeber

Lucien Leitess, geboren 1950, studierte Geschichte und Literatur. 1975 gründete er den Unionsverlag, den er seither leitet.

## Bildnachweis

7 Lager der Tuareg
32 Antoine de Saint-Exupéry
65 Akazie
78 Ansicht von Timbuktu
91 »Mutter mit Kind«, Felsbild aus Ozanéare, 5000–2000 v. Chr., aus: Monica Blackmun et al., *A History of Art in Africa*, Thames & Hudson, London 2000
110 Die Hirtin Guzzel, 1985, Foto von Gerd Spittler
137 Felsbild, Tassili N'Ajjer, nach 700 v. Chr, aus: Monica Blackmun
163 »Antinea«, Jabbaren, aus: Henri Lhote, *Felsbilder der Sahara,* Verlag Andreas Zettner, Würzburg 1958
172 »Peulmädchen«, Jabbaren, aus: Henri Lhote
186 »Die Leute des verjagten Herrschers von Baghirmi beschäftigen sich mit Sklavenjagden«, aus: Gustav Nachtigal, *Tibesti. Die Entdeckung der Riesenkrater und die Erstdurchquerung des Sudan (1868–1874),* Horst Erdmann Verlag, Tübingen / Basel 1978
206 »Fresko der kleinen Bogenschützen«, Jabbaren, aus: Henri Lhote
227 »Zufluchtsfelsen in einer Wüstensiedlung zwischen Libyen und dem Tschad-See«, aus: Gustav Nachtigal
234 Beduinenmutter mit Kind
253 Die gehörnte Göttin oder »Weiße Dame«, Auanrhet, aus: Henri Lhote

Foto Umschlaginnenseite: Astronaut photo of the Issaouane Erg (Sahara Desert), Algeria. NASA, Public Domain